L'ESPAGNOL

de A à Z

Claude Mariani
Professeur agrégé
Lycée Pothier, Orléans

Daniel Vassivière
Professeur certifié
Université d'Orléans

© Hatier Paris Mars 1994   ISSN 1140-0048   ISBN 2-218-71798-0

Toute représentation, traduction, adaptation ou reproduction, même partielle, par tous procédés, en tous pays, faite sans autorisation préalable, est illicite et exposerait le contrevenant à des poursuites judiciaires. Réf. : Loi du 11 mars 1957, alinéas 2 et 3 de l'article 41. Une représentation ou reproduction sans autorisation de l'éditeur ou du Centre Français d'Exploitation du droit de Copie (20, rue des Grands Augustins, 75006 Paris) constituerait une contrefaçon sanctionnée par les articles 425 et suivants du Code Pénal.

Introduction

Ce livre est un dictionnaire pratique, d'un accès facile, où l'on trouvera l'essentiel de la grammaire espagnole d'aujourd'hui. Il s'adresse aux élèves, aux étudiants, et à tous ceux qui souhaitent évaluer leurs connaissances et améliorer leur compétence linguistique.

Description générale

- **286 fiches,** proposant chacune des explications, des exemples et des exercices.
- En **annexes** figurent :
  - les tableaux de conjugaison,
  - un lexique limité au vocabulaire des exercices,
  - les corrigés des exercices.
- Un **index détaillé**

Le choix des fiches

Les fiches ont été choisies en fonction des **difficultés pratiques rencontrées par un francophone** dans l'apprentissage de l'espagnol. Elles ont pour titre :

– un ou plusieurs mots français (57 – Chez ; 95 – Dont ; 89 – Devenir et rendre…)
– un ou plusieurs mots espagnols (40 – *Aunque* ; 161 – *Mucho* ; 102 – *Encima* et *arriba*…)
– une notion grammaticale (diminutifs et augmentatifs, imparfait de l'indicatif…)

Le choix entre ces trois types d'entrées s'est fait de façon pragmatique, en recherchant l'efficacité et en tenant compte des fautes les plus couramment relevées.

Les différents aspects des grandes questions grammaticales font l'objet de plusieurs **fiches successives numérotées** (Pronoms personnels (1) : généralités – Pronoms personnels (2) : pronom sujet – Pronoms personnels (3) : pronom complément direct de 3e personne…).

Des fiches récapitulatives résument les questions les plus importantes et renvoient aux fiches où celles-ci sont traitées en détail (65 – Concession ; 110 – Être (1) : généralités).

En ce qui concerne les **fiches à caractère lexical**, nous avons accordé une part essentielle à des verbes d'usage courant en espagnol dont la construction constitue une difficulté ou est à l'origine de fréquentes confusions.

Le contenu d'une fiche

Les explications sont formulées dans une langue simple et accessible à tous.

Les exemples sont choisis dans la langue courante et sont tous accompagnés d'une traduction.
Sous **Remarques,** on trouve des explications grammaticales complémentaires.
Sous **Notez,** on trouve des expressions usuelles à caractère lexical.
Les exercices, de différents types, ont pour but de vérifier la compréhension de la règle exposée dans l'explication et d'amorcer sa réutilisation. Ils sont placés en fin de fiche. Le vocabulaire choisi est du domaine courant.

Utilisation

Ce livre se prête aussi bien à la consultation ponctuelle qu'au travail systématique. Le classement alphabétique et l'analyse ponctuelle des difficultés lui confèrent la souplesse d'utilisation d'un dictionnaire.
De nombreux renvois à l'intérieur des fiches (signalés par le pictogramme ▶) permettent de compléter ou d'approfondir un problème particulier.
Le repérage des entrées est facilité par **la couleur des titres :** noir pour les mots français ou les notions grammaticales, rouge pour l'espagnol.
Les tableaux de conjugaison et les corrigés des exercices sont signalés par un bandeau de couleur.
Les abréviations sont récapitulées dans le tableau ci-dessous.
L'index permet l'accès à tous les éléments qui ne figurent pas dans l'intitulé des rubriques.

Pour compléter votre entraînement, vous trouverez dans la même collection les *Exercices A à Z*. Ils comportent un test initial pour orienter votre travail, des exercices sur les principaux point grammaticaux et des bilans réguliers pour évaluer vos progrès.

Conclusion

Nos espérons que cet ouvrage aidera le lecteur francophone à résoudre les difficultés essentielles de l'espagnol. Les auteurs seraient reconnaissants à tous les lecteurs de leur communiquer – aux Éditions Hatier, 8, rue d'Assas 75278 Paris Cedex 06 – leurs remarques, suggestions ou critiques, dont il sera tenu compte, dans la mesure du possible, dans les éditions ultérieures.

Abréviations

A = appendice	interrog. = interrogation
adj. = adjectif	irrég. = irrégularité, irrégulier
adv. = adverbe	masc. = masculin
aux. = auxiliaire	mvt. = mouvement
COD = complément d'objet direct	part. pas. = participe passé
COI = complément d'objet indirect	pers. = personne
compl. = complément	plur. (ou pl.) = pluriel
condit. = conditionnel	prépos. = préposition
constr. = construction	prés. = présent
fém. = féminin	pron. = pronom
gér. = gérondif	pron. pers. = pronom personnel
imparf. = imparfait	sing. (ou sg.) = singulier
indic. = indicatif	subj. = subjonctif
inf. = infinitif	subord. = subordonnée

Sommaire

Fiches .... p. 9-271

1 *A* devant le complément direct
2 *A* ou *en* devant un complément de lieu
3 *A* : emplois particuliers
4 À force de
5 À moins que
6 À peine... que
7 *A pesar de* et *a pesar de que*
8 *Abajo, arriba, adelante, adentro* (précédés d'un nom)
9 *Acabar de* (+ infinitif)
10 *Acabar* (+ gérondif) et *acabar por* (+ infinitif)
11 Accent grammatical
12 Accent tonique
13 Adjectifs qualificatifs (1) : genre et nombre
14 Adjectifs qualificatifs (2) : place
15 Adjectifs qualificatifs (3) : emploi adverbial
16 Adverbes en *-mente* (1) : formation
17 Adverbes en *-mente* (2) : omission de *-mente*
18 Âge
19 *Ajeno* et *propio*
20 *Al* (+ infinitif)
21 *Algo* et *nada*
22 *Alguien* et *alguno*
23 *Alguno* et *ninguno*
24 Alphabet espagnol : particularités
25 *Amanecer* et *anochecer*
26 *Ambos, ambas*
27 Américanismes
28 *Ante, delante de* et *adelante*
29 *Antes* et *después*
30 *Antes (de) que* et *después (de) que*
31 Apocope
32 Apprendre
33 *Aquí, ahí, allí* et *acá, allá*
34 Articles définis (1) : formes
35 Articles définis (2) : emplois particuliers
36 Articles définis (3) : omission
37 Articles indéfinis (1) : formes

38 Articles indéfinis (2) : omission
39 *Así, así que* et *así de*
40 *Aunque*
41 Autant (1) : autant, autant ... que
42 Autant (2) : d'autant plus ... que, d'autant moins ... que
43 Autant (3) : en ... autant, en ... autant que
44 Autre : un autre, l'autre ...
45 Avoir beau
46 Avoir besoin
47 *B* et *V* : prononciation
48 *Bajo, (por) debajo de* et *abajo*
49 *Bastar, faltar, sobrar*
50 Bien
51 *C* : prononciation
52 *Caber*
53 *Cada*
54 C'est ... que (tournure d'insistance)
55 C'est ... qui (tournure d'insistance)
56 *CH* : prononciation
57 Chez
58 *Como*
59 Comparatif (1) : aussi ... que, plus ... que, moins ... que
60 Comparatif (2) : plus ... plus, moins ... moins
61 Comparatif (3) : de plus en plus, de moins en moins
62 *Con*
63 *Con que* et *conque*
64 *Con tal (de) que*
65 Concession : tableau récapitulatif
66 Concordance des temps
67 Condition
68 Conditionnel
69 *Conforme*
70 *Constar*
71 *Contar* et *contar con*
72 *Corresponder*
73 *Cuál*
74 *Cualquiera*
75 *Cuanto*
76 *¿Cuánto?* interrogatif
77 *¡Cuánto!* exclamatif

78 *D :* prononciation
79 Date
80 De non traduit devant l'infinitif
81 *De*
82 *Dejar* et *dejar de*
83 Demander
84 Démonstratifs (1) : généralités
85 Démonstratifs (2) : emplois dans le temps et le lieu
86 Démonstratifs (3) : emplois particuliers
87 Depuis
88 *Despedir et despedirse de*
89 Devenir et rendre
90 Devoir
91 Diminutifs et augmentatifs (suffixes)
92 Diminutifs des prénoms
93 *Don* et *señor*
94 *Donde*
95 Dont
96 *Echar*
97 *El de, el que*
98 *Ello*
99 En (pronom, adverbe)
100 *En*
101 *En* et *dentro de*
102 *Encima* et *arriba*
103 Encore
104 Enfin
105 *Entre*
106 Environ et l'approximation
107 *Escaso*
108 *Esperar*
109 Essayer
110 Être (1) : généralités
111 Être (2) : *ser*
112 Être (3) : c'est, c'était, ce sera
113 Être (4) : *estar*
114 Être (5) : *ser* ou *estar* (+ adjectif)
115 Être (6) : *ser* ou *estar* (+ participe passé)
116 Être (7) : substituts de *ser* et *estar*
117 Faillir
118 Faire (+ infinitif)
119 Faire traduit par *dar*
120 Falloir
121 Faux amis
122 *Fuera*
123 Futur et futur antérieur (1) : formation
124 Futur et futur antérieur (2) : futur hypothétique
125 *G :* prononciation
126 *Gente* et *gentes*
127 *Gentilicios*
128 Gérondif (1) : formation
129 Gérondif (2) : emplois
130 Gérondif (3) : expression de la durée
131 *Gustar* et les tournures affectives
132 *H :* prononciation
133 *Haber* et *tener*
134 *Hacia* et *hasta*
135 *Harto*
136 Heure
137 Il y a
138 Imparfait de l'indicatif
139 Imparfaits du subjonctif (1) : formation
140 Imparfaits du subjonctif (2) : emplois des formes en *-ra* et *-se*
141 Impératif (1) : formation
142 Impératif (2) : place des pronoms personnels
143 Infinitif : emplois
144 Infinitif français traduit par une subordonnée au subjonctif
145 Interrogation
146 *J :* prononciation
147 Jouer
148 *LL :* prononciation
149 *Llevar* (+ complément de temps)
150 *Llevar* (+ participe passé)
151 *Lo*, article neutre
152 *Luego, luego de, luego que*
153 Mais
154 *Más* et *menos*
155 *Más que* et *más de*
156 *Mediante*
157 *Medio*
158 Même

159 *Mientras* et *mientras que*
160 *Mirar* et *mirar por*
161 *Mucho*
162 *N :* prononciation
163 Ne ... que
164 *Negar* et *negarse*
165 Négations et mots négatifs : place
166 *Ni*
167 *Ninguno* et *nadie*
168 Nom (1) : le genre
169 Nom (2) : le féminin
170 Nom (3) : le pluriel
171 Nombres (1) : les cardinaux
172 Nombres (2) : les ordinaux
173 Nombres (3) : les fractions
174 Noms en *-ía* et *-ia*
175 *Nunca* et *jamás*
176 *Ñ :* prononciation
177 *O* et *u*
178 Obligation : tableau récapitulatif
179 *Ocurrir*
180 *Ojalá*
181 On
182 Opérations
183 Orthographe : modifications
184 Oublier
185 *Para*
186 *Parecer* et *parecerse a*
187 *Parte* dans les locutions adverbiales
188 Participe passé (1) : formes
189 Participe passé (2) : emplois
190 Passé simple : formation
191 Passé simple et passé composé
192 Passé simple : valeurs spécifiques
193 Passif
194 Peut-être
195 Plutôt
196 *Poco, bastante* et *demasiado*
197 *Por :* généralités
198 *Por* devant un complément de lieu ou de temps
199 *¿Por qué?, porque, porqué*
200 *Por si acaso*
201 *Por supuesto*
202 Possessifs (1) : *mi, tu, su...*

203 Possessifs (2) : *mío, tuyo, suyo...*
204 Pourcentage
205 Prénom et nom
206 Présent de l'indicatif
207 Présent du subjonctif
208 Pronoms personnels (1) : généralités
209 Pronoms personnels (2) : pronoms sujets
210 Pronoms personnels (3) : pronoms compléments directs de 3e personne
211 Pronoms personnels (4) : pronom neutre *lo*
212 Pronoms personnels (5) : pronoms compléments indirects de 3e personne
213 Pronoms personnels (6) : place
214 Pronoms personnels (7) : ordre
215 Pronoms personnels (8) : *usted, ustedes, vosotros*
216 Pronoms personnels (9) : placés après préposition
217 Pronoms personnels (10) : constructions pronominales
218 Prononciation
219 *Pues*
220 *Qu :* prononciation
221 Que conjonction
222 *¡Qué!* exclamatif
223 *¿Qué?* et *¿quién?* interrogatifs
224 *Querer*
225 *¡Quién...!* (optatif)
226 *R :* prononciation
227 *Raro*
228 Regretter
229 Relatifs (1) : tableaux
230 Relatifs (2) : *que*
231 Relatifs (3) : *quien, quienes*
232 Relatifs (4) : *el que, la que...*
233 Relatifs (5) : *el cual, la cual...*
234 Relatifs (6) : *cuyo, cuya...*
235 Répétition
236 Réussir à, obtenir
237 *S :* prononciation
238 Seguir
239 *Según*
240 *Sendos, sendas*

241 *Si*
242 *Sí* et *sí que*
243 *Si no* et *sino*
244 *Siempre* et *siempre que*
245 Simple
246 *Siquiera*
247 *Sobre*
248 *Soler*
249 *Solo* et *sólo*
250 Sortir
251 Se souvenir, se rappeler
252 Style direct et style indirect
253 Subjonctif (1) : généralités
254 Subjonctif (2): emploi dans les subordonnées de temps, de comparaison et de manière
255 Subjonctif (3) : emploi dans les subordonnées relatives
256 Suffixes
257 Sujet : place
258 Superlatif
259 *T* : prononciation
260 *Tal*
261 *También* et *tampoco*
262 Tant, tellement, si
263 Temps composés : formation
264 *Tocar : a mí me toca, a ti te toca…*
265 *Todo*
266 *Traer* et *llevar*
267 *Tras, detrás de* et *atrás*
268 Un tel et une telle
269 *Valiente* et *menudo* exclamatifs
270 *¡Vaya!*
271 Verbes (1) : constructions
272 Verbes (2) : généralités
273 Verbes (3) : verbes en *-iar* et *-uar*
274 Verbes (4) : tableau des irrégularités classables
275 Verbes (5) : verbes irréguliers en *-acer, -ecer, -ocer, -ucir*
276 Verbes (6) : verbes irréguliers à diphtongue
277 Verbes (7) : verbes irréguliers en *-ir*
278 Verbes (8) : verbes irréguliers en *-uir*
279 *Vez*
280 Voici, voilà
281 *Volver* et *volverse*
282 *X :* prononciation
283 Y (pronom, adverbe)
284 *Y* et *e*
285 *Ya, ya no, ya que*
286 *Z :* prononciation

Tableaux de conjugaison ... p. 273
Auxiliaires : *haber, estar, ser*
Verbes réguliers : *cortar, deber, vivir*
Verbes pronominaux : *levantarse*
Conjugaison passive : *ser amado*
Verbes en *-iar* et *-uar* : *guiar, actuar*
Verbes irréguliers à diphtongue : *empezar, defender, encontrar, mover*
Verbes réguliers en *-ir* : *sentir, pedir, dormir*
Verbes irréguliers en *-acer, -ecer, -ocer* et *-ucir* : *parecer*
Verbes irréguliers en *-ducir* : *producir*
Verbes irréguliers en *-uir* : *influir*
Verbes irréguliers isolés : *andar, caber, caer, dar, decir, hacer, ir, oír, poder, poner, querer, saber, salir, tener, traer, valer, venir, ver, volver* (et verbes en *-olver*)

Lexique .... p. 317

Corrigés des exercices ..... p. 333

Index .... p. 365

1 A devant le complément direct

1 On doit employer la préposition **a devant un complément direct de personne.**

● Chaque fois que celui-ci représente une **personne déterminée**, c'est-à-dire lorsque le COD est :

– un nom propre.

*Ayer encontré **a Elena**.*
Hier j'ai rencontré Elena.

– un nom commun précédé de l'article défini, d'un démonstratif, d'un possessif, ou d'un numéral.

*Es interesante escuchar **a este conferenciante**.*
Il est intéressant d'écouter ce conférencier.

*Han suspendido **a tres** estudiantes.*
Ils ont recalé trois étudiants.

– un nom commun précédé de l'article indéfini, s'il est suivi d'un adjectif, d'un infinitif, d'un complément de nom, d'une proposition relative.

*Tuvo que atender **a un** cliente **que** le habían recomendado.*
Il dut servir un client qu'on lui avait recommandé.

*Oí **a un** guardia **pitar**.*
J'ai entendu un agent siffler.

Remarque

Cet emploi s'étend aux animaux familiers et aux choses personnifiées :

*Encierra **al** perro.*
Enferme le chien.

et aux groupes humains désignés par leur nom collectif.

*El Real Madrid recibe hoy **al** Zaragoza.*
Le Real Madrid reçoit aujourd'hui le club de Saragosse.

*Su planteamiento sedujo **al** directorio.*
Son point de vue séduisit la direction.

● Devant le COD **(non déterminé) de certains verbes** qui ne s'emploient pratiquement que pour des personnes. Par exemple : *acusar* (accuser), *avisar* (prévenir), *ayudar* (aider), *condenar* (condamner), *convencer* (convaincre), *consolar* (consoler), *satisfacer* (satisfaire), *interrogar* (interroger), *asustar* (effrayer), *llamar* (appeler)... (voir aussi *querer a* n° 224).

He avisado a *un transeúnte.*
J'ai prévenu un passant.

Creo que **acusó a** *un vecino.*
Je crois qu'il a accusé un voisin.

● Devant *alguien, nadie, cualquiera, uno (-a), alguno (-a), ninguno (-a), quien (quienes), el (la, los, las) que, otro (-a), todos (-as)*, ainsi que devant les pronoms personnels, démonstratifs, ..., quand ils sont compléments directs et désignent des personnes.

Divisó **a alguien** *que se acercaba en la niebla.*
Il aperçut quelqu'un qui s'approchait dans la brume.

No molestes **a nadie.**
Ne dérange personne.

*¿***A quién** *estás mirando ?*
Qui es-tu en train de regarder ?

Todos me conocen, pero yo no conozco **a ninguno.**
Ils me connaissent tous, mais moi je n'en connais aucun.

> *Remarque*
>
> Avec le verbe *tener*, *quien* COD n'est pas précédé de la préposition *a*.
>
> *No tiene quien le ayude.*
> Il n'a personne qui l'aide.

2 On omet *a* devant le complément direct de personne.

● Si la **personne est indéterminée** et que l'on désigne plutôt sa **catégorie**.

Busco **un contable.**
Je cherche un comptable.

Siempre necesitamos **amigos.**
Nous avons toujours besoin d'amis.

● Si le verbe a, **à la fois, un complément direct et un complément indirect** et qu'il y a **risque de confusion** sur les personnes.

Presento **mi prima** *a* **mis amigos.**
Je présente ma cousine à mes amis.

Dejaron **el niño** *a* **la abuela** *mientras salían de compras.*
Ils laissèrent le petit à sa grand-mère pendant qu'ils sortaient faire des courses.

● **Après le verbe *tener*,** si le COD est précédé de l'article indéfini ou d'un numéral.

Ella **tiene un** *hermano en Cádiz.*
Elle a un frère à Cadix.

Tiene dos *hijos.*
Il a deux enfants.

Mais s'il est précédé d'un article défini ou d'un autre déterminant on emploiera *a*.

Tenía **a la** *novia enfadada.*
Sa fiancée était en colère.

3 On emploie toujours *a*, quelle que soit la nature du COD.

● Avec des verbes comme *acompañar* (accompagner), *igualar* (égaler), *preceder* (précéder), *seguir* (suivre), *superar* (dépasser), *sustituir* (remplacer) …, qui indiquent **une position relative**.

*Una noche de fiesta **siguió a** la boda.*
Une nuit de fête suivit la noce.

*El día que **precedió a** aquella memorable entrevista.*
Le jour qui précéda cette mémorable entrevue.

*Afirman que este producto **supera a** los que ya existen.*
On affirme que ce produit surpasse ceux qui existent déjà.

*Aquí, un dormitorio **sustituye al** antiguo salón.*
Ici, une chambre remplace l'ancien salon.

● Avec les verbes *llamar* (appeler), *nombrar* (nommer), *designar* (désigner), *elegir* (élire) …, lorsqu'ils ont un attribut.

***Nombraron secretario a** un recién llegado.*
Ils nommèrent secrétaire un nouveau-venu.

***Llaman a** ese árbol **jacaranda**.*
On appelle cet arbre "jacaranda".

Exercice

Employez A (ou AL) s'il y a lieu :
1. No escuches … Eduardo. 2. Escucha … esta canción. 3. Mató … una liebre. 4. El cazador acaricia … su perro. 5. Se representa … la Fortuna con los ojos vendados. 6. … ella, nadie la ha visto. 7. No teme … nadie. 8. Me alegro de veras … todos. 9. He visto pasar … un autobús. 10. He visto pasar … un alumno de la clase. 11. Este coche sustituye … modelo anterior. 12. Necesitamos … un representante comercial. 13. Hemos contratado … un ejecutivo que nos satisface. 14. Por favor, lleva … niño a la escuela. 15. No ves … tus amigos, aunque tienes muchos. 16. Él siempre critica … sus colegas.

2 *A* ou *en* devant un complément de lieu

1 Emploi de la préposition *a*.
On emploie *a* après les verbes qui indiquent un mouvement "vers" : *ir* (aller), *subir* (monter), *bajar* (descendre)…

ir a Madrid
aller à Madrid

ir a España
aller en Espagne

bajar a la calle
descendre dans la rue
acercarse al mostrador
s'approcher du comptoir

subirse a la tarima
monter sur l'estrade
caerse al río
tomber dans la rivière

> *Remarque*

De même, on emploie *a* devant un infinitif qui suit un verbe de mouvement.

Iré a visitarte mañana.
J'irai te rendre visite demain.

Vengo a darte las gracias.
Je viens te remercier.

Le mouvement est parfois exprimé au sens figuré.

Vamos a pensarlo.
Nous allons y réfléchir.

Voy a decírtelo.
Je vais te le dire.

2 Emploi de la préposition *en*.

On emploie *en* :

● devant un complément de lieu quand le verbe n'exprime pas de mouvement : *estar* (être), *quedar* (rester)...

Estamos en casa.
Nous sommes à la maison.

¿**Vives en** Salamanca ?
Habites-tu à Salamanque ?

Me quedaré dos meses **en** España, **en** Madrid.
Je resterai deux mois en Espagne, à Madrid.

● avec *entrar* et les verbes exprimant la même idée : *penetrar, ingresar.*

entrar en la oficina
entrer dans le bureau

España **ingresó en** el Mercado Común en 1986.
L'Espagne est entrée dans le Marché Commun en 1986.

> *Remarque*

On peut employer *entrar a* si l'on envisage plutôt **le début de l'action** que son achèvement et que l'on insiste sur **la direction**.

*Es un piso **al** que **se entra** por un patio.*
C'est un appartement dans lequel on entre par une cour.

Exercice

Complétez les phrases suivantes en employant A *ou* EN *:*
1. Iremos ... Italia ... tren. 2. El ministro de Agricultura viajó ... Andalucía. 3. Tenemos muchos amigos ... Madrid. 4. Tiene una herida ... la mano. 5. No te metas ... ese lío. 6. Me subí ... un coche de primera. 7. Baja ... darle los buenos días. 8 ¿ Va Vd. ... quedarse ... Cádiz ? 9. Corrió ... anunciarle la noticia.

3 A : emplois particuliers

1 En espagnol, on emploie *a* avec les mots **exprimant un sentiment ou un intérêt** pour quelqu'un ou quelque chose.

*Los españoles siguen siendo **aficionados a** los toros.*
Les Espagnols sont toujours amateurs de corridas.

el miedo al fracaso
la peur de l'échec

Remarque

Dans ce cas *a* se retrouve devant la proposition complétive.

*Tiene miedo **a que lo censuren**.*
Il a peur qu'on le critique.

2 De même, on emploie *a* avec des mots **indiquant une perception des sens.**

*Este vino **sabe a** corcho.*   *un **olor a** menta*
Ce vin sent le bouchon.   une odeur de menthe

3 *A* sert à **localiser dans le temps**.

● Avec *estar* et le quantième du mois.

*¿ **A** cuántos estamos ?*   *Estamos **a** 20 de junio.*
Quel jour sommes-nous ?   Nous sommes le 20 juin.

● Dans des expressions telles que :

a principios de   *a mediados de*
au début de   au milieu de

al día siguiente   *a fines de*
le lendemain   à la fin de

● *Al, a la, a los, a las* + complément de temps = *al cabo de* (au bout de …).

***Al** poco rato se durmió.*
Au bout d'un petit moment, il s'endormit.

***A** la semana lo despidieron.*
Au bout d'une semaine, ils le congédièrent.

4 *A* sert à indiquer **la distribution dans le temps**.

*Suelo escuchar el boletín informativo **tres veces al día**.*
J'écoute généralement les informations trois fois par jour.

*Trabajamos **39 horas a la semana**.*
Nous travaillons 39 heures par semaine.

Remarque

On emploie aussi les adjectifs *diario* (journalier), *semanal* (hebdomadaire), *mensual* (mensuel), *anual* (annuel), pour exprimer la même idée.

39 horas **semanales**
39 heures par semaine

> Notez
>
> A s'emploie dans des expressions comme :
> *a cuestas (llevar)* : sur le dos (porter)
> *a escondidas* : en cachette
> *a hurtadillas* : à la dérobée
> *a gatas* : à quatre pattes
> *a rastras* : en se traînant
> *a sabiendas* : sciemment
> *a tientas* : à tâtons

Exercice

Traduisez en français :
1. Felipe no tiene miedo al peligro. 2. No entiendo tu odio a ese deporte. 3. Huele a chamusquina (roussi). 4. Estamos a 12 de diciembre. 5. Aquí, casi todas las tiendas cierran a mediodía. 6. Ven a casa a media tarde. 7. Volvieron a los tres días. 8. Esta revista sale cuatro veces al año. 9. Aspiró aquel olor a azahar (fleur d'oranger). 10. Estas patatas saben a quemado. 11. a principios de enero 12. Encontró la llave de la luz a tientas.

4 À force de

Pour traduire "à force de" on peut employer *de tanto* (+ infinitif) ou *a fuerza de* (+ infinitif ou nom).

De tanto *esperarlo, acabó desanimándose.*
À force de l'attendre, il finit par se décourager.

Yo creía que **a fuerza de** *repetírselo se enteraría de la situación.*
Je croyais qu'à force de le lui répéter il comprendrait la situation.

No me digas que esto se consigue **a fuerza de** *trabajo.*
Ne me dis pas que cela s'obtient à force de travail.

Exercice

Faire une phrase commençant par de tanto *ou* a fuerza de *à partir des éléments fournis :*
1. Trabaja el domingo : ya no ve a su primo. 2. Trasnocha : duerme toda la tarde. 3. Cuidado : logró salvar al gatito. 4. Se queja : ya nadie le escucha.

5 À moins que

Pour traduire "à moins que" on peut employer **a no ser que**, **a menos que** ou **salvo que** (moins courants) toujours suivis du subjonctif.

*Tendremos que volver andando, **a no ser que encontremos** un taxi.*
Nous devrons revenir à pied, à moins que nous ne trouvions un taxi.

*Falla el carburador, **a menos que sea** el encendido.*
Le carburateur est défaillant, à moins que ce ne soit l'allumage.

*Volveré mañana, **salvo que te moleste**.*
Je reviendrai demain, à moins que cela ne te dérange.

Exercice

Traduisez en français :
1. Préstame la calculadora, a no ser que la necesites. 2. No hay espera en la aduana, salvo que tengáis algo que declarar. 3. Puedes venir conmigo, a menos que prefieras esperarme aquí. 4. Seguirá lloviendo, a no ser que se levante el viento.

6 À peine... que

"À peine" se traduit par *apenas* ou *no bien*.
Le "que" français se rend par *cuando* ou bien ne se traduit pas.

Apenas *se hubo tumbado **cuando** se durmió.*
À peine se fut-il allongé qu'il s'endormit.

Apenas *volví a casa, me puse a estudiar.*
À peine fus-je rentré chez moi que je me mis à étudier.

No bien *entré **cuando** sonó el teléfono.*
À peine étais-je entré que le téléphone sonna.

Remarque

Nada más + infinitif est parfois employé pour traduire "à peine".

Nada más traspasar *el umbral, se ve una fuente.*
À peine a-t-on franchi le seuil qu'on voit une fontaine.

Exercice

Réunissez les deux phrases en une seule sur le modèle :
Empieza a llover. Vuelven a casa.
→ Apenas empieza a llover (cuando) vuelven a casa.
1. Estoy despierto. Desayuno. 2. Pronunció esas palabras. Aplaudió el público. 3. Llegó el buque. Empezaron a descargarlo. 4. Se habrán marchado. Lo sentirán (regretter). 5. Acaba un cigarrillo. Empieza otro.

7 — *A pesar de* et *a pesar de que*

1 *A pesar de* + nom : "**malgré**".

A pesar de los atascos llegamos a tiempo.
Malgré les embouteillages nous sommes arrivés à temps.

Notez

a pesar mío, a pesar tuyo ... : malgré moi, malgré toi ...

2 *A pesar de que* + indicatif : "**bien que**" + subjonctif.

A pesar de que habló muy bajo, oyeron la última frase.
Bien qu'il ait parlé tout bas, ils entendirent la dernière phrase.

Remarque

On emploie aussi, dans une langue plus soutenue *pese a* et *pese a que,* qui correspondent respectivement à *a pesar de* et à *a pesar de que.*

***Pese a unas** condiciones difíciles, el resultado es alentador.*
Malgré des conditions difficiles, le résultat est encourageant.

Exercice

Traduisez en français :
1. A pesar de su impaciencia, logró calmarse. 2. A pesar de mis esfuerzos, no pude convencerle. 3. No está muy satisfecho a pesar de que lo afirma. 4. A pesar de sus ideas estrafalarias, le quiero mucho. 5. A pesar de que me lo había prometido, no vino. 6. A pesar de que reinaba mucho desorden, me encontraba a gusto.

8 — *Abajo, arriba, adelante, adentro* (précédés d'un nom)

Après certains noms comme *calle* (rue), *río* (rivière, fleuve), *cuesta* (côte), *carretera* (route), *camino* (chemin), qui dans ce cas **ne sont pas précédés de l'article**, ces adverbes indiquent **une direction**.

*Se fue **calle arriba** hasta la plaza.*
Il remonta la rue jusqu'à la place.

*El aserradero se encuentra a 2 kilómetros **río abajo**.*
La scierie se trouve à 2 kilomètres en aval.

*Les dijeron que siguieran **camino adelante**.*
Ils leur dirent de poursuivre leur chemin.

▶ Pour les emplois de *bajo* et *abajo, delante* et *adelante, arriba* et *encima,* voir respectivement les nos 48, 28 et 102.

Exercice

Traduisez en français :
1. El esquiador se lanzó pendiente abajo. 2. Teresa corre escaleras arriba. 3. Es imposible navegar río arriba sin motor. 4. Ya se divisaba el campanario carretera adelante. 5. Marchó, calle adelante, con andar lento. 6. La roca se desprendió y rodó barranco abajo. 7. Las cabras se alejaron peñas arriba.

9 *Acabar de* (+ infinitif)

Acabar de (+ infinitif) équivaut au français "venir de" (+ infinitif) pour une action qui vient de se terminer.

El tren acaba de llegar.
Le train vient d'arriver.

`Remarque`

No acabar de (+ infinitif) équivaut souvent à une négation nuancée.

Esto no acaba de convencerme.
Cela ne me convainc pas tout à fait.

Exercice

Traduisez en espagnol :
1. Nieves n'est pas là : elle vient de sortir. 2. Quand nous arrivâmes, le film venait de commencer. 3. Les rues sont mouillées ; il vient de pleuvoir. 4. Le cirque vient d'arriver. 5. On *(3ᵉ plur.)* vient d'allumer les lampadaires (la farola). 6. Vous (Vds.) venez d'entendre une retransmission de l'Opéra (la Ópera). 7. Nous venons de l'apprendre (enterarse).

10 *Acabar* (+ gérondif) et **acabar por** (+ infinitif)

Acabar (+ gérondif) et *acabar por* (+ infinitif) correspondent au français "finir par" (+ infinitif).

Acabó diciendo }
Acabó por decir } *que no le importaba nada.*
Elle finit par dire qu'elle s'en moquait éperdument.

On préfère *acabar por* (+ infinitif) dans les constructions négatives.

Acabó por no *contestarle.*
Il finit par ne plus lui répondre.

> *Remarque*

Empezar (+ gérondif) et *empezar por* (+ infinitif) correspondent au français "commencer par" (+ infinitif).

Empezó rechazando } *la oferta.*
Empezó por rechazar
Il commença par repousser l'offre.

> *Notez*

Acabar con signifie "venir à bout de".

¡ *Acabáis con mi paciencia* !
Vous venez à bout de ma patience !

Exercice

Modifiez les phrases suivantes selon le modèle :
Se sentó → Acabó sentándose *ou* Acabó por sentarse.
1. Lo sabrás todo. 2. Se comprarán un vídeo. 3. Estará harta. 4. Os haréis daño. 5. No te prestará atención. 6. Nos convenció.

11 Accent grammatical

Une des fonctions de l'accent écrit (´) est de distinguer des mots dont la prononciation est identique mais qui sont grammaticalement différents.

1 Les homonymes.

aun : même   — *aún* : encore
de : de (préposition)   — *dé* (v. *dar*) : que je donne, qu'il donne
el : le (article)   — *él* : lui (pronom personnel)
mas : mais (conjonction) — *más* : plus (adverbe)
mi : mon, ma (possessif) — *mí* : moi (pronom personnel)
se : se (pronom réfléchi) — *sé* : (v. *ser*) sois : (v. *saber*) je sais
si : si (conjonction)   — *sí* : oui ; soi (pronom réfléchi)
solo : seul (adjectif) — *sólo* : seulement (adverbe)
te : te (pronom personnel) — *té* : thé
tu : ton, ta (possessif) — *tú* : toi (pronom personnel)

2 Les pronoms démonstratifs.
Ils ont un accent écrit (excepté *esto, eso, aquello*) ; les adjectifs démonstratifs n'en ont pas.

Estos libros son míos.   **Éstos** *son míos.*
Ces livres sont à moi.   Ceux-ci sont à moi.

3 Les mots interrogatifs ou exclamatifs.

Ils ont toujours un accent écrit : ¿ (¡) Cómo... , cuánto (–a, –os, –as) ..., qué..., quién (quiénes) (!) ? ¿ Cuál..., cuándo..., dónde... ?
– ¿ **Cuándo** vendrás ? – Cuando pueda.
– Quand viendras-tu ? – Quand je pourrai.

¿ **Adónde** vas ?
Où vas-tu ?

Remarque

Au style indirect les interrogatifs doivent également porter un accent écrit.

*No sé **quién** es.*
Je ne sais pas qui c'est.

Exercice

Écrivez un accent si c'est nécessaire :
1. Aun no ha vuelto Pepa. 2. Si es así, te contesto que si. 3. El lo quiere todo para si. 4. Ya se que tu te aburres. 5. Aquellos años eran mas felices que estos. 6. Dígame donde está. 7. Dime cuanto te ha costado. 8. Me pregunto que habrá pasado.

12 *Accent tonique*

Dans un mot espagnol comptant plusieurs syllabes, l'une d'entre elles, appelée syllabe tonique, se distingue des autres par une prononciation plus énergique ; on dit que la voyelle de cette syllabe "porte" l'accent tonique.

1 Règle 1.
Si un mot est terminé par une voyelle, un –**n** ou un –**s**, l'accent tonique se trouve sur l'avant-dernière syllabe.
*li*bro   *co*ches   *su*ben

2 Règle 2.
Si un mot est terminé par une consonne (**y** compris) autre que –**n** ou –**s**, l'accent tonique se trouve sur la dernière syllabe.
pap*el*   llam*ar*   est*oy*

3 Règle 3.
Si l'accent tonique se trouve à une autre place, il doit être écrit (´).
caf*é*   espect*á*culo   *á*rbol   hu*é*sped

4 Les diphtongues.

- Un groupe de deux voyelles dont l'une est un **a**, un **e** ou un **o** (**voyelles fortes**) et l'autre un **i** ou un **u** (**voyelles faibles**) constitue une diphtongue qui compte pour **une seule syllabe**.

aire (**ai**/re = 2 syllabes)
antiguo (an/ti/gu**o** = 3 syllabes)
aplauso (a/pl**au**/so = 3 syllabes)
viaje (v**ia**/je = 2 syllabes)

- Dans les groupes **-iu-** et **-ui-** c'est la 2e voyelle qui est forte.

b**ui**tre   d**iu**rno

Remarque

Dans une syllabe, trois voyelles (faible + forte + faible) constituent une triphtongue.

act**uái**s   env**iái**s   limp**iéi**s   b**uey**

5 Le pluriel.

L'accent tonique au pluriel se trouve sur la même syllabe qu'au singulier (ce qui peut entraîner la suppression d'un accent écrit).

el l**i**bro → los l**i**bros
la ficci**ó**n → las ficci**o**nes
el pap**e**l → los pap**e**les
cort**é**s → cort**e**ses

Sauf : car**á**cter → car**a**cteres
r**é**gimen → reg**í**menes
esp**é**cimen → espec**í**menes

▶ Pour la place de l'accent tonique dans la conjugaison, voir n° 272-3.
Pour les cas d'enclise, voir n° 213.

Exercices

1. *Soulignez la voyelle tonique :*
1. problema 2. crisis 3. mitin 4. reloj 5. jersey 6. disimular 7. interés 8. levanten 9. déficit 10. magnífico

2. *Soulignez la voyelle tonique et donnez le nombre de syllabes du mot :*
1. paella 2. cumpleaños 3. línea 4. deuda 5. veinte 6. heroico 7. vario 8. varío 9. egoísta 10. país 11. anciano 12. fuente 13. igual 14. sangría 15. período 16. juicio 17. triunfo 18. reías 19. reíais 20. incauto

3. *Mettez au pluriel en écrivant l'accent (´) s'il y a lieu :*
1. año 2. café 3. joven 4. pared 5. compás 6. canción 7. fértil 8. espectáculo 9. manantial 10. baúl 11. policía 12. régimen

13 Adjectifs qualificatifs (1) : genre et nombre

Les adjectifs s'accordent en genre et en nombre avec les noms qu'ils qualifient.

1 Le féminin.

● Les adjectifs terminés par -o au masculin changent ce -o en -a.

hermoso → hermosa
beau   belle

● Les adjectifs terminés par -án, -ín, -ón, -dor, -tor, -sor ajoutent -a. Les quelques adjectifs terminés par -ete, -ote, changent le -e final en -a.

holgazán → holgazana   traidor → traidora
paresseux   paresseuse   traître   traîtresse

● La plupart des adjectifs indiquant une nationalité ou l'appartenance à une ville ou à une province prennent un -a au féminin.

alemán → alemana
allemand   allemande

andaluz → andaluza
andalou   andalouse

barcelonés → barcelonesa
barcelonais barcelonaise

● Les autres adjectifs ont **la même forme** au masculin et au féminin.

un lápiz verde   una camisa verde
un crayon vert   une chemise verte

un viento fuerte   una voz fuerte
un vent fort   une voix forte

un pueblo indígena   una costumbre indígena
un village indigène   une coutume indigène

un problema agrícola   la producción agrícola
un problème agricole   la production agricole

C'est en particulier le cas des superlatifs irréguliers : *mejor, peor, mayor, menor, superior, inferior.*

la planta inferior   No hay cosa peor que ésta.
l'étage inférieur   Il n'y a pire chose que celle-ci.

2 Le pluriel.

Mêmes règles que pour le pluriel des noms (voir n° 170).

Remarques

• Les adjectifs composés désignant des couleurs sont invariables.
unos pantalones verde oscuro
des pantalons vert foncé

• Certains adjectifs de couleurs (noms de fleurs ou de fruits) sont également invariables.
dos vestidos malva
deux robes mauves

Exercice

Traduisez en espagnol :
1. une voisine bavarde 2. une gamine (una niña) répondeuse *(masc. : respondón)* 3. une antenne émettrice *(masc. :* emisor) 4. une station réceptrice *(masc. :* receptor*)* 5. la côte espagnole 6. l'industrie barcelonaise 7. l'étage supérieur 8. une chienne fidèle 9. une chemise bleu clair 10. des (unas) cravates violettes 11. une bière de qualité supérieure 12. de plus grandes difficultés

14 *Adjectifs qualificatifs (2) : place*

1 Les adjectifs qualificatifs se placent généralement comme en français, **après le nom qu'ils qualifient**.

*una bicicleta **roja***   *una información **verdadera***
une bicyclette rouge   une information vraie

2 Ils sont parfois placés **devant le nom** pour des raisons de style ou pour souligner une qualité habituelle ou remarquable.

*una **verdadera** información*   *las **poderosas** alas de las águilas*
une vraie information   les puissantes ailes des aigles

Remarque

Mayor et *menor*, dont la place habituelle est devant le nom, comme en français, se placent **derrière le nom** dans certaines constructions courantes.

*la plaza **mayor***   *tu hermana **menor***
la grand-place   ta petite sœur

Exercice

Traduisez en espagnol :
1. une pauvre femme 2. une femme pauvre 3. ma meilleure amie 4. ma nouvelle raquette 5. une voiture neuve 6. le clair soleil du matin 7. les pires solutions 8. la grand-rue

15 Adjectifs qualificatifs (3) : emploi adverbial

1 Comme en français, **certains adjectifs sont devenus des adverbes**.

*Este boxeador pega **fuerte**.*
Ce boxeur frappe fort.

2 Parfois l'adjectif qualificatif, accordé, prend la valeur d'un **adverbe de manière.**

*Esperaban **tranquilos**.*
Ils attendaient tranquillement.

Exercice

Traduisez en français :
1. Salieron rápido. 2. ¡ Hable Vd. más alto ! 3. Los niños juegan alegres. 4. Ellas escucharon silenciosas el relato. 5. Hablas raro. 6. Nos miraban atentos. 7. Nadan majestuosos los cisnes (les cygnes).

16 Adverbes en -mente (1) : formation

Ils se forment à partir des adjectifs.

1 Adjectifs terminés par -o au masculin singulier.
On prend la forme féminine (en -*a*) et on ajoute -*mente*.

delicado → *delicada* → *delicadamente*
délicat   délicate   délicatement

2 Autres adjectifs.
On ajoute -*mente* à la forme commune au masculin et au féminin.

regular → *regularmente*
leve → *levemente*

Remarques

• Si l'adjectif a un accent écrit, il le conserve dans la forme adverbiale.
ágil → *ágilmente*

• On ne peut pas former d'adverbe en -*mente* avec *ninguno, otro, tal* ni avec les numéraux, sauf *primeramente* et *últimamente*. *Mismamente* est d'un emploi populaire.

Exercice

Traduisez en espagnol :
1. longuement 2. d'une manière erronée (erróneo) 3. habilement 4. d'une manière impolie (descortés)

17 · Adverbes en -mente (2) : omission de -mente

Lorsque plusieurs adverbes de ce type se suivent, seul le dernier comporte -*mente*, ceux qui précèdent se réduisant au féminin singulier de l'adjectif.

Él siempre obra rápida, eficaz y discretamente.
Il agit toujours rapidement, efficacement et discrètement.

Exercice

Traduisez en espagnol :
1. noblement et généreusement 2. lentement mais sûrement 3. aussi bien (tanto) intellectuellement que (como) manuellement 4. localement ou généralement 5. brièvement, facilement et simplement 6. collectivement et majoritairement

18 · Âge

L'article défini doit être employé après préposition dans l'expression de l'âge (pour dire, par exemple, "à 20 ans, "à 35 ans"…).

– *¿ A qué edad murió ? – Murió **a los** 98 años.*
– À quel âge est-il mort ? – Il est mort à 98 ans.

Mais on dit :

– *¿ Cuántos años tiene ? – Tiene 35 años.*
– Quel âge a-t-il ? – Il a 35 ans.

Notez

Me lleva *dos años.*
Il a deux ans de plus que moi.

*Acabo de **cumplir** 18 años.*
Je viens d'avoir 18 ans.

Exercice

Traduisez en espagnol :
1. À 17 ans, il vint à Paris. 2. Tu as 40 ans, mais tu en parais 30 *(ne pas traduire "en")*. 3. Nous habitons ici depuis que j'ai 6 ans. 4. Entre 20 et 22 ans il a fait le tour du monde. 5. J'ai 10 ans de plus que lui *(utiliser* llevar*)*. 6. À l'école maternelle (el parvulario), on admet les enfants à partir de 4 ans. 7. Elle publia son premier roman à 28 ans.

19 *Ajeno et propio*

1 *Ajeno, -a :* "d'autrui", "des autres".
Il se place toujours après le nom.

*el dinero **ajeno***
l'argent des autres

*Es difícil compartir las penas **ajenas**.*
Il est difficile de partager les peines d'autrui.

2 *Propio, -a :* "à soi".
Il se construit comme *ajeno*.

*En vez de tener coche **propio**, prefiere alquilarlo.*
Au lieu d'avoir une voiture à lui, il préfère la louer.

Remarques

• *Ajeno* peut également signifier "étranger" dans des expressions comme :

*Prohibido a las personas **ajenas** al servicio.*
Interdit aux personnes étrangères au service.

• *Propio* peut être placé devant un nom. Il correspond alors à : "mon propre…", "ton propre…", ou "lui-même", "elle-même"…

*Le acusó a su **propio** padre.*   *Me lo ha contado el **propio** interesado.*
Il accusa son propre père.   L'intéressé lui-même me l'a raconté.

Exercice

Traduisez en français :
1. Respeto la opinión ajena. 2. ¿ Por qué envidiar la felicidad ajena ?
3. ¿ No te gustaría tener casa propia ? 4. Tiene ideas muy propias.
5. Su propia madre me lo dijo.

---

20 *Al* (+ infinitif)

Al + infinitif indique la simultanéité de deux actions.

***Al salit** de casa, di con su madre.*
En sortant de chez moi, j'ai rencontré sa mère.

Le sujet (nom ou pronom), **s'il est différent** de celui de la principale, est toujours placé juste après l'infinitif et doit obligatoirement être exprimé.

***Al presentarse Pedro**, le dijo la secretaria que no estaba el director.*
Quand Pedro se présenta, la secrétaire lui dit que le directeur n'était pas là.

▶ Pour l'expression de la simultanéité, voir aussi le gérondif, n° 129.1.

Exercices

1. *Traduisez en français :*
1. Ten cuidado al cruzar la calle. 2. Al oír esas palabras se puso pálido. 3. Al decirlo, dio un puñetazo en la mesa. 4. Al volverse ella, Pablo la reconoció.

2. *Traduisez en utilisant* al + *infinitif :*
1. En passant par Cordoue nous saluerons Pepe. 2. Téléphone-moi (llamar) en rentrant chez toi. 3. Quand le soleil se lèvera (salir), je partirai. 4. Le public se tut lorsque le film commença.

21 *Algo* et *nada*

Tous deux sont **invariables**.

1 *Algo :* "quelque chose"
Nada : "rien"

¿ Necesitas **algo** ?　　　　　　　No quiero **nada**.
As-tu besoin de quelque chose ?　　Je ne veux rien.

▶ Pour la place des mots négatifs, voir n°165.

2 *Algo* + adjectif : "**quelque chose de…**"
Nada + adjectif : "**rien de…**"

Es **algo** difícil.
C'est quelque chose de difficile.
En esta revista, no hay **nada** interesante.
Dans cette revue, il n'y a rien d'intéressant.

3 *Algo que* + infinitif : "**quelque chose à**" + infinitif
Nada que + infinitif : "**rien à**" + infinitif

Te traigo **algo que** arreglar.　　　No veo **nada que** objetar.
Je t'apporte quelque chose à arranger.　Je ne vois rien à objecter.

4 *Algo :* "un peu", "quelque peu"
Nada : "nullement", "en rien", "pas du tout"

Algo et *nada* ont ce sens adverbial lorsqu'ils sont suivis d'un adjectif, d'un participe passé, d'un adverbe, ou lorsqu'ils sont employés seuls.

Estoy **algo** decepcionado.　　　　Llegaste **algo** tarde.
Je suis un peu déçu.　　　　　　　Tu es arrivé un peu tard.
Eso no me gusta **nada**.　　　　　No es **nada** realista.
Ça ne me plaît pas du tout.　　　　Ce n'est nullement réaliste.

5 ***Algo de*** + nom : **"un peu de"** + nom
Nada de + nom : **"pas du tout de"** + nom

¿ Queda **algo de** paella ? No queda **nada de** chocolate.
Reste-t-il un peu de paella ? Il ne reste pas du tout de chocolat.

Exercice

Traduisez en français :
1. Los dos protagonistas estaban algo cansados de su actuación.
2. Veo algo que no me gusta. 3. Rafael no estaba nada satisfecho.
4. Pensó que nada resultaría más aburrido. 5. Él quería decir algo y no podía. 6. No me gusta nada todo ese lío. 7. Esa tarea no es nada sencilla. 8. Ese asunto no me interesa nada. 9. De joven aprendí algo de dibujo. 10. Algo grave le había pasado. 11. Espero que no ocurra nada molesto. 12. Ya no me queda nada que leer.

22 *Alguien et alguno*

1 ***Alguno (-a, -os, -as).***
Il équivaut à "quelqu'un", "l'un", "l'une" pour désigner **une personne prise dans un groupe.**

¿ Lo sabe alguna de vosotras ?
L'une d'entre vous le sait-elle ?

2 ***Alguien*** (invariable).
Il signifie "quelqu'un" au sens le plus général.

Alguien lo sabrá.
Quelqu'un doit bien le savoir.

Exercice

Choisissez entre alguno, -a et alguien :
1. ... ha llamado a la puerta. 2. Esperamos a ... . 3. ¿ Quiere acompañarme ... de vosotras ? 4. Debe de ser ... de ellos. 5. ... de nosotros le enseñará a Vd. el camino. 6. ... de ellos se hizo el portavoz de los demás.

23 *Alguno et ninguno*

1 ***Algún, alguna (-os, -as)*** + nom : **"quelque"**, **"quelques"**.

A esta solución le veo **algunas** ventajas.
Je trouve quelques avantages à cette solution.

2 *Ningún, ninguna* + nom : "**aucun**", "**aucune**".

*No veo **ningún** problema.*
Je ne vois aucun problème.

▶ Pour les cas d'apocope, voir n° 31.
Pour la place des mots négatifs, voir n° 165.

3 *Alguno (-a)* : "**aucun**", "**aucune**".
Placé après le nom dans une phrase négative ou avec *sin* (sans), *alguno, -a* signifie "aucun, - e".
Cette construction équivaut à *ningún, ninguna* placés devant le nom.

*Este argumento **no** tiene **valor alguno** (= ningún valor).*
Cet argument n'a aucune valeur.

*sin **importancia alguna** (= ninguna importancia)*
sans aucune importance

4 *Ningún, ninguna* : "**pas du tout**", "**en rien**".
Ils se placent dans ce cas devant un nom attribut.

*No es **ningún genio**.*
Il n'a rien d'un génie.

Exercice

Traduisez en français :
1. No se oía ruido alguno. 2. Este melón no tiene sabor alguno. 3. No quedaba ninguna posibilidad de acuerdo. 4. sin duda alguna 5. Había en la carta algunas palabras que no recuerdo. 6. Ningún argumento lograba convencerle. 7. Se fue con algunos compañeros. 8. No iremos a ninguna parte. 9. Jaime no es ningún especialista.

---

24 *Alphabet espagnol : particularités*

• **Le nom des lettres.**

a : *a*	h : *hache*	ñ : *eñe*	v : *uve*
b : *be*	i : *i*	o : *o*	w : *uve doble*
c : *ce*	j : *jota*	p : *pe*	x : *equis*
ch : *che*	k : *ka*	q : *cu*	y : *i griega*
d : *de*	l : *ele*	r : *ere*	z : *zeta*
e : *e*	ll : *elle*	s : *ese*	
f : *efe*	m : *eme*	t : *te*	
g : *ge*	n : *ene*	u : *u*	

- L'alphabet espagnol comporte les mêmes lettres que l'aphabet français, mais il possède en plus *CH*, *LL*, *Ñ*, qui sont des lettres à part entière.

- Toutes les lettres sont féminines ; on dit : *una A*, *una B*...

- Seules les lettres *C*, *N*, *R* peuvent être doublées ; la prononciation l'indique dans tous les cas.

lección [lekθjon] *ficción [fikθjon]*
innegable *perenne*
perro *tierra*

Remarques

- On ne trouve le W que dans des mots d'origine étrangère.
windsurf [w] *wamba [b]*

- En espagnol il n'y a pas de groupe *PH*, *TH*, *RH*.
la farmacia *el teatro* *retórico*
la pharmacie le théâtre rhétorique

- LL et RR ne peuvent être séparés en fin de ligne et doivent être reportés à la ligne suivante.
la ba-rra de labios *la ca-lle mayor*

25 *Amanecer et anochecer*

1 Employés à la 3ᵉ personne du singulier.

Amanece. *Anochece.*
Le jour se lève. La nuit tombe.

*Ahora **amanece** a las 6 y **anochece** a las 7.*
En ce moment le jour se lève à 6 heures et la nuit tombe à 7 heures.

2 Accompagnés d'un complément de lieu.

Ces verbes peuvent se conjuguer et indiquer l'endroit où l'on se trouve au lever du jour ou à la tombée de la nuit.

***Amanecimos** en Toledo.*
Nous étions à Tolède au lever du jour.

*Salieron de Madrid a las 9 de la noche y **amanecieron** en Sevilla.*
Ils partirent de Madrid à 9 heures du soir et à l'aube ils étaient à Séville.

Remarque

Amanecer peut aussi signifier "se réveiller".

***Amanecí** cansado.*
Je me suis réveillé fatigué.

Exercice

Traduisez en français :
1. Ayer amaneció nublado. 2. Me gusta levantarme al amanecer.
3. Amanecimos en Málaga. 4. Anochecía y ella tenía que volver a casa.
5. Ha amanecido un día muy caluroso. 6. Esperaré hasta que amanezca.

26 Ambos, ambas

1 **Ambos, -as** + nom : "**les deux**", "**l'un(e) et l'autre**".

En política exterior, **ambos países** están conformes.
En politique extérieure, les deux pays sont d'accord.

2 **Ambos, -as** employé seul : "**tous (les) deux**", "**toutes (les) deux**".

Ambas se negaron rotundamente.
Toutes les deux refusèrent catégoriquement.

Exercice

Traduisez en français :
1. Agarró la empuñadura (la poignée) con ambas manos. 2. En ambos casos estás equivocado. 3. Tengo dos primos : ambos son abogados. 4. Ambas levantaron la mano al mismo tiempo. 5. Ambas me gustan. 6. La ciudad se extiende a ambas orillas del río. 7. Se prohibe el tráfico en ambas direcciones. 8. Ambas ventanas dan al mar.

27 Américanismes

L'espagnol d'Amérique présente des différences avec l'espagnol péninsulaire. Celles-ci s'expliquent par les données géographiques, historiques et culturelles propres à chaque pays et par l'influence éventuelle de langues indigènes.
Voici quelques traits caractéristiques :

1 **Différences grammaticales et de prononciation.**

● **La prononciation.**

– **c** devant *e* et *i*, et **z** sont prononcés comme **s**.

– **s** à la fin d'une syllabe ou d'un mot est affaibli ou disparaît.

– **ll** est prononcé comme **y**.

● **Quelques différences grammaticales.**

– *Ustedes* (+ 3[e] personne du pluriel) remplace *vosotros (-as)* dans le tutoiement collectif.

– Dans certains pays (principalement Argentine, Paraguay et Uruguay), *vos* remplace *tú* dans la langue courante et les formes verbales correspondantes sont altérées et accentuées sur la terminaison.

Claro que **sos** mi camarada (...)

Vos **ves** la Cruz del Sur
y **respirás** el verano con su olor a duraznos
y **caminás** de noche (...)

Julio Cortázar

– Le passé simple a tendance à être davantage employé que le passé composé.

2 Quelques différences lexicales.

Amérique	Espagne	Traduction
acá	aquí	ici
acriollarse		s'intégrer dans le pays
ahí	allí	là-bas
ahorita	ahora	tout de suite
altoparlante (m.)	altavoz	haut-parleur
alzado, -a	engreído	fier, infatué
apearse	hospedarse	se loger
apurarse	apresurarse	se presser
arepa (f.)		galette de maïs
arveja (f.)	guisante	petit pois
atole (m.)		boisson à base de maïs fermenté (Mexique)
atrancarse	obstinarse	s'obstiner
bagual, -a		sauvage, rustre
batata (f.)		patate douce
bife (m.)	bistec	bifteck
bohío (m.)	choza	cabane (Cuba)
boleto (m.)	billete, entrada	billet
boliche (m.)	tasca	bistrot
bombilla (f.)		pipette pour le maté
botar	echar fuera	jeter dehors
cachaza		eau-de-vie de canne
cachimba (f.)	pipa	pipe
calichera (f.)		gisement de nitrate
camión (m.)	autocar	autocar (Mexique)
cancha (f.)	campo	terrain de sport
cantina (f.)	taberna	café
carpa (f.)	tienda	tente
carro (m.)	coche	voiture
centavo (m.)	céntimo	centime
cobija (f.)	manta	couverture
colectivo (m.)	autobús	autobus (Argentine)
coyote (m.)		usurier, trafiquant
criollo, -a		américain d'origine européenne
cuadra (f.)	manzana	• pâté de maison • unité de mesure (= 125 m)

Amérique	Espagne	Traduction
cuate (m.)	*amigo*	ami (Mexique)
chacra (f.)	• *campo*	• champ
	• *finca*	• ferme
chancho, -a	*sucio*	sale
chapo, -a		trapu, -e
chicha (f.)		boisson à base de maïs fermenté (Pays andins)
chile (m.)	*pimiento colorado*	piment
china (f.)	*chica*	fille
cholo, -a	*mestizo*	• métis
		• indien hispanisé
elevador (m.)	*ascensor*	ascenseur
elote (m.)		épi de maïs tendre
esculcar	*registrar*	fouiller
estampilla (f.)	*sello*	timbre
estancia (f.)	*finca*	exploitation agricole (Argentine)
extrañar	*echar de menos*	regretter
facón (m.)		grand couteau
frazada (f.)	*manta*	couverture
fregar	*molestar*	embêter
frijol (m.)	*judía*	haricot
gachupín (m.)		Espagnol installé en Amérique
galpón (m.)	*cobertizo*	hangar
gamonal (m.)	*cacique*	cacique
guagua (f.)	• *nene*	• bébé
	• *autobús*	• autobus (Cuba)
guajolote (m.)		dindon
hacienda (f.)	*finca*	exploitation agricole
ingenio de azúcar (m.)		raffinerie de sucre
macanudo, -a	*estupendo*	formidable
maguey (m.)	*pita*	agave
mandioca (f.)		manioc
manejar	*conducir*	conduire un véhicule
mate (m.)		maté
mazorca (f.)		épi de maïs
mezcal (m.)		eau-de-vie d'agave
milpa (f.)	*maizal*	champ de maïs
mucama (f.)	*criada*	servante

Amérique	Espagne	Traduction
nopal (m.)	chumbera	figuier de barbarie
ofertar	ofrecer	offrir
papa (f.)	patata	pomme de terre
pararse	levantarse	se lever
payador (m.)		chanteur ambulant (Argentine, Chili)
plata (f.)	dinero	argent
poroto (m.)	judía	haricot
pulpería (f.)	colmado	épicerie, bazar
pulque (m.)		pulque (boisson à base d'agave fermenté)
rancho (m.)	choza	cabane
recién (+ verbe)	apenas	à peine
saco (m.)	chaqueta	veste
salitre (m.)		salpêtre, nitrate
sarape (m.)		sorte de poncho (Mexique)
soroche (m.)		mal des montagnes
tamal (m.)		pâté de viande et de maïs
tomar	beber	boire
tortilla (f.)		crêpe de maïs
vereda (f.)	acera	trottoir
yerba (f.)	hierba	• herbe • maté
zafra (f.)		récolte de la canne à sucre
zócalo (m.)	plaza mayor	grand-place (Mexique)
zopilote (m.)		urubu : vautour (Mexique)

28 *Ante, delante de* et *adelante*

1 *Ante* + nom.
Ante signifie "devant" au sens propre et au sens figuré.

Ante la casa *se extiende un solar.*
Devant la maison s'étend un terrain vague.

Ante tales problemas *se sentían desanimados.*
Devant de tels problèmes ils se sentaient découragés.

Remarque

Ne pas confondre *ante* (préposition) avec l'adverbe de temps *antes* : "avant", "auparavant" (voir n° 29).
Une exception : *ante todo* (avant tout).

2 *Delante de* + nom.
Delante de signifie "devant" au sens propre et tend à préciser davantage la localisation.

Delante de la ventana hay una reja.
Devant le fenêtre il y a une grille.

3 *Delante* employé seul.
Delante signifie "devant".

Los niños iban delante.
Les enfants marchaient devant.

4 *Adelante*, employé seul.
Adelante indique la direction : "en avant".

¡ Mira adelante !
Regarde devant toi !

Notez

salir adelante : se tirer d'affaire
seguir adelante : continuer
ir adelante : aller de l'avant
en adelante : désormais

▶ Pour l'emploi de *adelante* précédé d'un nom, voir n° 8.

Exercice

Traduisez en espagnol :
1. L'autobus s'arrête devant la mairie (el ayuntamiento). 2. Il fuit devant le danger. 3. Il dut s'incliner devant la décision de la majorité. 4. Le monument était devant lui. 5. Devant un tel spectacle il ne put retenir (contener) ses (las) larmes. 6. Dans le défilé, les pompiers marchaient devant la fanfare (la banda). 7. Ils décidèrent de continuer malgré le mauvais temps.

29 *Antes* et *después*

1 *Antes* employé seul : "**avant**", "**auparavant**".
Después employé seul : "**après**", "**ensuite**".

Antes, nos despedimos de todos.
Auparavant, nous avons pris congé de tous.

Te lo diré después.
Je te le dirai après.

2 *Antes de* + nom : " **avant** " + nom.
Después de + nom : " **après**" + nom.

después de la cena
après le dîner

antes de las cuatro
avant quatre heures

3 *Antes de* + infinitif : "**avant de**" + infinitif.
Después de + infinitif simple : "**après**" + infinitif passé.

Antes de reír, *escúchame.*
Avant de rire, écoute-moi.

Después de pensarlo detenidamente, optó por la primera solución.
Après y **avoir** longuement **réfléchi**, elle opta pour la première solution.

Exercice

Traduisez en espagnol :
1. Le magasin n'ouvre pas avant 9 h 30. 2. Après le 15 août, il n'y a pas autant de (tantos) touristes. 3. Avant, il ne se plaignait (quejarse) pas. 4. Après, tout sera différent (distinto). 5. Après avoir étudié 2 ans, il abandonna tout. 6. Je fermerai la fenêtre avant de m'en aller. 7. La bataille eut lieu au 1er siècle après Jésus-Christ (Jesucristo). 8. Il commença à préparer son (el) examen deux semaines avant.

---

30 *Antes (de) que* et *después (de) que*

1 *Antes (de) que* ("**avant que**") est suivi du subjonctif.

*No hagas nada **antes que llegue**.*
Ne fais rien avant que j'arrive.

2 *Después (de) que* ("**après que**") est suivi de l'indicatif.

***Después que hubo hablado** todos callaron.*
Après qu'il eut parlé tous se turent.

Remarque

Devant un nom ou un pronom, *antes que* et *después que* traduisent "avant" et "après" quand **le verbe est sous-entendu**.

*Llegó **antes que** Ignacio (llegara* sous-entendu*).*
Il arriva avant Ignacio.

Notez

antes que nada : avant tout
después de todo : après tout

Exercice

Traduisez en espagnol :
1. Je ne veux rien dire avant qu'il le sache. 2. Après que tu es parti tout a changé. 3. Avant que n'éclate ce conflit, tout semblait calme. 4. Tout le monde l'aida après qu'il eut décidé d'intervenir. 5. Trois mois passèrent avant qu'on ne le retrouve (localizar). 6. Tu le sauras avant nous.

31 Apocope

L'apocope est **la perte de la voyelle** ou **de la syllabe finale** de certains mots lorsqu'ils sont placés **devant un nom**, même s'ils sont séparés de celui-ci par un autre adjectif ou adverbe.

1 *Uno, alguno, ninguno, primero, tercero, bueno, malo.*
Devant un nom masculin singulier, ces mots deviennent :

uno → un
alguno → algún
ninguno → ningún

primero → primer
tercero → tercer

bueno → buen
malo → mal

un **buen** chico
un bon garçon

el **primer** capítulo
le premier chapitre

Mais : *una buena chica, unos buenos chicos, un chico bueno* ; *el capítulo primero, los primeros capítulos.*

2 *Cualquiera.*
Cualquiera → *cualquier* devant un nom masculin ou féminin singulier.

por **cualquier** motivo
pour une quelconque raison

cualquier propuesta
n'importe quelle proposition

Mais :

una propuesta **cualquiera**
une proposition quelconque

3 *Grande.*
Grande → *gran* devant un nom masculin ou féminin singulier.

un **gran** poeta
un grand poète

una **gran** poetisa
une grande poétesse

4 *Santo.*

Devant un nom propre de saint masculin singulier, *Santo* → *San*, sauf si le nom du saint commence par *To-* ou *Do-*.

San Pablo	**San** Ignacio	**Santo** Domingo
Saint Paul	Saint Ignace	Saint Dominique

5 *Ciento.*

Ciento → *cien* devant un nom ou un chiffre qu'il multiplie.

cien pesetas   **cien** mil
cent pesetas   cent mille

Mais :

ciento cuarenta pesetas
cent quarante pesetas

6 *Tanto, cuanto.*

Tanto → *tan* et *cuanto* → *cuan* devant un adjectif ou un adverbe.

Él, siempre **tan** afable...   ¿ Por qué llegas **tan** pronto ?
Lui, toujours si aimable...   Pourquoi arrives-tu si tôt ?

¡ No te figuras **cuán** afable es !
Tu n'imagines pas combien il est aimable !

Attention ! Pas d'apocope de *tanto* et de *cuanto* devant : *mayor, menor, mejor, peor, más, menos.*

tanto peor   **Cuanto** más rápido, mejor.
tant pis   Plus ce sera rapide, mieux ce sera.

7 *Recientemente.*

Recientemente → *recién* devant un participe passé.

el **recién** nacido   las **recién** llegadas
le nouveau-né   les nouvelles venues

Exercice

Traduisez en espagnol :

1. un bon camarade 2. un homme bon 3. le premier ou le troisième jour 4. C'est le premier. 5. dans n'importe quelle circonstance 6. dans une situation quelconque 7. Cela n'a aucun intérêt. 8. un grand magasin 9. une grande satisfaction 10. Sainte Cécile 11. Saint Michel 12. Saint Thomas 13. les Cent-Jours 14. cent un habitants 15. vingt et un pour cent 16. aussi bonne que belle 17. Combien il est difficile de satisfaire tout le monde ! 18. une maison nouvellement bâtie

32 Apprendre

1 *Enseñar :* "**apprendre**" (enseigner quelque chose à quelqu'un).
¿ Por qué no le enseñas a conducir ?
Pourquoi ne lui apprends-tu pas à conduire ?

2 *Aprender :* "**apprendre**" (étudier, acquérir un savoir).
Tienes que aprender ese teorema.
Tu dois apprendre ce théorème.

3 *Enterar* et *enterarse de :* "**apprendre**" (informer quelqu'un et s'informer de quelque chose).
Le enteró de la noticia.
Il lui apprit la nouvelle.
Acabo de enterarme por la radio de lo sucedido.
Je viens d'apprendre par la radio ce qui s'est passé.

Exercice

Traduisez en espagnol :
1. Apprends-moi le solfège. 2. Tu n'aimes pas apprendre par cœur (de memoria). 3. Je préfère qu'il n'apprenne pas la nouvelle maintenant. 4. Il a appris l'espagnol au Venezuela. 5. Il a appris l'espagnol à ses enfants. 6. Si vous (Vd.) apprenez quelque chose, écrivez-moi.

33 Aquí, ahí, allí et acá, allá

1 *Aquí* (ici) et *allí :* (là ou là-bas).
Yo me quedo aquí.   *Él, que se quede allí.*
Moi je reste ici.   Lui, qu'il reste là-bas.

2 *Ahí* (là).
Ahí situe à une distance intermédiaire entre *aquí* et *allí*.
Mira, ahí está la carta.
Regarde, la lettre est là (= à côté de toi).

Il s'emploie en particulier au figuré.
De ahí se deduce que...
On en déduit que... (en = de là)

▶ Pour la relation entre adverbes de lieu et démonstratifs, voir n° 84.

3 *Acá* (par ici) et *allá* (par là).
Ils sont moins précis que *aquí* et *allí*.

*Ven **acá**.*   *Vete **allá**.*
Viens par ici.   Va-t'en par là.

On dit *más acá* (= *más cerca*) : "plus près" et *más allá* (= *más lejos*) : "plus loin", "au-delà".

*Ponte **más acá**.*   *Córrete **más allá**.*
Viens plus près.   Va plus loin.

> Remarque

Ces adverbes de lieu peuvent avoir un sens temporel dans quelques expressions.

*de **aquí** en adelante*   ***allá** por los años 50*
désormais   vers les années 50
*de algún tiempo **acá***
depuis quelque temps

> Notez

allá tú : c'est ton affaire, ça te regarde, libre à toi
allá él : libre à lui
allá ellas : libre à elles

*Si se empeña, **allá él**.*
S'il s'entête, c'est son affaire.

Exercices

1. *Traduisez en français :*
1. Mira las flores en ese balcón, ahí enfrente. 2. Más allá del río empiezan las marismas. 3. ¿ No quieren venir con nosotros ? Allá ellos. 4. Ahí tiene Vd. el baño (la salle de bains).

2. *Traduisez en espagnol :*
1. Nous sommes ici. 2. Assieds-toi là, sur le canapé (el sofá). 3. Là-bas, en Amérique, on parle aussi espagnol. 4. On (se) aperçoit le sommet tout là-haut. 5. Ne cherchez pas (Vd.) davantage, le guichet (la taquilla) est là, tout près.

34 *Articles définis (1) : formes*

1 Formes.

	masculin	féminin	neutre
singulier	*el* (le)	*la* (la)	*lo*
pluriel	*los* (les)	*las* (les)	

L'**article neutre** *lo* est spécifique à l'espagnol (voir n° 151)

el sillón   los sillones
le fauteuil   les fauteuils
la silla   las sillas
la chaise   les chaises

2 Forme particulière.

Lorsque l'article précède directement un nom féminin singulier commençant par *a-* ou *ha-* toniques, on emploie *el* au lieu de *la*.

el agua clara   las aguas claras
l'eau claire   les eaux claires
el hada   las hadas
la fée   les fées

Mais :

la harina   la vieja arca
la farine   le vieux coffre

Cette modification n'intervient pas devant les adjectifs féminins singuliers.

la alta torre
la haute tour

3 Contractions.

a + el → al ("au")   de + el → del ("du")

Vamos al cine.
Nous allons au cinéma.

Vengo del cine.
Je viens du cinéma.

Se tira al agua.
Il se jette à l'eau.

Remarque

Il n'y a pas de contraction si l'article *el* fait partie d'un nom propre ou du titre d'une œuvre.

el estreno de El Alcalde de Zalamea
la première de *El Alcalde de Zalamea*

Exercice

Mettez l'article défini qui convient :
1. ... gato 2. ... gata 3. ... paredes 4. ... ratones 5. ... hacha 6. ... armas. 7. ... ama de casa 8. ... verde haya 9. ... aritmética 10. ... hija de ... alcalde 11. Asómate ... balcón. 12. Se acercó ... arca.

35 Articles définis (2) : emplois particuliers

1 Devant *señor, señora, señorita*.
On doit utiliser l'article défini sauf si l'on s'adresse directement à la personne.

¿ Está la señorita López ?
Mademoiselle López est-elle là ?

Mais :

Buenos días, señorita López.
Bonjour, Mademoiselle López.

2 Dans l'expression de l'heure (voir n° 136).

Es la una. *Son las cuatro.*
Il est une heure. Il est quatre heures.

3 Dans l'expression de l'âge (voir n° 18).

Se casó a los 30 años.
Il s'est marié à 30 ans.

4 Avec les jours de la semaine.

● Au singulier avec *próximo* (= *que viene* : prochain) ou *pasado* (dernier) exprimés ou sous-entendus.

Ya nos vimos el sábado.
Nous nous sommes déjà vus samedi (dernier).

Hasta el domingo. *el próximo martes* *el pasado miércoles*
À dimanche (prochain). mardi prochain mercredi dernier

● Au pluriel pour indiquer la périodicité.

Los viernes voy a la piscina.
Le vendredi je vais à la piscine (tous les vendredis).

5 *El* (+ infinitif) et *el que* (+ verbe conjugué) : "**le fait de**", "**le fait que**".

el dormir poco *El que me lo digas me tranquiliza.*
le fait de peu dormir Le fait que tu me le dises me rassure.

▶ Pour l'emploi de *el de, el que* avec une valeur démonstrative, voir n° 97.

Exercice

Employez l'article défini s'il y a lieu :
1. Se ruega a ... señores pasajeros que apaguen los cigarrillos.
2. ¿ Qué le parece a Vd., ... señora García ? 3. Cierran los bancos a ... una. 4. A ... 40 años, uno es joven todavía. 5. Nos veremos ... jueves que viene. 6. ... lunes suelo volver tarde a casa. 7. ¿ Te sorprende ... que venga ? 8. Le alegra ... acompañarte.

36 Articles définis (3) : omission

1 Devant les noms de pays.

● On n'emploie pas l'article défini devant la plupart des noms de continents, de pays ou de régions.

Europa	España	Francia	Andalucía
l'Europe	l'Espagne	la France	l'Andalousie

● Un petit nombre d'entre eux comporte toujours l'article.

El Salvador	La India	La Mancha
Le Salvador	l'Inde	La Manche

Dans l'usage actuel, d'autres s'emploient avec ou sans article, indifféremment.

(el) Brasil	(la) China	(los) Estados Unidos
le Brésil	la Chine	les États-Unis

● Mais on doit employer l'article si le pays est suivi d'un complément de nom ou d'un adjectif.

la España del sur   la Francia del siglo XVIII
l'Espagne du sud   la France du XVIIIe siècle
la España húmeda
l'Espagne humide

2

Devant *casa* au sens de "chez" (pour les traductions de "chez", voir n° 57), devant *misa* (messe) complément d'un verbe, *clase* (classe, cours) dans les emplois du français "en classe", "en cours", et *palacio* (palais) complément de lieu indéterminé.

oír **misa**   ir a **clase**
entendre la messe   aller en classe
Voy a **casa** de Martina.   Le acompañó a **Palacio**.
Je vais chez Martina.   Il l'accompagna au Palais.

3 Devant le nom de la plupart des ministères, organismes officiels, syndicats ... (ou leur sigle).

una encuesta de Sanidad
une enquête du ministère de la Santé

un programa de Televisión Española
un programme de la Télévision espagnole

4 Dans les énumérations.

On peut omettre l'article à partir du deuxième terme d'une énumération, même si les noms sont de genre et de nombre différents.

El valor y calidad artística de sus obras se conocen mundialmente.
La valeur et la qualité artistiques de ses œuvres sont mondialement connues.

5 Dans de nombreuses expressions.

tener derecho a... *tener tiempo para...*
avoir le droit de... avoir le temps de...

Exercice

Employez l'article défini s'il y a lieu :
1. ... Méjico es un país productor de petróleo. 2. ... Méjico colonial dejó numerosos testimonios arquitectónicos. 3. Siempre llegaba tarde a ... misa. 4. Saldré de viaje ... primero de mayo. 5. ¿ No vas a ... clase de dibujo hoy ? 6. Isabel se aburre durante ... clases. 7. Tienes ... permiso para salir hoy. 8. el ministerio de ... Asuntos Exteriores

37 *Articles indéfinis (1) : formes*

1 Le singulier.

un : "un" *una* : "une"

un *periódico* **una** *revista*
un journal une revue

Devant un nom féminin singulier commençant par *a-* ou *ha-* toniques on emploie **indifféremment** *un* ou *una*.

un (una) arpa *un (una) hacha*
une harpe une hache

2 Le pluriel.

● L'indéfini pluriel (*unos, unas*) **ne s'emploie pas** habituellement pour traduire "des".

leer periódicos y revistas
lire des journaux et des revues

Allí, los campesinos emplean métodos modernos.
Là-bas, les paysans emploient des méthodes modernes.

● *Unos, unas* **s'emploient** si le pluriel envisagé est plus **restreint** et notamment pour désigner des objets allant par paire.

*En tu trabajo, debes usar **unos** métodos más modernos.*
Dans ton travail, tu dois utiliser des méthodes plus modernes.

*Amelia lleva **unas** gafas redondas.*
Amelia porte des lunettes rondes.

Exercice

Traduisez en français :
1. Se oían pasos. 2. Tráeme unas tijeras. 3. Tomad unas ciruelas : están maduras. 4. Le regaló unos pendientes de oro. 5. Volvió meses y meses después. 6. Unos golosos se han comido la tarta.

38 Articles indéfinis (2) : omission

1 Les partitifs.
"Du", "de", "de la", "des", partitifs, ne se traduisent pas en espagnol.

Bebe agua.
Il boit de l'eau.

No tiene paciencia.
Il n'a pas de patience.

2 Devant certains adjectifs.
Devant les adjectifs *cierto, cualquiera, distinto, doble, igual, medio, otro, semejante, tal, tamaño, tanto,* et l'adverbe *tan*, il y a omission de l'article indéfini.

Vuelva Vd. otro día.
Revenez un autre jour.

media hora
une demi-heure

Déme doble ración de churros.
Donnez-moi une double ration de beignets.

Notez

hora y media : **une** heure et demie
kilómetro y medio : **un** kilomètre et demi

3 Devant les compléments de manière et les expressions comparatives, quand elles précèdent le nom.

Andaban con paso lento.
Ils marchaient d'un pas lent.

Tendrás mayor sueldo.
Tu auras un salaire plus élevé.

4 Devant un nom employé au sens général.

Tener coche es muy cómodo.
Avoir une voiture est très pratique.

Mais :

Tienes **un** *coche muy rápido.*
Tu as une voiture très rapide.

Exercices

1. Traduisez en français :
1. Suele llevar sombrero. 2. Estuvimos media hora esperando. 3. Ella me habló con voz suave. 4. Si tienes mejor solución...

2. Traduisez en espagnol :
1. Nous mangeons du poisson deux fois par semaine. 2. J'ai acheté des figues (un higo). 3. N'avez-vous (Vd.) pas de monnaie (el suelto) ? 4. On vend aussi des chaussures au supermarché. 5. Jorge s'est acheté des bottes de cuir noir. 6. J'éprouve une certaine inquiétude.

39 · *Así, así que* et *así de*

1 *Así.*
Cet adverbe de manière équivaut au français : "ainsi".

¡ *No se lo digas así* !
Ne le lui dis pas ainsi !

Así, pudimos llegar a tiempo.
Ainsi, nous pûmes arriver à temps.

Notez

Así es : C'est ainsi.
así y todo : malgré tout
por decirlo así : pour ainsi dire

2 *Así como.*
Il équivaut au français "ainsi que" dans les phrases comparatives.

los martes así como los miércoles
les mardis ainsi que les mercredis

3 *Así* + subjonctif.

● Dans une phrase exclamative, il sert à exprimer le souhait (voir aussi *ojalá* n° 180).

¡ *Así se den prisa* !
Pourvu qu'elles se dépêchent !

● Il équivaut à *aunque* + subjonctif avec le sens de "même si" + indicatif (mais il est d'un emploi moins fréquent que *aunque*).

No le contestes así te importune (= *aunque te importune*).
Ne lui réponds pas même s'il t'importune.

4 *Así que* + indicatif ou subjonctif.
Il peut avoir une valeur temporelle ("dès que", "aussitôt que").

Así que la veas díselo.
Dès que tu la verras dis-le-lui.

▶ Pour le subjonctif dans les subordonnées de temps, voir n° 254.

5 *Así que* + indicatif.
Il se traduit par "donc", "alors", pour énoncer une conséquence ou une conclusion (= *así pues*).

Así que has aprobado...
Alors tu es reçu...

6 *Así de* + adjectif (langue familière).
Il correspond au français "comme ça", "aussi".

una tapia así de alta
un mur de clôture haut comme ça

No seas así de tonto.
Ne sois pas aussi bête.

Exercice

Traduisez en français :
1. ¡ Muy bien, así se hace ! 2. Así ocurre a veces. 3. Así que lo sepas, avísame. 4. ¿ Así que has vuelto por aquí ? 5. He pescado una trucha (une truite) así de larga. 6. No aceptaré, así me supliquen ellos.

40 Aunque

1 *Aunque :* "bien que".

Aunque est suivi de l'indicatif s'il introduit un fait réel. Il signifie "bien que", "quoique", "encore que".

Aunque voy *a la playa, no me bañaré.*
Bien que j'aille à la plage, je ne me baignerai pas.

Aunque no se levanta *el telón, los espectadores no protestan.*
Bien que le rideau ne se lève pas, les spectateurs ne protestent pas.

2 *Aunque :* "même si".

Il est suivi du subjonctif s'il introduit une supposition.

Aunque vaya *a la playa, no me bañaré.*
Même si je vais à la plage, je ne me baignerai pas.

Aunque no se levante *el telón, los espectadores no protestarán.*
Même si le rideau ne se lève pas, les spectateurs ne protesteront pas.

Attention ! Par rapport au français, **les modes sont inversés :**
bien que + subjonctif = *aunque* + indicatif
même si + indicatif = *aunque* + subjonctif

▶ Pour la concordance des temps, voir n° 66.

Remarque

Si bien et *aun cuando* ont le même sens que *aunque,* mais le premier est suivi de l'indicatif et le second du subjonctif.

Si bien *leía poco, tenía una biblioteca espléndida.*
Bien qu'il lise peu, il avait une bibliothèque splendide.

Aun cuando *tomáramos un taxi, nos tendrían que esperar.*
Même si nous prenions un taxi, ils devraient nous attendre.

Exercices

1. *Traduisez en français :*
1. Aunque le dije que no tenía ninguno, me preguntó cuáles eran mis planes. 2. Nos entendemos aunque hablamos muy poco. 3. Lo haré aunque te opongas. 4. Aunque no haya mucho tráfico id con cuidado. 5. Aunque no se acordaba de su nombre, la conocía.

2. *Traduisez en espagnol :*
1. Bien qu'il soit tard, viens prendre un verre (una copa) avec moi. 2. Même s'il est tard, téléphone-moi quand tu rentreras. 3. Nous partons en promenade quoiqu'il pleuve. 4. Même s'il le peut, il ne voudra pas venir (*ne pas traduire "le"*). 5. Même si nous le voulions, nous ne pourrions pas faire cela (*ne pas traduire "le"*). 6. Ce n'est pas ce que vous (Vds.) espériez, encore que vous ayez eu de la chance.

41 *Autant (1) : autant, autant... que*

1 "Autant" : *tanto* (invariable).

*No me imaginaba que me iba a aburrir **tanto**.*
Je n'imaginais pas que j'allais m'ennuyer autant.

2 "Autant de" + nom : *tanto, -a, -os, -as*, accordé avec ce nom.

*Es la primera vez que el cerezo lleva **tanta fruta**.*
C'est la première fois que le cerisier a autant de fruits.

3 "Autant que" : *tanto como*.
"Autant de… que" : *tanto, -a, -os, -as… como*.

Le "que" français se traduit par *como* (invariable) et plus rarement aujourd'hui par *cuanto* (littéraire), qui, s'il précède un nom, s'accorde avec celui-ci.

*No me divierto **tanto como** pretendes.*
Je ne m'amuse pas autant que tu le dis.

*Lo decía no **tanto** para lucirse **como** (ou **cuanto**) para convencer al público.*
Il ne le disait pas tant pour se mettre en valeur que pour convaincre le public.

*Tiene **tantos** trajes **cuantos** días hay en la semana.*
Il a autant de costumes qu'il y a de jours dans la semaine.

Attention ! *Días* suit immédiatement *cuantos*, et l'ordre des mots est différent du français.

Exercice

Traduisez en espagnol :
1. Jadis Rosario ne travaillait pas autant. 2. Je n'avais jamais eu autant de difficultés. 3. Vous (vosotros) vous baignerez autant que vous voudrez. 4. Tu n'as pas autant de robes qu'elle. 5. Il ne fait pas autant de vent qu'hier.

42 — Autant (2) : d'autant plus... que, d'autant moins... que

1 "D'autant plus... que" : *tanto más... cuanto más*.
La construction est la même pour "d'autant moins" : *tanto menos*.

*Yo temía **tanto más** ese examen **cuanto menos** preparado me sentía.*
Je craignais d'autant plus cet examen que je me sentais moins préparé.

2 "D'autant plus... que" : *tanto más... cuanto que.*
Le "que" français se traduit par *cuanto que* si la comparaison porte sur l'ensemble de la deuxième proposition.

*Es tanto más agradable **cuanto que** no me lo esperaba.*
C'est d'autant plus agréable que je ne m'y attendais pas.

> *Remarque*
>
> Pour "d'autant plus de... que", *tanto* s'accorde avec le nom qu'il accompagne.
>
> *Había **tanta más gente** cuanto que era gratuito.*
> Il y avait d'autant plus de monde que c'était gratuit.

3 "D'autant plus que" : *tanto más que.*
Lorsque "d'autant plus que" introduit une explication, il se traduit par *tanto más que* et, moins fréquemment, par *cuanto más que* ou *tanto más cuanto que*.

*A Vd. no le toca comunicárselo, **tanto más que** no le conoce.*
Ce n'est pas à vous de lui annoncer, d'autant plus que vous ne le connaissez pas.

Exercice

Complétez les phrases suivantes :
1. Es ... urgente ... vence el plazo mañana. 2. Está ... satisfecho ... era difícil. 3. No te reprocharán nada, ... no es culpa tuya. 4. Es ... molesto ... no ha avisado. 5. Es ... barato el precio de coste ... ejemplares se producen. 6. ... convencido estoy ... eres un embustero (menteur).

---

43 — Autant (3) : en... autant, en... autant que

"**En**" partitif **ne se traduit pas en espagnol** (voir "en" n° 99.1).

1 "En... autant" : *otro tanto*.
Otro tanto s'accorde avec le mot que reprend "en".

*He leído 20 páginas y me quedan **otras tantas**.*
J'ai lu 20 pages et il m'en reste autant.

2 "En... autant que" : *tanto como*.
Tanto s'accorde avec le mot que reprend "en".

¿ Libros ? Vd. tendrá **tantos como** pueda leer.
Des livres ? Vous en aurez autant que vous pourrez en lire.

▶ Pour les traductions de "autant", voir n° 41.

Exercice

Traduisez en espagnol :
1. Hier nous avons vu deux films ; aujourd'hui nous en verrons autant.
2. Tu ne peux pas en dire autant. 3. Des échantillons (una muestra), il en a autant qu'il en veut. 4. Des renseignements (una información) ? Je vous en donnerai autant que vous (Vd.) m'en demanderez. 5. Si ces affiches (un cartel) t'intéressent, je t'en apporterai autant que tu voudras.

44 *Autre : un autre, l'autre...*

1 "Un autre" : *otro*.

● L'article indéfini est omis (voir n° 38.2).

Éste es **otro** argumento.
C'est un autre argument.

No me gustan esas corbatas ; ¿ quiere Vd. enseñarme **otras** ?
Ces cravates ne me plaisent pas ; voulez-vous m'en montrer d'autres ?

● Les numéraux et les adjectifs ***mucho, poco, tanto, vario*** doivent être placés **après** *otro*.

otros dos   otros varios
deux autres   plusieurs autres

2 "Les autres" : *los demás*.
Si "les autres" = "tous les autres", on emploie *los demás*.

Este autobús va completo : **las demás** personas, que esperen el siguiente.
Cet autobus est complet : que les autres personnes attendent le suivant.

Notez

lo demás : le reste, tout le reste

3 "L'un... l'autre" : *(el) uno... (el) otro*.
"Les uns... les autres" : *(los) unos... (los) otros*.
"L'un et l'autre" : *uno y otro* (voir aussi *ambos* n° 26).

Unos bajaban, **otros** subían.
Les uns descendaient, les autres montaient.

4 "Autre" : *más*.

"Autre" se traduit par *más* s'il signifie "encore un", "un de plus", ou s'il se trouve **après une négation** (ou *sin*).

*Han convocado a tres jugadores **más** para el partido.*
On a convoqué trois autres joueurs pour le match.

*No hay **más** remedio.*
Il n'y a pas d'autre solution.

*sin **más** remedio que aceptar*
sans autre solution que d'accepter

Exercice

Traduisez en espagnol :
1. Demain sera un autre jour. 2. Si tu as lu ce roman, choisis-en un autre. 3. Beaucoup d'autres ont préféré rester chez eux. 4. Trois autres personnes ont été (resultar) blessées dans l'accident d'hier. 5. Les unes parlaient, les autres se taisaient. 6. Viens au stade (el estadio) cet après-midi, tous les autres y seront. 7. Ton opinion m'intéresse, pas celle des autres. 8. Avez-vous (Vds.) besoin d'autres documents ? 9. Je le regrette, mais je n'en ai pas d'autres *(ne pas traduire "en")*. 10. Il vivait sans autre compagnie que celle d'un chien.

45 Avoir beau

1 *Por más que* ou *por mucho que* + verbe.

Por más
Por mucho } *que digas, haré lo que me apetezca.*

Tu auras beau dire, je ferai ce qui me plaira.

2 *Por más* + nom + *que* + verbe.
Por mucho (-a, -os, -as) + nom + *que* + verbe.

Por más disgustos que tenía, no se desanimaba.
Elle avait beau avoir des ennnuis, elle ne se décourageait pas.

Por mucha paciencia que tengas, no lo convencerás.
Tu auras beau avoir de la patience, tu ne le convaincras pas.

3 *Por* ou *por muy* + adjectif ou participe passé + *que*.

No lo comprará, por (muy) barato que sea.
Il ne l'achètera pas, aussi bon marché soit-il.

4 Choix du mode dans la subordonnée.
L'**indicatif** sera utilisé pour un **fait présenté comme réel** et le **subjonctif** pour un **fait présenté comme incertain** ou **hypothétique**.

Toutefois, étant donné le sens de ces tournures, le subjonctif sera d'un emploi beaucoup plus fréquent.

*Por más que **se empeña** no lo consigue.*
Il a beau se donner du mal, il n'y arrive pas.

*Por mucha suerte que **tenía**, no siempre ganaba.*
Il avait beau avoir de la chance, il ne gagnait pas toujours.

*Por más que **se queje** no lo escucharán.*
Il aura beau se plaindre, on ne l'écoutera pas.

*Por más que **dijera**, no lo creerían.*
Il aurait beau dire, on ne le croirait pas.

▶ Pour exprimer la concession, voir aussi n°s 40 et 65.

Remarque

Por más que, *por mucho que* ou *por muy* peuvent parfois être traduits par "bien que" ou "quoique".

No lo veo por más que miro.
Je ne le vois pas, bien que je regarde.

Notez

digas lo que digas: tu as beau dire, quoi que tu dises

Exercices

1. *Transformez les phrases sur le modèle suivant en commençant par* por más que*,* por mucho que *ou* por muy *:*
Intentaré llegar a tiempo. No podré. → Por más que intente llegar a tiempo no podré (*ou bien :* por mucho que intente…)
1. Vd. protestará. Nadie le creerá. 2. Preguntarás. No te contestarán. 3. Se empeñará. No se saldrá con la suya. 4. Eran numerosos. Siempre estaban de acuerdo. 5. El asunto parece evidente. No nos demos prisa. 6. Miraba. No veía nada. 7. Tendría problemas. Los resolvería.

2. *Traduisez les phrases de l'exercice précédent après transformation.*

46 Avoir besoin

On peut employer *necesitar* ou *hacer falta*, mais ces deux verbes ont des constructions différentes.

1 Necesitar.
Ce verbe se construit généralement sans préposition.

Necesitamos dos días *para estudiar su informe.*
Nous avons besoin de deux jours pour étudier votre rapport.

2 Hacer falta.

Me hace falta, te hace falta... (même construction que *gustar,* voir n° 131).

(A mí) me hacen falta *recambios para el coche.*
J'ai besoin de pièces détachées pour ma voiture.

A Luis le hace falta *entrenarse cada día.*
Luis a besoin de s'entraîner tous les jours.

Remarque

Pour traduire "avoir bien besoin" ou "avoir grand besoin", on emploie *hacer mucha falta.*

A ese piso viejo **le hacen mucha falta** *unas reformas.*
Ce vieil appartement a grand besoin de quelques réparations.

▶ Pour "falloir", voir n° 120.

Exercice

Traduisez en espagnol :
1. Tu auras besoin de beaucoup de chance. 2. As-tu besoin d'autres (más) explications ? 3. Avez-vous (Vd.) besoin que je vous aide ? 4. Avant d'être embauché (contratar), tu auras besoin de faire un stage (unas prácticas). 5. Je n'ai pas besoin de conseils. 6. Nous avons bien besoin de vacances.

47 · **B** et **V** : *prononciation*

Il n'y a aucune différence de prononciation entre ces deux consonnes.

1 B, V prononcées [b].
Elles se prononcent comme le "b" français en début de phrase ou après M ou N.

basta   *vale [bale]*   *ámbito*   *enviar [embjar]*

2 B, V prononcées [β].
Entre deux voyelles (à l'intérieur d'un mot ou entre deux mots) ou devant une autre consonne, **les lèvres ne se ferment pas complètement** [β].

labor   *la boca*   *objeto*   *libro*
lavar   *la vaca*   *obstáculo*

48 · *Bajo, (por) debajo de* **et** *abajo*

1 *Bajo* : "sous".
Debajo de : "**en dessous de**".
Au sens propre, *bajo, debajo de* et *por debajo de* signifient selon le contexte "sous", "en dessous de" ou "au-dessous de".

*Guardaba las herramientas **bajo** la escalera.*
Il rangeait ses outils sous l'escalier.

*No te quedes **debajo del** andamio.*
Ne reste pas sous l'échafaudage.

*El ratón se ha metido **por debajo del** aparador.*
La souris s'est glissée en dessous du buffet.

2 *Bajo* : "sous".
Bajo traduit "sous" au sens figuré dans des expressions comme : "sous la menace de", "sous l'empire de".

*Le quitó la cartera **bajo** la amenaza de una navaja.*
Il lui prit son portefeuille sous la menace d'un couteau.

*Vivía **bajo** la influencia de su hermano.*
Il vivait sous l'influence de son frère.

3 *Debajo* et *por debajo* : "dessous", "en dessous".

*Ya que Vd. no necesita este documento, lo pongo **debajo**.*
Puisque vous n'avez pas besoin de ce document, je le mets dessous.

*El carpintero está arreglando el tejado, no te quedes **por debajo**.*
Le charpentier arrange le toit, ne reste pas en dessous.

4 *Abajo :* "en bas".

*Espérame **abajo**.*
Attends-moi en bas.

▶ Pour l'emploi de *abajo* dans des constructions comme : *navegar río abajo*, voir n° 8.

Exercice

Choisissez entre bajo, debajo de, debajo, abajo :
1. Tuvo que dimitir el presidente ... el poder de los accionistas. 2. El mecánico estaba ... el coche. 3. Quédese Vd. ... y suba cuando le llame. 4. En "Puerta del Sol" he reservado una litera de ... 5. Sonaban las voces ... las bóvedas. 6. Funciona esta máquina ... control electrónico.

49 *Bastar, faltar, sobrar*

1 *Bastar :* "suffire", "être suffisant".

*Este bolso **basta** para llevar las compras.*
Ce sac suffit pour emporter les achats.

● *Basta (con)... :* "il suffit de …"

***Basta (con)** recordar este punto al principio de la reunión.*
Il suffit de rappeler ce point au début de la réunion.

● *¡ Basta ! :* "ça suffit !"

*No insistas, ¡ **basta** !*
N'insiste pas, ça suffit !

● *Basta de* + nom : "assez de…"

*¡ **Basta de** tonterías !*
Assez de bêtises !

2 *Faltar :* "**manquer**", "**rester**" (pour un laps de temps précédant une échéance).

Falta una de las diapositivas.
Il manque une des diapositives.
Faltan dos horas antes que llegue el tren.
Il reste deux heures avant que le train n'arrive.

> Notez
>
> ¡ *No faltaría más !* }
> ¡ *No faltaba más !* } Il ne manquerait plus que ça !

3 *Sobrar :* "**avoir en trop**", "**être en trop**", "**avoir plus qu'il ne faut de...**", "**avoir à revendre**".

Sobraban cuatro mil pesetas, te las devuelvo.
Il y avait quatre mille pesetas en trop, je te les rends.
Me sobran razones para negarte eso.
Je n'ai que trop de raisons pour te refuser cela.

Exercices

1. *Traduisez en espagnol :*
1. Crois-tu qu'il suffise de le dire pour le croire ? 2. Il suffisait de me le dire plus tôt. 3. Assez de conseils, venez m'aider. 4. Ça suffit, nous règlerons (arreglar) ça plus tard. 5. Il suffit que tu partes de bonne heure.

2. *Traduisez en espagnol :*
1. Il lui manquait le mode d'emploi (el manual de instrucciones). 2. Tu ne manques pas d'amis. 3. Il reste un mois avant mon anniversaire (el cumpleaños). 4. Il te manque toujours quelque chose.

3. *Traduisez en français :*
1. Sobrará comida. 2. Creo que sobran motivos para protestar. 3. A pesar de lo que dices no te sobra tiempo para terminar ese trabajo. 4. Tendremos que contentarnos con lo que sobre.

---

50 ▸ Bien

1 **Bien.**
C'est le cas si *bien* est employé seul et signifie le contraire de *mal*.
*No estoy muy **bien**.*
Je ne suis pas très bien.

2 *Muy* **+ adjectif ou adverbe.**
"Bien" se traduit par *muy* s'il a un sens proche de "très".

*Estoy **muy contento**.*   *Viene **muy a menudo**.*
Je suis bien content.   Elle vient bien souvent.

3 *Mucho.*

"Bien" se traduit par *mucho* s'il a un sens proche de "beaucoup". *Mucho* peut accompagner :

● un verbe.
*Hemos reído **mucho.***
Nous avons bien ri.

● un nom (*mucho* s'accorde).
*Tengo **mucha sed.***
J'ai bien soif.

● un comparatif (voir n° 59.2).
*Era **mucho más** fácil.*
C'était bien plus facile.

4 *Bien* + verbe.

Bien suivi d'un verbe exprime diverses nuances de "bien" : "réellement bien", "bel et bien", "volontiers".

***Bien** acabado está.*   ***Bien** te lo había dicho.*
C'est bien fini.   Je te l'avais bien dit.
***Bien** veremos.*   ***Bien** lo haría si pudiera.*
Nous verrons bien.   Je le ferais bien si je pouvais.

▶ Pour ce sens, voir aussi *ya* n° 285.3.

5 *Por lo menos* + numéral.

"Bien" se traduit par *por lo menos* s'il signifie "au moins".

*Hace **por lo menos** tres años que se fue.*
Il y a bien trois ans qu'il est parti.

Exercice

Traduisez en espagnol :
1. Il est bien mal élevé (educar). 2. Il manque bien trois kilos. 3. Il t'avait bien prévenu (avisar). 4. J'ai bien mangé. 5. C'est bien délicat. 6. J'irais bien dimanche. 7. Je te le vendrais bien. 8. Tu as bien de la chance (la suerte).

51 C : prononciation

1 **Devant *a, o, u,* ou devant une consonne**, *c* se prononce comme en français [k].

carta   copa   cubo
claro   ocre

2 **Devant *e* et *i,*** *c* se prononce comme le *z* espagnol [θ] (voir n° 286).

cerveza   circo   afición

3 **Lorsque deux *c* se suivent,** le premier se prononce [k] et le second [θ].

acción [akθjon]   *lección* [lekθjon]

52 Caber

1 *Caber :* "tenir", "disposer d'un espace suffisant".

*En la estantería no **caben** todos mis libros.*
Tous mes livres ne tiennent pas sur les étagères.

2 *Cabe* + infinitif : "Il convient de ..." (plutôt littéraire).

Cabe decirlo.   **Cabe añadir** *este detalle.*
Il convient de le dire.   Il convient d'ajouter ce détail.

> *Remarque*
>
> *Caber* correspond parfois à "incomber", dans la construction *me cabe, te cabe, le cabe, nos cabe* ... + infinitif (littéraire).
>
> *A Vd.* ***le cabe*** *presidir el acto.*
> Il vous incombe de présider la cérémonie.
>
> ***Me cupo*** *anunciarle la mala noticia.*
> Il m'incomba de lui annoncer la mauvaise nouvelle.

▶ Pour les irrégularités, voir tableau de conjugaison p. 299.

> *Notez*
>
> *No cabe duda :* Il n'y a pas de doute.

Exercice

Traduisez en français :
1. Cabe preguntarse si es verdad. 2. Al director le cupo explicar la política de la empresa. 3. Parece mentira que quepan tantos paquetes en el maletero. 4. Este armario es muy grande, no creo que quepa en la habitación. 5. El baúl no cabe en el ascensor. 6. No cabía la menor duda de que sería aplazada (reporter) la reunión.

53 *Cada*

1 *Cada :* "chaque".

Cada país mandará una delegación a la conferencia.
Chaque pays enverra une délégation à la conférence.

*Se fijaron tres etapas de dos años **cada** una.*
On fixa trois étapes de deux ans chacune.

2 *Cada :* "tous les...", "toutes les...", pour marquer la périodicité.

Cada dos semanas vuelve a casa.
Il rentre chez lui toutes les deux semaines.

*Se recalentaba el motor y teníamos que pararnos **cada** diez kilómetros.*
Le moteur chauffait et nous devions nous arrêter tous les dix kilomètres.

Notez

uno de cada dos ... : un sur deux ...

3 *Cada vez más* ou *cada día más :* "de plus en plus".
Cada vez menos ou *cada día menos :* "de moins en moins".

*Resulta que nos vemos **cada día menos**.*
Il se trouve que nous nous voyons de moins en moins.

*Aquel país tiene una deuda externa **cada vez más alta**.*
Ce pays a une dette extérieure de plus en plus élevée.

▶ Pour les traductions de "de plus en plus", voir n° 61.

Exercice

Traduisez en espagnol :
1. Au football, chaque mi-temps (tiempo) dure 45 minutes. 2. Ici, chaque fois qu'il neige, on doit (3e pers. du plur.) couper la circulation (el tráfico). 3. On (se) organise des élections tous les 5 ans. 4. Le budget de l'État (los Presupuestos del Estado) est de plus en plus important. 5. Parmi les rescapés (los rescatados), un sur deux fut soigné (atender) au dispensaire (el dispensario). 6. Cette exposition attire de plus en plus de visiteurs.

54 C'est... que (tournure d'insistance)

▶ Pour traduire "c'est", voir n° 112.

1 "Que" reprend un complément direct ou indirect.

● S'il désigne une ou des personnes on le traduit par *quien* (pluriel : *quienes*) ou bien par *el que, la que* (pluriel : *los que, las que*) précédés de la préposition qui convient. On n'oubliera pas *a* devant le COD.

*Fue de ella **de quien** te hablé (ou **de la que**...).*
C'est d'elle que je t'ai parlé.

*Es a esta amiga **a quien** acompaño hoy a la estación.*
C'est cette amie que j'accompagne aujourd'hui à la gare.

● S'il désigne une ou des choses on le traduit par *el que, la que* (pluriel : *los que, las que*), *lo que,* éventuellement précédés de la préposition qui convient.

*Es de nuestro porvenir **del que** se trata.*
C'est de notre avenir qu'il s'agit.

*Fue aquel proyecto **el que** realizó Gaudí en 1910.*
C'est ce projet que Gaudí réalisa en 1910.

*De **eso** es de **lo que** se queja.*
C'est de cela qu'il se plaint.

2 "Que" reprend un complément circonstanciel.

● Idée de temps : "que" se traduit par *cuando*.

*Ahora es **cuando** me lo dices.*
C'est maintenant que tu me le dis.

● Idée de lieu : "que" se traduit par *donde* (sans mouvement), *adonde, de donde, por donde* (selon la direction).

*Allí es **donde** se encuentran las oficinas.*
C'est là que se trouvent les bureaux.

*De allí es **de donde** vengo.*
C'est de là que je viens.

*Era a Cáceres **adonde** iba.*
C'était à Cáceres qu'il allait.

*Fue por la ventana **por donde** entraron.*
C'est par la fenêtre qu'ils sont entrés.

● Idée de manière : "que" se traduit par *como*.

*Así fue **como** logré convencerlo.*
C'est ainsi que je suis parvenu à le convaincre.

● Idée de cause : "que" se traduit par *por lo que*.

*Por eso fue **por lo que** cancelaron el vuelo.*
C'est pour cela qu'on a annulé le vol.

> *Remarque*

En espagnol on utilise moins qu'en français cette tournure d'insistance. On dira volontiers :

De allí vengo.   *Por eso cancelaron el vuelo.*
C'est de là que je viens.   C'est pour cela qu'on a annulé le vol.

Exercices

1. *Répondez aux questions :*
Modèle : – ¿ A quién llamaste ? – (a mi hermano) → Fue a mi hermano a quien llamé.
1. ¿ Qué traías en el bolso ? – (dos discos). 2. ¿ Qué temes ? – (su egoísmo). 3. ¿ A quién preguntaste el camino ? – (a dos niños). 4. ¿ A quién encontraste en el parque ? – (a Alfredo). 5. ¿ De qué depende ? – (de las circunstancias).

2. *Complétez les phrases suivantes :*
1. Aquí ... se alquila un piso. 2. Allí ... vivía antes de instalarme en Madrid. 3. Por allí ... puede pasar. 4. En 1996 ... se tomó esta decisión. 5. Cambiando los neumáticos ... se resuelve este problema. 6. Aquí es caro ; por eso ... hay pocos clientes.

55 *C'est... qui* (tournure d'insistance)

▶ Pour traduire "c'est", voir n° 112.

1 "Qui" représente une personne.

Il se traduit par *quien* (pluriel : *quienes*), *el que, la que* (pluriel : *los que, las que*)...

*Fue Pedro **quien** me dio la solución* (ou ***el que** me dio...*).
C'est Pedro qui m'a donné la solution.

2 "Qui" représente une chose.

Il se traduit par *el que, la que* (pluriel : *los que, las que*), *lo que*.

*Fue esta marca **la que** ganó el rally.*
C'est cette marque qui a gagné le rallye.

> *Remarques*

• **Attention** aux 1res et aux 2es personnes ! On peut dire :

*Fui yo el que te lo **dije** ou te lo **dijo**.*
C'est moi qui te l'ai dit.

*Fuiste tú el que se lo **trajiste** ou se lo **trajo**.*
C'est toi qui le lui as apporté.

• En espagnol, on utilise moins qu'en français cette tournure d'insistance. On dira volontiers :

*Te lo **dije** yo.*
C'est moi qui te l'ai dit.

Exercice

Répondez aux questions :
Modèle : ¿ Quién visitó esa exposición ? – (yo) → Fui yo quien visité (ou visitó) esa exposición.
1. ¿ Quién saldrá contigo ? – (María) 2. ¿ Quién cerró esta puerta ? – (yo) 3. ¿ Qué traje es de lana ? – (éste) 4. ¿ Quién irá a cenar con él ? – (nosotros) 5. ¿ Qué te ha puesto tan nervioso ? – (el café)

56 Ch : prononciation

Quelle que soit sa place dans un mot, cette lettre se prononce toujours comme si elle était précédée d'un "t", comme en français dans "tchèque", mais d'une façon plus énergique et plus rapide, sans avancer les lèvres.

| chaval | charla | | | |
| leche | mucho | bache | ocho | techo |

57 Chez

1 Cas général.

On emploie *casa de* précédé de *a, de, en* ou *por,* selon le sens.

*Nos alojamos **en casa** del Alcalde.*
Nous avons logé chez le Maire.

*Mañana pasaré **por casa** de Miguel.*
Demain je passerai chez Miguel.

2 "Chez moi", "chez toi", "chez lui" ...

On traduit selon le sens par *a casa, en casa, de casa, por casa,* sans complément.

*Voy **a casa.***
Je vais chez moi.

*Cada día sale **de casa** a las ocho.*
Tous les jours il sort de chez lui à huit heures.

*Pasad **por casa** a las diez.*
Passez chez moi à dix heures.

Mais il peut être nécessaire de préciser en cas de doute : *mi casa, tu casa...*

*Pasaré por **tu casa** a las diez.*
Je passerai chez toi à dix heures.

Remarques

- Quand il s'agit d'un commerce ou d'un métier on n'emploie pas *casa* pour traduire "chez". On dit :

*ir **a la** carnicería* *ir **a la** peluquería*
aller chez le boucher aller chez le coiffeur

*ir **al** médico y **al** dentista*
aller chez le médecin et chez le dentiste

*Este modelo está **en el** concesionario de Vallecas.*
Ce modèle est chez le concessionnaire de Vallecas.

- Au sens figuré "chez" : *en* ou *entre*.

*Es una manía **en** él.*
C'est une manie chez lui.

*Este grupo tiene mucho éxito **entre** los jóvenes.*
Ce groupe a beaucoup de succès chez (= parmi) les jeunes.

Exercice

Traduisez en français :
1. Volvamos a casa. 2. Ven a casa mañana por la tarde. 3. No quiero instalarme una semana en tu casa. 4. A él le encanta quedarse en casa leyendo. 5. Ve a la panadería y compra una barra (une baguette).

58 Como

1 *Como* : "**comme**" (mêmes emplois qu'en français).
Cómo : "**comment**", "**comme**" (voir n° 11.3).

Como ya sabes, no vendrá mañana.
Comme tu le sais, elle ne viendra pas demain.

¡ Cómo reía al escucharme !
Comme elle riait en m'écoutant !

Como regresaron ayer, no pudieron llamarte.
Comme ils sont rentrés hier, ils n'ont pas pu t'appeler.

No sé cómo se llama.
Je ne sais pas comment elle s'appelle.

2 *Como* + subjonctif présent : "**comme**" + futur.

Como quieras.
Comme tu voudras.

▶ Pour l'emploi du subjonctif dans les subordonnées de comparaison, voir n° 254.2.

3 *Como* + subjonctif : "**si**", "**si jamais**" + indicatif.

*Como no te **des** prisa, no te espero.*
Si tu ne te dépêches pas, je ne t'attends pas.

4 Como si : "comme si".

Como si est toujours suivi de l'imparfait du subjonctif (en -ra ou en -se) ou du plus-que-parfait du subjonctif.

Lo decía **como si pretendiese** halagar a Francisco.
Il le disait comme s'il prétendait flatter Francisco.

Retrocedió **como si le hubieran asustado** estas palabras.
Il recula comme si ces paroles l'avaient effrayé.

Siempre viajaba sin equipaje, **como si no necesitara** nada.
Il voyageait toujours sans bagages, comme s'il n'avait besoin de rien.

Exercice

Traduisez en français :
1. Nadie toca la guitarra como él. 2. ¡ Como me despertéis, me vais a oír ! 3. Haga Vd. como mejor le parezca. 4. Le tratan los policías como si fuera el culpable. 5. Es como si fuera de la familia. 6. Como no nos conteste Vd. a vuelta (par retour) de correo, no podremos atender su petición. 7. Como me toque la lotería...

59 Comparatif (1) : aussi ... que, plus ... que, moins ... que

1 Comparatif d'égalité.

"Aussi ... que" se traduit par *tan ... como*.

Este abrigo es **tan** cómodo **como** elegante.
Ce manteau est aussi pratique qu'élégant.

Él no canta **tan** bien **como** usted.
Lui ne chante pas aussi bien que vous.

Remarque

Ne pas confondre le comparatif *(tan... como)* avec la conséquence *(tan ... que)*.

Este champú es **tan** suave **que** Vd. lo puede usar tantas veces como quiera.
Ce shampoing est si doux que vous pouvez l'utiliser autant de fois que vous voudrez.

2 Comparatifs de supériorité et d'infériorité.

"Plus ... que" et "moins ... que" se traduisent par :

● *más ... que, menos ... que*.

Gerardo es **más** formal **que** su hermano.
Gerardo est plus sérieux que son frère.

A veces concluir es **más** difícil **que** empezar.
Parfois conclure est plus difficile que commencer.

- *más ... de lo que, menos ... de lo que*, si la proposition introduite par "que" comporte un verbe conjugué.

*El viaje ha sido **más** corto **de lo que** me imaginaba.*
Le voyage a été plus court que je ne l'imaginais.

*Esta fabricación ha progresado **menos** rápidamente **de lo que** se preveía.*
Cette fabrication a progressé moins rapidement qu'on ne le prévoyait.

> Remarque
>
> Devant un participe passé, "que" se traduit par *de lo,* quand l'auxiliaire est sous-entendu.
> *La sesión fue más tumultuosa **de lo** previsto. (de lo que se había previsto)*
> La séance fut plus tumultueuse que prévu.

3 Comparatifs irréguliers.

mejor : meilleur, mieux   *mayor* : plus grand
peor : plus mauvais, pire   *menor* : plus petit

▶ Pour le féminin de ces comparatifs, voir n° 13.
Pour le superlatif, voir n° 258.

Exercices

1. *Traduisez en français :*
1. No es tan fácil como te lo habían dicho. 2. Este ordenador es menos potente de lo que se había anunciado. 3. Ese problema era más complicado que el otro. 4. No hay peor sordo que el que no quiere oír. 5. Jaime es menos locuaz (loquace) que antes.

2. *Traduisez en espagnol :*
1. La publicité est-elle plus efficace à la télévision que dans la presse ? 2. Monsieur, votre catalogue n'est pas aussi complet que celui de votre concurrent (un competidor). 3. Les résultats de cette année ont été meilleurs que les précédents. 4. Les dégâts (daños) sont plus grands qu'on ne le pensait. 5. Ils sont si nombreux qu'ils ne tiennent pas (caber) dans la salle de cours (el aula). 6. L'accident fut (resultar) plus sérieux qu'on (se) ne l'avait cru tout d'abord.

60 *Comparatif (2) : plus ... plus, moins ... moins*

"Plus ... plus" : *cuanto más ... más.*
"Moins ... moins" : *cuanto menos ... menos.*
"Plus ... moins" : *cuanto más ... menos.*
"Moins ... plus" : *cuanto menos ... más.*

***Cuanto más** difícil es el caso **más** me apasiona.*
Plus l'affaire est difficile plus elle me passionne.
***Cuanto más** se entrena **mejor** corre.*
Plus il s'entraîne, mieux il court.

Remarques

• Si la comparaison porte sur un adjectif, un participe passé ou un nom, ceux-ci doivent être placés immédiatement après *más* ou *menos*.

***Cuanto más** lo pienso, **menos convencido** estoy.*
Plus j'y pense, moins je suis convaincu.

• Dans le cas où la comparaison porte sur un nom, *cuanto* s'accorde avec ce nom.

***Cuantas más ocupaciones** tiene, más contento está.*
Plus il a d'occupations, plus il est content.

• *Mientras más ... más* signifie également "plus ... plus".

***Mientras más** le critican, **más** se empeña.*
Plus on le critique, plus il s'obstine.

▶ Pour l'emploi du subjonctif, voir n° 254.

Exercice

Traduisez en espagnol :
1. Moins vous (Vd.) investirez (invertir), moins votre entreprise sera compétitive. 2. Moins un journal a d'abonnés (el suscriptor), plus son équilibre est précaire (precario). 3. Dans ce secteur, plus la recherche (la investigación) se développe, meilleurs sont les résultats. 4. Plus un prêt (el préstamo) est long, plus le taux (el tipo) d'intérêt est élevé. 5. Plus un appareil est vieux, moins il est rentable de le réparer.

61 *Comparatif (3) : de plus en plus, de moins en moins*

"De plus en plus" : *cada vez más, cada día más, más y más.*
"De moins en moins" : *cada vez menos, cada día menos.*

*Tales productos se fabrican **cada vez menos**.*
De tels produits se fabriquent de moins en moins.

*Este café es **cada día peor**.*
Ce café est de plus en plus mauvais.

Remarque

On emploie les mêmes constructions pour traduire "de plus en plus de", "de moins en moins de" + nom.

*Tengo **más y más** libros.*
J'ai de plus en plus de livres.

*Tienen **cada vez menos** clientes.*
Ils ont de moins en moins de clients.

▶ Pour les emplois de *cada*, voir n° 53.

Exercices

1. *Traduisez en français :*
1. El Mediterráneo está cada día más contaminado. 2. Esta justificación me parece cada vez menos verosímil. 3. Se va desarrollando cada vez más la organización del turismo. 4. Este pianista toca cada vez mejor. 5. La esperanza de vida es cada vez mayor. 6. Se practica cada vez menos ese deporte.

2. *Traduisez en espagnol :*
1. Il en demande de plus en plus *(ne pas traduire "en")*. 2. C'est de moins en moins intéressant. 3. Elle me semble de plus en plus désabusée (desengañado). 4. Tu auras de moins en moins de difficultés.

62 Con

1 *Con* sert à exprimer **l'accompagnement, le moyen.**

*Sal **con** él.*   *escribir **con** bolígrafo*
Sors avec lui.   écrire au stylo-bille
*Eso se cura **con** dieta rigurosa.*
Cela se soigne avec un régime strict.

Remarque
avec moi : *conmigo*
avec toi : *contigo*
avec soi (réfléchi) : *consigo*

▶ Pour les formes et emplois des pronoms personnels après préposition, voir n°ˢ 208 et 216.

2 *Con* doit être employé devant les compléments qui marquent **l'attitude** ou la **manière d'être.**

*Entró **con** el sombrero en la mano.*
Il entra le chapeau à la main.

3 *Con* + infinitif.
Cette tournure peut signifier selon le contexte :

● "bien que".

***Con reunirse** muchas veces, no han logrado ponerse de acuerdo.*
Bien qu'ils se soient réunis souvent, ils ne sont pas parvenus à se mettre d'accord.

- "en" + participe présent.

Con decírselo una vez, no estoy seguro del resultado.
En le lui disant une fois, je ne suis pas sûr du résultat.

- "à condition que", "pourvu que".

Con decírselo una vez, cumples.
Pourvu que tu le lui dises une fois, tu fais ton devoir.

Remarque

L'infinitif peut avoir un sujet propre exprimé qu'il doit toujours précéder.

*Con decírselo **tú**, no estoy seguro del resultado.*
Si tu le lui dis, je ne suis pas sûr du résultat.

Exercices

1. *Traduisez en français :*
1. Súbete a cenar con nosotros. 2. Era una casa grande con telarañas en todas partes. 3. Suelo pedir café con leche. 4. Con prepararse durante un mes, acabó por fracasar en su tentativa.

2. *Traduisez en espagnol en utilisant* con *:*
1. En arrivant de bonne heure (temprano), vous aurez (vosotros) les meilleures places. 2. Il marchait la veste sur l'épaule (al hombro). 3. Avec moi tu n'as rien à craindre (temer). 4. Il entra dans le bureau la cigarette à la bouche. 5. La vitrine est fermée à clé.

63 *Con que* et *conque*

1 *Con que :* "avec lequel", "avec laquelle".

Il équivaut à *con el que, con la que, con el cual, con la cual* ...

*Le disgustó la frialdad **con que** se le despidió.*
Il fut contrarié par la froideur avec laquelle on le renvoya.

2 *Con que* + subjonctif : **"pourvu que"**.

Con que lo sepamos dos días antes, será suficiente.
Pourvu que nous le sachions deux jours avant, ce sera suffisant.

3 *Conque :* "ainsi", "ainsi donc", "alors".

Il introduit une conclusion et équivaut à *así, así pues, así que, de tal modo que* ...

¡ *Conque* no te gusta mi idea !
Alors mon idée ne te plaît pas !

*Ya te has divertido bastante ; **conque** ¡ a trabajar !*
Tu t'es suffisamment amusé ; alors, au travail !

Exercice

Complétez par con que *ou* conque :
1. ¿ ... aquí es donde vivieron durante quince años ? 2. Las flores brotarán ... llueva un poco. 3. Estaban fregando los platos ... habían comido. 4. ¿ ... no te gusta mi traje ? 5. ... haya confianza, todo saldrá bien. 6. ... le guste a ella, estaré satisfecho. 7. ¿ ... era cierto ?

64 Con tal (de) que

Con tal (de) que (+ subjonctif) signifie "à condition que", "pourvu que" (+ subjonctif).

Llegará a las dos, **con tal (de) que no se haya retrasado.**
Il arrivera à deux heures, à condition qu'il n'ait pas pris de retard.

Exercice

Traduisez en espagnol :
1. Peu lui importe, pourvu qu'on *(3ᵉ du plur.)* le laisse en paix. 2. Il restera à condition que tu insistes. 3. Tu pourras regarder la télé pourvu que ce ne soit pas jusqu'à minuit. 4. Apportez-moi (Vd.) une bière à condition qu'elle soit fraîche.

65 Concession : tableau récapitulatif

La subordonnée de concession indique une difficulté ou une objection à l'accomplissement de ce qu'exprime la proposition principale.

aunque (n° 40)	indicatif	bien que	*Aunque discuten, no encuentran solución.* Bien qu'ils discutent, ils ne trouvent pas de solution.
	subjonctif	même si	*Aunque discutan, no encontrarán solución.* Même s'ils discutent, ils ne trouveront pas de solution.
a pesar de que (n° 7)	indicatif	bien que	*A pesar de que llueve, el incendio no puede ser controlado.* Bien qu'il pleuve, l'incendie ne peut pas être contrôlé.

si bien (n° 40.R)	indicatif	bien que	*Nadie se apartaba, si bien era evidente el peligro.* Personne ne s'écartait, bien que le danger soit évident.
aun cuando (n° 40.R)	subjonctif	quand bien même	*Él no aceptaría, aun cuando le suplicaras.* Il n'accepterait pas, quand bien même tu le supplierais.
por más que, por mucho que, por muy ... que (n° 45)	indicatif subjonctif	avoir beau, bien que même si	*Por más que se obstina, no le doy la razón.* Il a beau s'obstiner, je ne lui donne pas raison. *Por mucho que corras, no llegarás antes del cierre.* Tu auras beau courir, tu n'arriveras pas avant la fermeture.
así (n° 39.3)	subjonctif	même si	*Así tardes dos horas más, te esperaremos.* Même si tu tardes deux heures de plus, nous t'attendrons.
con (n° 62.3)	infinitif	bien que	*Esta dificultad, con ser grande, es superable.* Cette difficulté, bien qu'elle soit grande, est surmontable

66 Concordance des temps

Elle est rigoureusement appliquée en espagnol.

proposition principale à l'indicatif	proposition subordonnée au subjonctif
présent, futur ou passé composé	présent
passé ou conditionnel	imparfait (en *-ra* ou en *-se*)

*Se **aparta** para que la luz no le **deslumbre**.*
Il s'écarte pour que la lumière ne l'éblouisse pas.

*Se **apartó** para que la luz no le **deslumbrara** (ou **deslumbrase**).*
Il s'écarta pour que la lumière ne l'éblouisse pas.

Remarque

Pour les temps composés, l'auxiliaire *haber* se met au temps requis par la concordance.

*Me **alegro** de que **hayas** vuelto.*
Je me réjouis que tu sois revenu.

*Me **alegraba** de que **hubieras** vuelto.*
Je me réjouissais que tu sois revenu.

Exercices

1. *Mettez le premier verbe au passé simple et respectez la concordance des temps dans la subordonnée :*
1. No tolera que se le tome el pelo. 2. Esperamos a que trasladen los fondos. 3. Temen que el carnaval esté poco animado. 4. Su padre me encarga que la visite en el hospital. 5. Impide que su hijo vaya a verle. 6. Siento que no nos hayas acompañado.

2. *Mettez le premier verbe au présent et respectez la concordance des temps dans la subordonnée :*
1. Me temía que te olvidaras del recado. 2. Les mandé varias muestras para que pudieran escoger. 3. Yo no creía que fuera tan grave. 4. Era inexplicable que hubieran permanecido tantos años en aquel sitio. 5. Podrías averiguarlo aunque no lo creyeras.

67 Condition

1 Condition réalisée ou réalisable.

Mêmes temps et même mode qu'en français.

*Si le **hablaban** de lo sucedido, **se enfadaba**.*
Si on lui parlait de ce qui s'était passé, il se mettait en colère.

*Si **está** abierto el museo, **iré** mañana.*
Si le musée est ouvert, j'irai demain.

2 Condition hypothétique ou irréalisable.

● Dans le présent ou le futur : *si* + imparfait du subjonctif.

*Si **hiciera** menos frío, **iría** a la sierra.*
S'il faisait moins froid, j'irais à la montagne.

● Dans le passé : *si* + plus-que-parfait du subjonctif.

*Si se **hubiese acercado** a la ventana, **habría** visto lo que ocurría.*
S'il s'était approché de la fenêtre, il aurait vu ce qui se passait.

Remarques

• Le conditionnel présent de la principale peut être remplacé par un imparfait du subjonctif en *-ra* quand il s'agit des verbes *haber, deber, poder, querer.*

Si se lo dijeras, debiera tomarlo en cuenta.
Si tu le lui disais, il devrait en tenir compte.

• Le conditionnel passé de la principale peut être remplacé par le plus-que-parfait du subjonctif en *-ra* (*hubiera visto* à la place de *habría visto*).

3 **Au style indirect,** après un verbe de déclaration (*declarar que, afirmar que* ...) la subordonnée introduite par *si* et exprimant une condition réalisable est à l'indicatif.

Declaró que si no le convenía la propuesta, se opondría.
Il déclara que si la proposition ne lui convenait pas, il s'y opposerait.

4 ***De* + infinitif** peut remplacer *si* + imparfait ou plus-que-parfait du subjonctif (plus rarement *si* + indicatif).

De celebrarse la ceremonia este sábado, no vendría nadie (= si se celebrara...).
Si la cérémonie avait lieu ce samedi, personne ne viendrait.

Exercices

1. *Traduisez en espagnol en utilisant* si :
1. Si la situation s'améliore (mejorar), je réaliserai mon projet. 2. Si tu avais oublié cette dispute (la riña), tu aurais évité (ahorrarse) des ennuis (un disgusto). 3. Qu'arriverait-il (ocurrir) si cette banque de données (un banco de datos) n'était pas contrôlée ? 4. Tu avais dis que s'il te provoquait, tu le contredirais (llevarle la contraria). 5. Si je partais maintenant, ce serait déjà trop tard (ne pas traduire "trop"). 6. S'il était ici, il pourrait te le dire. 7. Si j'avais le temps je regarderais le film à la télé.

2. *Reprenez les phrases précédentes en utilisant* de *+ infinitif.*

68 *Conditionnel*

1 Formation.

Il est formé avec l'**infinitif** des verbes suivi des **terminaisons** de l'**imparfait** de l'**indicatif** de l'auxiliaire *haber* : *-ía, -ías, -ía, -íamos, -íais, -ían.*

encontrar → *encontraría...*
definir → *definiría...*

▶ Pour les irrégularités, voir les irrégularités du futur n° 123.2.

2 Emplois.

- **Les mêmes qu'en français.**

*Sabía que no lo **encontraría**.*
Il savait qu'il ne le trouverait pas.

▶ Pour la substitution par l'imparfait du subjonctif, voir 67.R.

- **Il sert également à exprimer l'hypothèse dans le passé.**

*¿ Qué hora **sería** cuando salieron ?*
Quelle heure pouvait-il être quand ils sont partis ?

▶ Pour cette valeur, voir également n° 124.

Exercice

1. *Traduisez en français :*
1. Dijeron que abastecerían (ravitailler) el avión en Lima. 2. Se encargaron de avisar de que no habría sorpresas. 3. ¿ Qué mala noticia traería él para conmoverla tanto ? 4. Ella no sabía si vendría el miércoles.

69 Conforme

1 *Conforme a ... :* "conforme à" et "conformément à".

*Es una decisión **conforme a** la legislación vigente.*
C'est une décision conforme à la législation en vigueur.

2 *Estar conforme con :* "être d'accord avec".

*No **estábamos conformes con** lo que proponían.*
Nous n'étions pas d'accord avec ce qu'ils proposaient.

*¡ Nunca **estás conforme** !*
Tu n'es jamais d'accord !

3 *Conforme* + verbe *(= a medida que) :* "au fur et à mesure que", "en même temps que".

Il exprime le déroulement simultané de deux actions.

***Conforme** íbamos subiendo, se hacía más peligrosa la escalada.*
Au fur et à mesure que nous montions, l'escalade devenait plus dangereuse.

▶ Pour ce sens, voir aussi *según,* n° 239.

Exercice

Traduisez en français :
1. ¿ Estás conforme con el sueldo que te proponen ? 2. Conforme yo iba perdiendo la calma, parecía recobrarla él. 3. Lo contaba todo conforme se le ocurría. 4. Conforme a lo dispuesto en el artículo 43...

70 Constar

1 *Constar* (impersonnel) *:* "être clair", "être entendu que".

Conste que yo le había avisado.
Qu'il soit clair que je vous avais prévenu.

Remarque

Me consta, te consta ... : je suis sûr...
***Me consta** que no aprobó.*
Je suis sûr qu'il n'a pas été reçu.

▶ Pour cette construction de *constar,* voir *gustar* n° 131.

2 *Constar en :* "figurer sur" (un document).

*Esa garantía **consta en** el contrato.*
Cette garantie figure sur le contrat.

3 *Constar de :* "se composer de".

*La delegación **consta de** cinco personas.*
La délégation se compose de cinq personnes.

Exercice

Traduisez en français :
1. Me consta que este reloj es una copia (contrefaçon). 2. El poema consta de un solo verso. 3. Conste que no leo nunca el horóscopo. 4. Lo que estás buscando consta en el índice (l'index). 5. Me consta que asistirá a la reunión.

71 Contar et contar con

1 *Contar :* "compter".

*En China se usan ábacos para **contar**.*
En Chine on utilise des bouliers pour compter.

2 *Contar :* "raconter, conter".

A Rafael le gusta **contar** chistes.
Rafael aime raconter des blagues.

Cuéntame lo que pasó.
Raconte-moi ce qui s'est passé.

3 *Contar con :* "disposer de".

El piso **cuenta con** dos baños y calefacción central.
L'appartement dispose de deux salles de bains et du chauffage central.

4 *Contar con :* "compter sur".

Contamos con tu presencia.
Nous comptons sur ta présence.

5 *Contar con que :* "considérer que", "compter que".

Cuenta con que tendremos mucho que hacer.
Considère que nous aurons beaucoup à faire.

Exercice

Traduisez en français :
1. ¡ Ése si que cuenta por dos ! 2. Me hubiera gustado contar con vosotros. 3. No cuentes conmigo. 4. Él no cuenta con medios económicos suficientes. 5. Hay que contar a los presentes. 6. Te has equivocado : ¡ no sabes contar ! 7. Cuentan que se hizo rico en Argentina. 8. Cuenten Vds. con que llegaremos con retraso.

72 *Corresponder*

1 *Corresponder a :* "correspondre" (= aller ensemble).

Sus actos **no corresponden** a sus ideas.
Ses actes ne correspondent pas à ses idées.

2 *Corresponder (a) :* "rendre", "répondre" (à un cadeau, à une attention...).

Él la quiere mucho y ella no le **corresponde**.
Il l'aime beaucoup et elle ne le lui rend pas.

Él la había saludado y ella le **correspondió** con una sonrisa.
Il l'avait saluée et elle lui répondit avec un sourire.

3 *Corresponder* (impersonnel) *:* "incomber", "revenir".

Le **corresponde** al Ayuntamiento mejorar el alumbrado público.
Il incombe à la Municipalité d'améliorer l'éclairage public.

Le **correspondió** organizar el coloquio.
Il lui revint d'organiser le colloque.

▶ Pour ce sens, voir aussi *tocar* n° 264 et *caber* n° 52 R.

4 *Corresponderse :* "**correspondre**" (= entretenir une correspondance).

*Se **correspondió** durante diez años con aquel poeta.*
Il correspondit pendant dix ans avec ce poète.

Exercice

Traduisez en espagnol :
1. Il ne te rend pas l'affection que tu as pour lui. 2. Je lui ai promis de correspondre avec elle. 3. La couleur du papier ne correspond pas à ce que j'avais commandé. 4. Je ne pense pas qu'il t'incombe de trancher dans le vif (cortar por lo sano). 5. On *(3ᵉ plur.)* m'a dit que cette réparation incombait au vendeur.

73 Cuál

1 *¿ Cuál ?* (pronom interrogatif) **devant le verbe *ser***.

¿ Cuál es... ? ¿ cuál será... ? (pluriel : *¿ cuáles son... ?*) correspond au français "quel... ?".

*¿ **Cuál es** tu dirección ?*
Quelle est ton adresse ?

2 *¿ Cuál ?* **avec d'autres verbes**.

On emploie *¿ cuál ?* surtout pour exprimer un choix (quel ?, lequel ?, laquelle ? ...).

*¿ **Cuál de los dos** escoges ?*   *¿ **Cuál** quieres ?*
Lequel des deux choisis-tu ?   Lequel (laquelle) veux-tu ?

3 *Cual,* dans un style littéraire, peut remplacer *como.*

*Le recibieron **cual** hijo pródigo.*
Ils l'accueillirent comme le fils prodigue.

Remarque

Cuál interrogatif porte un accent écrit au style direct et au style indirect (voir n° 11.3).

*Dime **cuál** quieres.*
Dis-moi lequel tu veux.

Exercice

Traduisez en français :
1. Le era difícil decidir cuál de los juguetes tomaría. 2. No lograban saber cuál era su opinión. 3. ¿ Cuál de estos gatitos prefieres ? 4. ¿ Cuáles son los resultados de la votación ? 5. ¿ Cuáles son sus intenciones ? 6. ¿ A cuál de vosotros le toca ? 7. No sé cuál elegir.

74 Cualquiera

Cualquiera : "n'importe quel", "n'importe qui", "quiconque", "quel que".
La forme est la même au masculin et au féminin. Le pluriel *cualesquiera* est d'un emploi plus rare.

cualquier solución
n'importe quelle solution

en cualquier momento
à n'importe quel moment

Cualesquiera que sean las dificultades...
Quelles que soient les difficultés...

▶ Pour l'apocope de *cualquiera* en *cualquier,* voir n° 31.2.

Exercice

Complétez les phrases suivantes :
1. ... día me conviene. 2. Podemos cenar en un restaurante ... 3. "... tiempo pasado fue mejor." 4. ... que fueran sus motivos, no lo puedo aceptar.

75 Cuanto

Cuanto : "tout ce qui", "tout ce que".
Cuantos, -as : "tous ceux qui", "toutes celles qui".
L'emploi de *cuanto, -os, -as,* est plus littéraire que celui de *todo lo que, todos los que, todas las que ...*

Cuanto ocurrió entonces fue trágico.
Tout ce qui arriva alors fut tragique.

Cuantos estaban presentes lo recuerdan.
(= *Todos los que estaban presentes...*)
Tous ceux qui étaient présents s'en souviennent.

El papel entusiasmó a **cuantas** *actrices lo representaron.*
Le rôle enthousiasma toutes les actrices qui le jouèrent.

Remarque

Todo cuanto, todos (-as) cuantos (-as) ont le même sens. On pourrait dire :

Todo cuanto ocurrió entonces fue trágico.
Tout ce qui arriva alors fut tragique.

Notez

Quelques expressions invariables :
cuanto antes : dès que possible
en cuanto + verbe : aussitôt que, dès que
en cuanto + nom : en tant que
en cuanto a : quant à

Exercice

Traduisez en français :
1. Se creyó cuanto le dijo aquella señora. 2. Eran las personas más ricas de cuantas allí vivían. 3. Sabía inspirar simpatía a cuantos la trataban (fréquenter). 4. En cuanto al pequeño, salió a bañarse. 5. Tráigame la cuenta cuanto antes. 6. Aprendió cuanto se puede aprender. 7. Compra el periódico en cuanto salga la última edición. 8. En cuanto especialista, lo puedo afirmar.

76 ¿ Cuánto ? *interrogatif*

Il signifie "combien ?".

1 *Cuánto, -a, -os, -as* + nom (qui peut être sous-entendu).

¿ **Cuántos billetes** compraste ?   ¿ **Cuántos** compraste ?
Combien de billets as-tu achetés ?   Combien en as-tu achetés ?

2 *Cuánto* (invariable) + verbe.

¿ **Cuánto** es ?
Combien est-ce ?

Remarque

Cuánto interrogatif porte un accent écrit au style direct et au style indirect (voir n° 11.3).

Dígame **cuánto** *cuesta este florero.*
Dites-moi combien vaut ce vase.

Exercice

Complétez les phrases suivantes :
1. ¿ Te imaginas ... me alegra encontrarte ? 2. ¿ ... veces te lo dije ? 3. Dime ... tiempo esperaste. 4. ¿ ... kilómetros faltan hasta Ávila ? 5. ¿ ... oradores intervienen ?

77 ¡ Cuánto ! *exclamatif*

Il signifie : "Combien... !", "Comme... !", "Que de... !"

1 ¡ *Cuánto, -a, -os, -as !* + nom.

¡ **Cuántas veces** tuve que repetirte lo mismo !
Combien de fois ai-je dû te dire la même chose !

¡ Cuánta injusticia en el mundo !
Que d'injustice dans le monde !

2 *¡ Cuánto !* (invariable) **+ verbe.**

¡ Cuánto me ha gustado esta novela !
Combien j'ai aimé ce roman !

3 *¡ Cuán !* + **adjectif** ou **adverbe.**
Cet emploi est plutôt réservé à la langue littéraire.

¡ Cuán oportuna fue su llegada !
Combien opportune fut sa venue !

▶ Pour cet emploi, voir aussi *lo ... que,* n° 151.5 et *qué* + adjectif, n° 222.1.

Exercice

Traduisez en espagnol :
1. Combien je me réjouis (alegrarse) de cette nouvelle ! 2. Combien de fois l'ai-je constaté (comprobar) ! 3. Si vous (Vd.) saviez comme cette musique est agréable ! 4. Que de négligences dans le service ! 5. Que ce paysage est romantique ! 6. Que de passion !

78 D : prononciation

1 **En début de phrase ou après *l* ou *n*,** il se prononce comme le "d" français.

¿ dónde ?   alcalde   sendero   un dato

2 **Dans les autres positions,** et particulièrement entre deux voyelles (à l'intérieur d'un mot ou entre deux mots), le *d* espagnol a une prononciation beaucoup plus douce et relâchée : [ð].

adonde   cada   cuadro   la dama   los datos   advertencia

Remarque

La disparition du *d* dans la terminaison *-ado* des participes passés *(cerrado* prononcé *cerrao),* fréquente en langue familière, n'est pas conseillée dans une langue plus soutenue.

3 **À la fin du mot,** le *-d* est à peine prononcé, et parfois ne l'est pas du tout.

juventud   usted   universidad   venid

79 Date

1 En espagnol on emploie ***de*** **devant le mois et devant l'année.**

*el dos **de** mayo **de** 1808*
le deux mai 1808

– *¿ Qué día ocurrió ? – Ocurrió el 20 **de** agosto **de** 1993.*
– Quel jour est-ce arrivé ? – C'est arrivé le 20 août 1993.

2 **Dans l'en-tête d'une lettre,** on ne met pas l'article devant le chiffre du jour.

Bilbao, 15 de marzo de 1997
Bilbao, (le) 15 mars 1997

3 **Pour exprimer l'année en abrégé,** on emploie l'article *el.*

*en **el** 92*
en 92

79

4 "Le premier" (du mois) : *el primero, el uno.*

el primero (el uno) de enero
le premier janvier

5 "Nous sommes le…" : *estamos a…*

– *¿ A cuánto estamos ? –* **Estamos a 14** *de noviembre.*
– Quel jour sommes-nous ? – Nous sommes le 14 novembre.

Remarque

On ajoute fréquemment *día* devant le quantième du mois.

*Vino el **día** quince.*
Elle est venue le quinze.

Notez

ayer : hier
mañana : demain
la mañana : le matin
ayer por la mañana : hier matin
mañana por la mañana : demain matin

anteayer : avant-hier
pasado mañana : après-demain
el día antes, la víspera : la veille
el día siguiente : le lendemain
anoche : hier soir

▶ Pour l'emploi de *a* dans l'expression du temps, voir n° 3.3.
Pour l'emploi de l'article défini avec les jours de la semaine, voir n° 35.4.

Exercice

Traduisez en espagnol :
1. Pascual est né le 26 mars 1965. 2. Le Traité de Paris fut signé le 24 octobre 1898. 3. la constitution de 78 4. Nous sommes le 9 octobre. 5. Valencia, le 4 août 1974. 6. Je partirai le 17. 7. C'est arrivé le 2 janvier. 8. Il est né hier soir.

---

80 *De* non traduit devant l'infinitif

1
En espagnol on ne traduit pas "de" **placé devant un infinitif sujet** dans des tournures impersonnelles comme : "il est impossible de…", "il est difficile de…", "il est essentiel de…", "il est indispensable de…".

Es imposible aceptarlo.
Il est impossible de l'accepter.

2
On ne le traduit pas non plus **devant un infinitif attribut ou complément d'objet.**

Mi deseo era conocerla.
Mon désir était de la connaître.

Prometo escribirle.
Je promets de lui écrire.

Exercices

1. *Traduisez en français :*
1. Le fue difícil reconocer el error. 2. Era esencial esperar el resultado del examen con calma. 3. Hemos decidido veranear (passer nos vacances) en Galicia. 4. Eso te impide ver la realidad.

2. *Traduisez en espagnol :*
1. Il est dangereux de se pencher (asomarse). 2. Son projet était d'ouvrir une boutique (poner una tienda). 3. Il est fondamental de connaître cette loi (la ley). 4. Interdit de coller des affiches ! (fijar carteles).

81 De

1 *De* correspond à "de" français.

*El avión procedente **de** Tenerife llega a las 5.*
L'avion en provenance de Tenerife arrive à 5 heures.

*el piso **de** arriba*
l'appartement du dessus

2 Quelques emplois particuliers à l'espagnol.

● Possession (traduction du français "à").

– ¿ ***De*** *quién es esta revista ?*
– À qui est cette revue ?

– *Es **de** la señora García.*
– Elle est à madame García.

● Matière, caractérisation.

*una reja **de** hierro forjado*
une grille en fer forgé

*un político **de** mucho porvenir*
un homme politique au grand avenir

*una máquina **de** escribir*
une machine à écrire

*una goma **de** borrar*
une gomme à effacer

● Fonction ou costume.

*Está **de** camarero en el Bar Central.*
Il travaille comme garçon de café au Bar Central.

*Le tomaron **de** grumete en la línea de Baleares.*
On le prit comme mousse sur la ligne des Baléares.

*Salió del cuartel vestido **de** paisano.*
Il sortit de la caserne habillé en civil.

● *De* + infinitif : "**à**" (+ infinitif) après des adjectifs comme *fácil, difícil, cómodo, agradable, desagradable, largo, breve* ...

*difícil **de** creer*
difficile à croire

*Es un récord fácil **de** establecer.*
C'est un record facile à établir.

*Sería largo **de** contar.*
Ce serait long à raconter.

▶ Pour l'emploi de *de* dans l'expression de la condition, voir n° 67.4.

● Temps.
– en relation avec l'âge :
De niña, *solía venir cada verano.*
Quand elle était petite, elle venait chaque été.

– pour traduire le moment dans quelques expressions :

de día	*de madrugada*	*de noche*
le jour	à l'aube	la nuit
de momento	*de repente*	*de golpe*
pour le moment	soudain	tout à coup

Note z

*salir **de** excursión*   *ir **de** paseo*
partir en excursion   aller en promenade
*ir **de** vacaciones*   *¿ Qué es **de** ti ?*
aller en vacances   Que deviens-tu ?

E x e r c i c e

Traduisez en français :
1. Salió disfrazado de Arlequín. 2. Juanita, de princesa, abrió el baile.
3. Estuvo tres años de administrador en una inmobiliaria (agence immobilière).
4. Es una fruta fácil de cosechar. 5. Es un periodista de pluma mordaz.
6. un toldo de lona 7. De joven, vivió en Huelva.

82 *Dejar* et *dejar de*

1 *Dejar :* "laisser", "abandonner".

Dejó *el paraguas en el zaguán.*
Elle a laissé son parapluie dans le vestibule.

2 *Dejar de* + infinitif : "**cesser de**".

*¡ **Deja de** gritar !*
Cesse de crier !
*A pesar del frío no **dejaron de** trabajar.*
Malgré le froid ils ne cessèrent pas de travailler.

3 *No dejar de* + infinitif : "**ne pas manquer de**".

*No **deja de** venir cada sábado.*
Il ne manque pas de venir tous les samedis.

E x e r c i c e

Traduisez en français :
1. ¡ Déjame en paz ! 2. No dejes de recordármelo. 3. Hoy no ha dejado de llover. 4. ¡ Déjale que espere ! 5. Se fue a Caracas dejándolo todo.
6. Nunca dejo de saludarle. 7. Eso no deja de sorprenderme.

83 · Demander

On emploie *pedir* ou *preguntar*.

1 *Pedir :* "demander", "solliciter" (quelque chose).

Pide *la guía telefónica.*
Demande l'annuaire des téléphones.

Pidieron *que se les trajera unos refrescos.*
Ils demandèrent qu'on leur apporte des rafraîchissements.

2 *Preguntar :* "demander" (poser une question).

Ya me **lo preguntaste** *ayer.*
Tu me l'as déjà demandé hier (= tu m'as déjà posé la question).

Pregunta *la hora de salida.*
Demande l'heure de départ.

Remarque

preguntar por : demander qqn, demander des nouvelles de qqn

Pregunte por *el señor Puig en la recepción del hotel.*
Demandez monsieur Puig à la réception de l'hôtel.

Nunca me he olvidado de **preguntar por** *ella.*
Je n'ai jamais oublié de demander de ses nouvelles.

Exercice

Complétez avec pedir *ou* preguntar :
1. Pero ahora me ... : ¿ cómo lo descubrieron ? 2. Si le ... más, no te dará nada. 3. Javier me ... siempre que le ayude. 4. No cuesta nada ... si quedan asientos. 5. ¡ Lucas, un señor ... por ti ! 6. Carlos ... que se le cortara el pelo.

84 · Démonstratifs (1) : généralités

L'espagnol a trois démonstratifs.

	masculin	féminin	neutre
singulier	este ese aquel	esta esa aquella	esto eso aquello
pluriel	estos esos aquellos	estas esas aquellas	

Ils s'emploient comme adjectifs et comme pronoms (sauf *esto, eso* et *aquello* qui ne sont que pronoms).

Les pronoms portent **un accent écrit** sur la voyelle tonique, sauf *esto, eso* et *aquello* qui n'en ont jamais (voir 11.2). Ce sont trois pronoms neutres : ils ne peuvent en aucun cas reprendre un masculin ou un féminin.

*¿ Qué es **esto** ?*	***Aquello** sería largo de contar.*
Qu'est-ce que c'est ?	Cela serait long à raconter.

Les trois séries de démonstratifs sont en rapport avec les trois personnes grammaticales et les trois adverbes de lieu *(aquí, ahí, allí)*.

Este correspond à la 1re personne : celle **qui parle**.
Ese correspond à la 2e personne : celle **à qui l'on parle**.
Aquel correspond à la 3e personne : celle **de qui l'on parle**.

***Este** disco que tengo **aquí** es **mío**.*	***Éste** es **mío**.*
Ce disque que j'ai ici est à moi.	Celui-ci est à moi.
***Ese** disco que está **ahí** es **tuyo**.*	***Ése** es **tuyo**.*
Ce disque qui est là est à toi.	Celui-là est à toi.
***Aquel** disco que está **allí** es **suyo**.*	***Aquél** es **suyo**.*
Ce disque qui est là-bas est à lui.	Celui-là est à lui.

85 Démonstratifs (2) : emplois dans le temps et le lieu

1 Emploi dans le temps.
Este s'emploie pour désigner ce qui est **proche**, ***ese*** pour désigner ce qui est **intermédiaire**, ***aquel*** pour désigner ce qui est **éloigné**.

***Este** año, la inflación apenas ha superado el 3 %.*
Cette année, l'inflation a à peine dépassé 3 %.

***Ése** fue el año en que se casó Alicia.*
C'est l'année où Alicia s'est mariée.

***Aquel** año, se organizaron los Juegos Olímpicos en México.*
Cette année-là, les jeux Olympiques furent organisés au Mexique.

2 Emploi dans le lieu.
Este s'emploie pour désigner ce qui est **proche**, ***ese*** pour désigner ce qui est **intermédiaire**, ***aquel*** pour désigner ce qui est **éloigné**.

*Mira : **este** palacio acaba de ser rehabilitado.*
Regarde : ce palais vient d'être restauré.

***Esos** chalés de los alrededores son nuevos.*
Ces pavillons des alentours sont neufs.

*Me gustaría conocer **aquellas** islas del Caribe.*
J'aimerais connaître ces îles des Caraïbes.

Remarque

Dans la correspondance, surtout commerciale, *ésta* désigne la ville où se trouve celui qui écrit et *ésa* la ville du destinataire.

*No olvidaré pasar a verle en mi próxima visita **a ésa**.*
Je ne manquerai pas de passer vous voir lors de ma prochaine visite dans votre ville.

Exercice

Choisissez le démonstratif qui convient :
1. Compraré el disco de ... sinfonía que acabamos de escuchar. 2. Era asombroso (étonnant) ... coche de los años 20. 3. Vd. no encontrará lo que está buscando en ... departamento sino en ... del fondo. 4. Fue muy crudo ... invierno del 40. 5. Vaya Vd. hasta el semáforo, y en ... cruce (carrefour) tome a la derecha.

86 *Démonstratifs (3) : emplois particuliers*

1 *Éste... aquél :* "celui-ci... celui-là".

Éste désigne le **dernier nommé** dans ce qui précède ; *aquél* désigne le **premier nommé**.

*Juan y María han llegado hoy, **ésta** a las 8 y **aquél** a las 10.*
Juan et María sont arrivés aujourd'hui, elle à 8 heures et lui à 10 heures.

2 *Ese.*

● Ce sont souvent *ese, esa, eso* qui sont utilisés pour désigner un **élément déjà cité** ou **supposé connu** des interlocuteurs.

*No se preocupe, **eso** le pasa a cualquiera.*
Ne vous inquiétez pas, cela arrive à tout le monde.

*Era de **esos** hombres que nunca se dan por vencidos.*
Il était de ces hommes qui ne s'avouent jamais vaincus.

● *Ese* peut avoir une **valeur péjorative** (renforcée s'il est après le nom).

*¡ Dejarse impresionar por **ese** tipo !*
Se laisser impressionner par ce type !

*El niño **ese** da mucha guerra.*
Ce gamin est très turbulent.

3 *Aquel.*

Aquel peut avoir une **valeur laudative**.

***Aquella** dulce armonía le encantaba.*
Cette douce harmonie l'enchantait.

Notez

con todo : malgré tout
en esto : sur ces entrefaites
eso es : c'est cela
por eso : c'est pourquoi

Exercice

Complétez à l'aide d'un démonstratif :
1. Sevilla y Granada son muy famosas ; ... por la Alhambra, ... por la Giralda. 2. Es de ... gentes que presumen de saberlo todo. 3. "– ¿ 9 000 pesetas con servicio y todo ?" "– ... es.". 4. Es urgente, ... hay que darse prisa.

87 Depuis

1 Pour situer dans le lieu.
On emploie *desde*.

desde la catedral hasta el ayuntamiento
de la cathédrale jusqu'à la mairie

2 Pour situer dans le temps.

• *Desde* pour un événement daté.

desde ayer   *desde* el 2 de enero
depuis hier   depuis le 2 janvier

• *Desde hace* si l'événement est considéré dans sa durée (*desde hacía* dans un contexte au passé).

Lo estudio *desde hace* dos meses.
Je l'étudie depuis deux mois.

Se empeñaba en ello *desde hacía* mucho tiempo.
Il s'y efforçait depuis longtemps.

Notez

en lo que va de año : depuis le début de l'année

Exercice

Choisissez entre desde, desde hace *et* desde hacía *:*
1. La orquesta tocaba ... dos horas. 2. Corrió ... su casa hasta la estación. 3. Está convocada la manifestación ... el día 15. 4. La sociedad mantenía su opción de compra ... un año. 5. Lo conozco ... un par de meses.

88 Despedir et despedirse de

1 Despedir.
Despedir peut signifier :

• "Congédier", "renvoyer", "licencier".

Han despedido a muchos obreros en los Astilleros.
On a licencié beaucoup d'ouvriers dans les Chantiers Navals.

● "accompagner" (à la gare ...) quelqu'un qui part.

*Es inútil que vengas a **despedirme.***
Il est inutile que tu m'accompagnes.

Despedirse de.

Despedirse de signifie "prendre congé de", "dire au revoir à".

*Iré al puerto a **despedirme de** Antonio y Remedios.*
J'irai au port dire au revoir à Antonio et Remedios.

Exercice

Traduisez en français :
1. Todos fuimos a Barajas a despedirnos de Vicente. 2. Ahora me despido porque es tarde. 3. Hoy nos despedimos hasta primeros de septiembre. 4. No te vayas sin despedirte 5. Iban bajando las ventas y tuvieron que despedir a dos vendedores.

89 Devenir et rendre

Devenir.

● *Hacerse* si le changement est le résultat de la volonté du sujet ou d'une action progressive.

Se hizo agrónomo.
Il est devenu agronome.

● *Volverse* si le changement est considéré comme plus radical et souvent ressenti comme définitif.

Se volvió calvo a los 35 años.
Il devint chauve à 35 ans.

● *Llegar a ser* si on envisage avant tout l'aboutissement de l'action.

***Llegó a ser** brigada después de 5 años de servicio.*
Il est devenu adjudant après 5 ans de service.

● *Convertise en* (+ nom) pour exprimer une transformation progressive.

*El tenis **se ha convertido** en un deporte popular.*
Le tennis est devenu un sport populaire.

● *Ponerse* (+ adjectif) si le changement est passager et subi par le sujet.

***Se puso pálido** al enterarse de lo sucedido.*
Il devint pâle en apprenant ce qui s'était passé.

Rendre.

Hacer, volver et *poner* correspondent à "rendre" + adjectif, avec les mêmes nuances que celles signalées en 1.

*Este ordenador **hará más fácil** la gestión del stock.*
Cet ordinateur rendra plus facile la gestion du stock.

*Una experiencia desgraciada le **volvió receloso**.*
Une expérience malheureuse le rendit méfiant.

*Lo que comió le **puso malo**.*
Ce qu'il mangea le rendit malade.

Exercices

1. *Traduisez en français :*
1. Emilio se ha hecho experto en informática. 2. ¿ No te pone alegre esa música ? 3. La explosión los volvió sordos. 4. ¡ Te has hecho una estrella del cine ! 5. Se volvió famoso por los años 70. 6. Con las lluvias, el camino se convirtió en un lodazal (bourbier).

2. *Traduisez en espagnol :*
1. En lisant la lettre il devint furieux. 2. L'âge et les ennuis l'ont rendu mélancolique. 3. Son insistance devient gênante (molesto). 4. La douleur devint insupportable. 5. Une telle attente le rendait nerveux. 6. Devenez membre (socio) de notre club !

90 Devoir

1 *Tener que* pour exprimer une **obligation forte**.

***Tienes que** mirar el caso con calma.*
Tu dois considérer l'affaire avec calme.

2 *Deber* pour exprimer également une **obligation forte (souvent d'ordre moral).**

*Los diputados **deben** respetar la tradición parlamentaria.*
Les députés doivent respecter la tradition parlementaire.

***Debes** justificarte en vez de guardar silencio.*
Tu dois te justifier au lieu de garder le silence.

3 *Haber de* pour exprimer une **obligation qui découle d'un règlement** ou **d'un accord,** et parfois une **probabilité.**

*El firmante **habrá de** conformarse con el reglamento.*
Le signataire devra se conformer au règlement.

*Creo que **ha de** venir mañana.*
Je crois qu'il doit venir demain.

4 *Deber de* pour exprimer un **doute** ou une **possibilité**.

***Debe de** tener retraso el vuelo Madrid-Barcelona.*
Le vol Madrid-Barcelone doit avoir du retard.

*El fracaso **debe de** tener su origen en el sector financiero.*
L'échec doit avoir son origine dans le secteur financier.

Remarque

Dans la langue actuelle *deber* est parfois employé avec la valeur de *deber de*.

▶ Pour l'expression du doute, voir le futur hypothétique, n° 124.

Exercice

Traduisez en français :
1. Creo que ese informe (rapport) ha de publicarse dentro de dos meses.
2. Aquí está prohibido aparcar : Vd. tiene que seguir adelante (aller plus loin).
3. La ley ha sido votada y ahora todos deben respetarla.
4. Yo tengo que mandar esta carta ahora mismo para que llegue mañana.
5. Ahora el té debe de estar frío.
6. Sólo debes preocuparte por el resultado.
7. Esas redes de tráfico de droga tienen que ser desmanteladas.
8. Este libro ha de estar en la biblioteca municipal.
9. Deben de haber desembarcado los pasajeros.

91 ▶ *Diminutifs et augmentatifs* (suffixes)

Ces suffixes sont plus fréquents en espagnol qu'en français. Ils appartiennent, en outre, au langage familier et affectif, ce qui rend leur emploi parfois délicat.

1 Les diminutifs.

On emploie généralement *-ito, -ita,* et moins fréquemment *-illo, -illa* et *-uelo, -uela*.

● **Formation.**

ITO, *ITA*	Mots terminés par : • *-o* et *-a* • *-e* (mots de plus de 2 syllabes) • une consonne, sauf *n* ou *r*	La voyelle finale disparaît s'il y a lieu.	*hermano → hermanito* frère → petit frère *boca → boquita* bouche → petite bouche *animal → animalito* animal → petit animal *paquete → paquetito* paquet → petit paquet
+ CITO, *CITA*	Mots terminés par : • *e* (mots de deux syllabes) • *n* ou *r*		*parte → partecita* partie → petite partie *balón → baloncito* ballon → petit ballon *dolor → dolorcito* douleur → petite douleur
+ECITO, *ECITA*	• Mots d'une syllabe • Mots de 2 syllabes contenant une diphtongue – tonique : *-ie, -ue, -ei* – atone : *-io, -ia, -ue*	La voyelle finale disparaît s'il y a lieu.	*luz → lucecita* lumière → petite lumière *puerta → puertecita* porte → petite porte

– Les suffixes *-illo* et *-uelo*, moins fréquents que *-ito*, obéissent aux mêmes règles.

chico →	chiquillo	ladrón →	ladronzuelo	pez →	pececillo
garçon	petit garçon	voleur	petit voleur	poisson	petit poisson

– Le choix d'un diminutif peut entraîner un changement de sens.

casa	casita	casilla
maison	maisonnette	case, casier

● **Valeurs.**
En plus de l'idée de petitesse, ils expriment souvent l'**émotion,** la **tendresse** ...

abuelita	papaíto	mamaíta
mamie	mon petit papa	ma petite maman

ou soulignent une **qualité.**

¡ Agua fresquita !
De l'eau toute fraîche !

Remarque

• Il y a **des exceptions à ces règles de formation** et seul l'usage permet de les connaître.

alfiler →	alfilerito	pie →	piececito
épingle	petite épingle	pied	petit pied

• Certains adverbes et gérondifs ont également des diminutifs.

un poco →	un poquito	despacio →	despacito
un peu	un petit peu	doucement	tout doucement
silbando →	silbandito		
en sifflant	en sifflotant		

2 Les augmentatifs.

Les suffixes *-ón, -ona, -azo, -aza, -ote, -ota* ont une valeur augmentative.

un paredón	un cochazo
un gros mur	une grosse voiture

L'emploi d'un augmentatif peut entraîner un changement de sens.

una palabrota
un gros mot

Ils peuvent prendre également une valeur péjorative ou ironique.

simplón	unas manazas
simplet	de grosses "pattes"

Remarque

Il existe d'autres suffixes péjoratifs comme *-acho, -achón* et *-ucho*.

paliducho	un corpachón
pâlot	une carcasse

Exercices

1. *Formez les diminutifs en utilisant* -ito :
1. bosque 2. trozo 3. hora 4. fuente 5. pastor 6. quieta 7. delgado 8. voz 9. papel 10. bajo 11. estrecho 12. cerca

2. *Formez les diminutifs en utilisant* -illo :
1. pájaro 2. ojos 3. pan 4. ave 5. canción 6. mesa 7. banco 8. trote 9. duende 10. pastores

3. *Traduisez en français :*
1. papelotes 2. una casona 3. unos ojazos 4. dulzón 5. flacucho 6. un poblacho

92 Diminutifs des prénoms

Les prénoms espagnols ont des diminutifs usuels qui s'éloignent parfois du prénom originel.
En voici quelques-uns parmi les principaux.

1 Prénoms féminins.

Carmen	— Carmencita, Carmina	Manuela	— Manola, Manolita
Concepción	— Concha, Conchita	María	— Maruja
Dolores	— Lola, Lolita	Mercedes	— Merche, Merceditas
Francisca	— Paca, Paquita	Montserrat	— Montse
Guadalupe	— Lupe, Lupita	Pilar	— Pilarín, Pili
Isabel	— Isabelita	Rosa	— Rosita
Josefa	— Pepa, Pepita	Rosario	— Rosarito
Juana	— Juanita	Trinidad	— Trini
Luisa	— Luisita		

2 Prénoms masculins.

Antonio	— Antoñito, Toño, Toni	José María	— Chema
Carlos	— Carlitos	Juan	— Juanito
Enrique	— Quique, Quico	Luis	— Luisito
Fernando	— Nando	Manuel	— Manolo, Manolito
Francisco	— Paco, Paquito, Curro	Miguel	— Miguelito
Gregorio	— Goyo	Pablo	— Pablito
Ignacio	— Nacho, Iñaki	Roberto	— Robertito
José	— Pepe, Pepito, Joselito		

93 *Don* et *señor*

1 *Don* et *doña* sont des **marques de déférence**.

Ils ne s'emploient que **devant le prénom** (seul ou suivi du nom), supposent le "vouvoiement" (voir n° 215.1) et sont réservés à des personnes qui occupent une certaine position sociale (administrative, religieuse, politique…).

Don Pablo Torres, alcalde
Monsieur Pablo Torres, maire

2 ***Señor*, *señora*** et ***señorita*** *(abréviations : **Sr., Sra., Srta.**)* s'emploient **devant le nom de famille.**

Señor Sánchez	*Señora García*	*Señorita Vázquez*
Monsieur Sánchez	Madame García	Mademoiselle Vázquez

Dans le langage familier, on emploie également *señor, señora, señorita* devant le prénom, quand l'emploi de *don* est trop déférent et que le prénom seul ne l'est pas assez.

la señora Rita	*el señor Anselmo*	*la señorita Amelia*
madame Rita	monsieur Anselmo	mademoiselle Amelia

▶ Pour cet emploi de l'article défini, voir n° 35.1.

> *Remarque*
>
> Les formules *Señor Don (Sr. D.), Señora Doña (Sra. Da.)* + prénom + nom ne se trouvent pratiquement **que dans les en-têtes et les adresses.**
>
> *Sra. Da. Emilia Robles*
> Madame Emilia Robles

94 *Donde*

1 ***Donde*** (relatif) : "où".

> *El cajón **donde** lo tengo guardado es seguro.*
> Le tiroir où je l'ai rangé est sûr.

Donde se combine avec les prépositions *a, en, de, por* …
– **pas de mouvement :** *en donde* (et également *donde*).

> *Es el armario **en donde** guardas la ropa.*
> C'est l'armoire où tu ranges les vêtements.

– **mouvement :** *adonde, de donde, por donde* …

> *Esta es la ventana **por donde** entra el frío.*
> Voici la fenêtre par où entre le froid.
>
> *El pueblo **adonde** voy está cerca de Santander.*
> Le village où je vais est proche de Santander.

2 ***¿ Dónde ?*** (interrogatif) : "où ?".

¿ Dónde ? porte un accent écrit, ainsi que *¿ Adónde ?, ¿ En dónde ?, ¿ De dónde ?* … (voir n° 11.3) au style direct **et** au style indirect.

> *¿ **Por dónde** pasas para ir al colegio ?*
> Par où passes-tu pour aller au collège ?

*Le pregunté **dónde** se había escondido.*
Je lui ai demandé où il s'était caché.

Exercice

Traduisez en espagnol :
1. Où ranges-tu les verres ? 2. La pièce où j'écris est agréable. 3. Je ne dirai pas où nous allons. 4. Demande-lui d'où vient cette coutume. 5. Où vas-tu en (de) vacances ?

95 Dont

1 "Dont", complément d'un nom sujet.
"Dont le", "dont la", "dont les" se traduisent par *cuyo (cuya, cuyos, cuyas)* **accordé avec ce nom. L'article n'apparaît pas en espagnol.**

*El general tomó una decisión **cuyo alcance** fue enorme.*
Le général prit une décision dont la portée fut énorme.

*Han galardonado a ese director **cuyas películas** tienen tanto éxito.*
On a récompensé ce metteur en scène dont les films ont tant de succès.

2 "Dont", complément d'un nom COD.
Il se traduit de même par *cuyo (cuya, cuyos, cuyas)* placé **devant le nom et accordé avec lui.**
Notez que dans ce cas, en français, "dont" peut être séparé du nom par un verbe, ce qui n'est pas le cas en espagnol.

*Es una nueva medicina **cuyos efectos** ignoro.*
C'est un nouveau médicament dont j'ignore les effets.

Remarque

Cuyo doit être précédé de la préposition *a* devant un complément d'objet direct de personne (voir n° 1.1).

*Es un joven **a cuyos padres** hemos tratado durante años.*
C'est un jeune homme dont nous avons fréquenté les parents pendant des années.

3 "Dont", complément d'un verbe ou d'un adjectif.
Il se traduit par :

● *del que, de la que, de los que, de las que* (ou *del cual, de la cual, de los cuales, de las cuales)* **pour les personnes et pour les choses.**

*Es el negocio **del que** ya hemos discutido.*
C'est l'affaire dont nous avons déjà parlé.

● *de quien, de quienes,* seulement **pour les personnes.**

*Es un éxito **del que** está orgulloso.*
C'est un succès dont il est fier.

*Aquí tienes al amigo **de quien** tantas veces te he hablado.*
Voici l'ami dont je t'ai si souvent parlé.

Attention ! La construction du verbe peut être différente en espagnol.

*No tuvo el destino **con el que** soñaba.*
Elle n'a pas eu l'affectation dont elle rêvait (rêver de : *soñar con*).
*Dame el diccionario **que** necesito.*
Donne-moi le dictionnaire dont j'ai besoin (avoir besoin de quelque chose : *necesitar algo*).

4 "Dont un...", "dont deux...", "dont plusieurs...", "dont beaucoup..."

Dont : *de los cuales, de las cuales* ou *de ellos, de ellas*

*He sacado doce fotos, **tres de las cuales** resultan borrosas.*
J'ai pris douze photos dont trois sont floues.

*He aquí varios artículos, **algunos de ellos** le han de convenir.*
Voici plusieurs articles dont quelques-uns doivent vous convenir.

5 "Dont" (+ nom ou pronom).

Lorsqu'il signifie "parmi lesquel(le)s", il se traduit par ***entre los (las) cuales.***

*Construyeron varias escuelas **entre las cuales** ésta.*
Ils construisirent plusieurs écoles dont celle-ci.

Remarque

Celui dont, celle dont, ce dont : *aquél de que, aquélla de que, aquello de que, aquél cuyo,* etc.
aquello de que soy capaz
ce dont je suis capable

Exercices

1. *Complétez les phrases suivantes :*
1. Es un serial (feuilleton) ... desenlace (dénouement) quisiéramos conocer. 2. Es el candidato ... currículum acabamos de examinar. 3. He comprado una moto ... prestaciones me encantan. 4. Es el abuelo ... heredé una casa. 5. Te aseguro que es un jugador ... no se puede prescindir. 6. Miles de manifestantes, muchos ... eran jóvenes, desfilaron por la capital. 7. Tuvieron cinco hijos, uno ... emigró a Sudamérica. 8. una vieja puerta ... ruido era espantoso 9. Esta empresa realizó grandes obras ... el metro de Méjico.

2. *Traduisez en espagnol :*
1. Il faut réparer la chaise dont le pied (la pata) est cassé. 2. Ce n'est pas une personne dont tu peux te moquer (burlarse). 3. Ana, dont tu connais la mère, travaille avec moi. 4. Ils ont deux voitures dont une est neuve. 5. Ce sont des vacances dont je me souviens encore.

96 · *Echar*

Parmi les sens nombreux que peut prendre le verbe *echar* en fonction du contexte, il faut retenir **pour l'essentiel** :

1 *Echar :* **"lancer", "jeter", "mettre"** ou **"verser"** (pour un liquide).

Échale la pelota al perro.
Lance la balle au chien.
Echaré esos trastos viejos a la basura.
Je jetterai ces vieux ustensiles à la poubelle.
Tengo que echarle aceite a la caja de cambios.
Je dois mettre de l'huile dans la boîte de vitesse.

2 *Echar :* **"jeter dehors", "expulser".**

Le echaron por tramposo.
Il a été mis dehors pour tricherie.

3 *Echarse :* **"se lancer", "se jeter".**

Se echaron al agua a pesar del frío.
Ils se sont jetés à l'eau malgré le froid.

4 *Echar(se) a* + infinitif : **"se mettre à".**

Se echó a reír cuando se lo dije.
Il s'est mis à rire quand je le lui ai dit.

> *Notez*
>
> *echar a perder* : gâcher
> *echar de menos* : regretter (l'absence de quelqu'un ou de qq. chose)
> *echar de ver* : remarquer
> *echar una mano* : donner un coup de main
> *echar raíces* : prendre racine
> *echárselas de...* : se prendre pour...
> *echarse atrás* : se dédire

Exercice

Traduisez en français :
1. Basta, no le eches más vino. 2. Después de vacilar un poco, echó a andar con nosotros. 3. Le echó a la cara todo lo que pensaba de él. 4. Él se las echaba de campeón. 5. Echó a correr y llegó a tiempo.

97 El de, el que

L'article défini suivi de *de* ou *que* a la valeur d'un démonstratif.

1 *El de, la de, los de, las de* : "celui de", "celle de", "ceux de", "celles de".

Esta delegación es **la de** Suecia.
Cette délégation est celle de Suède.

Este periódico es **el de** ayer.
Ce journal est celui d'hier.

2 *El que, la que, los que, las que* : "celui qui", "celle qui" ..."celui que", "celle que"...

No es de **las que** renuncian.
Elle n'est pas de celles qui renoncent.

Entre todos sus poemas es **el que** prefiero.
Parmi tous ses poèmes c'est celui que je préfère.

▶ Pour les autres emplois, voir "c'est... que", "c'est ... qui", n°s 54 et 55, et "le fait de", "le fait que", n° 35.5.

Exercice

Traduire en français :
1. Estos estudiantes son los de Medicina. 2. Las dos pirámides que ves en la postal son la del Sol y la de la Luna. 3. Mira las fotos y escoge las que quieras. 4. El que lo afirme tendrá que demostrarlo. 5. Ese recuerdo es el que me trajeron de Granada.

---

98 Ello

Attention ! Ce pronom **neutre** ne peut évidemment reprendre ni un nom masculin, ni un nom féminin. Il doit se traduire par **"cela", "ça"**.

No estoy dispuesto a **ello**.
Je ne suis pas disposé à cela.

Remarque

Ello est plus fréquemment employé comme complément après une préposition que comme sujet et on lui préfère *eso* dans la langue courante.

▶ Pour la traduction de "y", voir n° 283.

Exercice

Traduisez en français :
1. Algunos parecen tener interés en ello. 2. Para ello no necesito ayuda. 3. No por ello le guarda rencor. 4. No me molestes más con ello. 5. No hay nada que oponer a ello.

99 En (pronom, adverbe)

1 "En" exprime une idée de quantité.

● "En" ne se traduit pas s'il est suivi d'une expression de quantité ou d'un nombre.

¿ Tiene Vd. alcachofas ? Póngame **seis**.
Avez-vous des artichauts ? Mettez-m'en six.

Tengo **bastante** por hoy.
J'en ai assez pour aujourd'hui.

▶ Pour la structure "en... autant", voir n° 43.

● S'il est employé seul, on utilise *lo, la, los, las* ou *alguno, ninguno, un poco*, selon la nuance que l'on veut exprimer.

Si queréis helados, también **los** queremos nosotros.
Si vous voulez des glaces, nous en voulons aussi.

– ¿ Te quedan judías ? – Sí, me quedan **unas pocas.**
– Te reste-t-il des haricots ? – Oui, il m'en reste (= un peu).

– ¿ Le han dado llaves ? – No, no me han dado **ninguna.**
– Vous ont-ils donné des clefs ? – Non, ils ne m'en ont pas donné (= aucune).

2 Il y en a de..., il y en a des... : *los (las) hay...*
Il y en a qui (que)... : *los (las) hay que...* ou *hay quien...*

Los hay de todos los colores.
Il y en a de toutes les couleurs.

Las hay que no me creen ou *Hay quien* no me cree.
Il y en a qui ne me croient pas.

3 En = de lui, d'elle, d'elles, d'eux, de cela.
"En" se traduit par *de él, de ella, de ellas, de ellos, de ello, de eso*.

Me han hablado **de eso**.
On m'en a parlé.

Attention si la construction est différente en espagnol !

*Se ha encaprichado **con ella**.*
Il s'en est entiché.

*Él no **lo** necesitaba.*
Il n'en avait pas besoin.

Notez

No lo dudo : Je n'en doute pas.

4 "En" exprime une idée de lieu.
"En" ("de là") se traduit le plus souvent par *de allí*.

De allí vengo.
J'en viens.

Exercice

Traduisez en espagnol :
1. J'avais 20 ans et il en avait 18. 2. Des ennuis (disgustos), qui n'en a pas ? 3. Des stylos (plumas), oui, il y en a. 4. Ici, il y en a qui pensent comme moi. 5. Tu en reviens. 6. Achète-moi des enveloppes, j'en ai besoin.

---

100 En

1 Dans les compléments de lieu.
En : "à", "en","dans", "sur"... (voir n° 2).

Los obreros trabajaban en la plataforma.
Les ouvriers travaillaient sur la plate-forme.

2 Dans les compléments de temps.

en aquella época *en la edad media*
à cette époque-là au Moyen Âge

3 Dans les compléments de quantité.

● *En* correspond au français "à" avec des verbes comme *calcular, estimar, evaluar, tasar, valorar* (évaluer, estimer).

Se valoran en un 80 % las posibilidades de éxito.
On évalue à 80 % les chances de réussite.

Las pérdidas se evalúan en 2 millones de pesetas.
On évalue les pertes à 2 millions de pesetas.

● *En* correspond au français "de" avec des verbes comme *aumentar, crecer, subir, incrementar* (augmenter), *bajar, disminuir, menguar* (diminuer), *aventajar, sobrepasar, exceder* (dépasser).

En este ramo, los empleos han disminuido en 2 700.
Dans cette branche, les emplois ont diminué de 2 700.

Aventajaron en 11 puntos a los conservadores.
Ils ont dépassé de 11 points les conservateurs.

Remarque

Ces derniers verbes sont parfois construits sans préposition.

La temperatura ha bajado 2 grados.
La température a baissé de 2 degrés.

Exercice

Traduisez en français :
1. Los especialistas se mostraron escurridizos (fuyants) en sus juicios. 2. El poder adquisitivo podría incrementarse en un 2 %. 3. El diamante se valoró en un millón de pesetas. 4. Se estima en cien mil el número de visitantes. 5. Ayer me pasé la tarde en la playa. 6. En la época de la que hablas, no eran rápidas las comunicaciones.

101 *En* et *dentro de*

1 Dans le lieu.

en : "dans"

en *la sala de estar*
dans la salle de séjour

dentro de : "à l'intérieur de"

dentro del *camarote*
à l'intérieur de la cabine

2 Dans le temps.

en : "en"

en *el año 2000*
en l'an 2000

dentro de : "dans" (indiquant un délai)

dentro *de 15 años*
dans 15 ans

Remarque

Dentro (ou *adentro*) employé seul (adverbe) : à l'intérieur, dedans.

*¡ No te quedes **dentro** con el sol que hace !*
Ne reste pas à l'intérieur avec ce soleil !

*Ahora pasemos **adentro**.*
Maintenant passons à l'intérieur.

Exercice

Traduisez en français :
1. Viajaremos en el tren de las tres. 2. Dentro de poco saldrá el decreto. 3. Eso se arregla en pocos minutos. 4. He dejado la documentación (mes papiers) dentro del coche. 5. Pon la película dentro de la cámara. 6. No busques juguetes en ese cajón : no hay nada dentro.

102 — Encima et arriba

1 Encima.

● *Encima de :* "sur" ou "au-dessus de", selon le contexte.

*He dejado los cigarrillos **encima de** la cómoda.*
J'ai laissé les cigarettes sur la commode.

***Encima de** la puerta verás un letrero.*
Au-dessus de la porte tu verras une enseigne.

▶ Pour *sobre*, voir n° 247.

● *Por encima de :* "au-dessus de", "par-dessus", insiste sur l'idée de dépassement ou de superposition.

***Por encima de** la torre vuelan las cigüeñas.*
Les cigognes volent au-dessus du clocher.

● *Encima de* et *por encima de* peuvent s'employer au figuré.

***Encima de** Andrés está el director.*
Au-dessus d'Andrés il y a le directeur.

*Está **por encima de** cualquier sospecha.*
Il est au-dessus de tout soupçon.

Remarques

Encima employé seul (adverbe) peut signifier :

• "au-dessus".

*Saca ese libro de la pila y ponlo **encima**.*
Sors ce livre de la pile et mets-le au-dessus.

• "en plus", "par-dessus le marché".

*Vd. tiene garantía de dos años, y **encima**, asistencia en carretera.*
Vous avez une garantie de deux ans et en plus une assistance routière.

• "sur moi", "sur toi", etc. (en particulier pour les vêtements que l'on porte).

*¿ Qué llevas **encima** con el frío que hace ?*
Que portes-tu sur toi avec le froid qu'il fait ?

2 Arriba.

Arriba signifie "en haut", "là-haut".

*Desde **arriba** tienes un panorama muy bonito.*
D'en haut tu as un très joli panorama.

*Divisábamos a los dos alpinistas allá **arriba**.*
Nous apercevions les deux alpinistes tout là-haut.

Notez

de arriba abajo : de haut en bas
arriba de (+ quantité) : plus de

▶ Pour l'emploi de arriba précédé d'un nom, voir n° 8.

Traduisez en français :
1. Las pensiones mínimas crecerán por encima de la inflación. 2. Había rocas por encima de las cuales teníamos que saltar. 3. Subió encima de una silla para alcanzar los libros. 4. Antes de servir el pastel de manzana ponga encima dos cucharadas (cuillerée) de azúcar. 5. Apúntalo en el bloc que está encima del teléfono. 6. Al llegar arriba, se detuvo para descansar. 7. No creo que valga arriba de dos mil pesetas.

103 *Encore*

1 Encore.
"Encore" se traduit par ***todavía*** ou ***aún***.

*El resultado es **todavía** incierto.*
Le résultat est encore incertain.

*No ha llegado **aún**.*
Elle n'est pas encore arrivée.

2 Pas encore, non suivi d'un verbe, en réponse à une question.
"Pas encore" se traduit par ***todavía no***, ***aún no***.

– ¿ *Ha llegado Augusto ?* – ***Todavía no.***
– Augusto est-il arrivé ? – Pas encore.

3 Encore un (deux, trois..., quelques-uns).
"Encore un" (deux, trois..., quelques-uns) se traduit par ***uno más*** (*dos más, tres más..., algunos más*).

*Déme **una más**.*
Donnez-m'en encore une.

4 Encore une fois.
"Encore une fois" se traduit par ***otra vez***, ***una vez más***.

*Explícaselo **otra vez**.*
Explique-le-lui encore une fois.

▶ Pour exprimer la répétition, voir n° 235.

Traduisez en espagnol :
1. Il me faut deux timbres (un sello), donne-m'en encore un. 2. – As-tu lu le dernier prix (un premio) Cervantès ? – Pas encore. 3. Il n'y a pas assez de chaises, apportes-en (traer) encore trois. 4. Je vais prendre (sacar) encore quelques photos. 5. La brume ne s'est pas encore levée (disiparse). 6. Je te l'assure encore une fois.

104 Enfin

1 Enfin = finalement, en définitive.
Il se traduit alors par *por fin* ou *al fin*.

Al fin *tomó la decisión y salió.* **Dímelo por fin.**
Il prit enfin la décision et sortit. Dis-le-moi enfin.

2 Enfin = bref, en un mot.
Il se traduit alors par *en fin*.

Perdió lo que había ganado. **En fin**, *fue un fracaso total.*
Il perdit ce qu'il avait gagné. Enfin, ce fut un échec total.

Exercice

Traduisez en espagnol :
1. Enfin, quoi qu'il en soit, (sea lo que sea) il faut arranger ça. 2. J'ai enfin trouvé la réponse après avoir beaucoup cherché. 3. Enfin, je ne peux pas te croire. 4. Au bout de (al cabo de) quinze jours, il put enfin se lever. 5. Enfin seuls ! 6. Le plombier (el fontanero) est-il enfin venu réparer la douche ? 7. Il allait enfin la connaître.

105 Entre

1 Entre.
El pueblo está entre Santiago y La Coruña.
Le village est entre Santiago et La Coruña.

2 Mi... mi.
entre *receloso e incrédulo*
mi-méfiant, mi-incrédule

3 Parmi, au milieu de.
No logré encontrarlo **entre** *la muchedumbre.*
Je ne suis pas parvenu à le trouver au milieu de la foule.
Entre *mis amigos, es el más fiel.*
Parmi mes amis, c'est le plus fidèle.

4 À eux deux, à eux trois...
Entre los tres, *montaron un restaurante.*
À eux trois, ils ont monté un restaurant.
Entre tú y él, *tenéis todos los discos de este director.*
À vous deux, vous avez tous les disques de ce chef d'orchestre.

> Notez

entre clase y clase : entre deux cours
entre copla y copla : entre deux couplets

Exercice

Traduisez en français :
1. Andaba entre los cincuenta y los sesenta años. 2. Entre los dos pintaremos la casa. 3. Estaba mirándome entre burlona y seria. 4. Entre tantos coches uno (on) tiene que ir con cuidado. 5. Entre todas las que he leído últimamente, ésta es la novela que más me gusta. 6. La industria turística está entre las que más rendimiento producen.

106 *Environ (et l'approximation)*

1 *Alrededor de, aproximadamente, cerca de, como, (poco) más o menos* sont d'un **usage général.**

Valladolid tiene cerca de 350 000 habitantes.
Valladolid a près de 350 000 habitants.

Estamos aproximadamente a 1 kilómetro del centro.
Nous sommes approximativement à 1 kilomètre du centre.

Son dos horas de espera poco más o menos.
Il y a à peu près deux heures d'attente.

Reapareció como diez días después.
Elle réapparut environ dix jours plus tard.

Tiene alrededor de 18 años.
Elle a environ 18 ans.

2 *Unos, unas* **devant un nombre** correspond à **"environ".**

Tardarás unas 4 horas.
Tu mettras environ 4 heures.

Eulalia ha adelgazado unos 5 kilos.
Eulalia a maigri d'environ 5 kilos.

▶ Pour l'emploi de *un* devant un pourcentage, voir n° 204.

3 *Y pico* (invariable) **suit l'expression d'une quantité et de l'heure.**
Il correspond à "environ", "à peu près", "et quelques".

Esta guitarra cuesta veinte mil y pico de pesetas.
Cette guitare coûte un peu plus de vingt mille pesetas.

Son las dos y pico.
Il est deux heures et quelques.

4 *A eso de, hacia, sobre* indiquent une **heure approximative**.

a eso de (hacia, sobre) la una
à une heure environ (vers une heure)

> Notez

une dizaine de : *unos (unas) diez...*
une douzaine de : *una docena de...*
une centaine de : *un centenar de... (*ou *unos cien...)*
un millier de : *un millar de... (*ou *unos mil...)*

▶ Pour l'emploi de *escaso*, voir n° 107.

Exercice

Traduisez en français :
1. El estado invertirá cerca de 2 000 millones de pesetas en el proyecto.
2. Aumentó el tráfico de viajeros en un 11 %. 3. Fuimos a cenar juntos sobre las once. 4. Dime cuánto cuesta, aunque sea aproximadamente.
5. Participaron en la maratón como 3 000 corredores.

107 *Escaso*

1 Il accompagne un nom ou est employé comme attribut.

L'adjectif *escaso* correspond à *poco* et se traduit par "peu de", "peu nombreux", "rare", "faible"...

la escasa vegetación del Altiplano
la maigre végétation de l'Altiplano

Eso se produce escasas veces.
Cela se produit de rares fois.

2 Il suit l'indication d'une quantité.

Il a alors le sens de "à peine", "petit".

Estamos a tres millas escasas del faro.
Nous sommes à trois milles à peine du phare.

Dispongo de dos horas escasas.
Je dispose de deux petites heures.

> Remarque

L'idée contraire s'exprime par l'adjectif *largo*.

Duró la sesión ocho horas largas.
La séance a duré huit bonnes heures.

Exercice

Traduisez en français :
1. Compartíamos su escasa comida. 2. Tales medidas suelen tener escasa eficacia. 3. Ella vivía con escasos recursos. 4. Se registraron escasos progresos en la producción. 5. El equipo marcó tres puntos escasos.

108 · *Esperar*

1 *Esperar :* "attendre", "espérer".
Le verbe *esperar* réunit les sens des verbes français "espérer" et "attendre".

*El campeón **espera** batir la marca.*
Le champion espère battre le record.

***Esperamos** a Sebastián.*
Nous attendons Sebastián.

*Luisa **está esperando** el tranvía.*
Luisa attend le tramway.

2 *Esperar que :* "espérer que".
Le verbe qui suit se met à l'indicatif ou au subjonctif, selon que l'action est envisagée comme probable ou hypothétique (voir n° 253.2).

***Espero que te quedarás** mucho tiempo.*
J'espère que tu resteras longtemps.

***Espero que lo paséis** bien.*
J'espère que vous vous amuserez bien.

3 *Esperar a que :* "attendre que".
Le verbe qui suit est **toujours** au **subjonctif**.

Esperad a que os avise.
Attendez que je vous prévienne.

***Esperé a que me telefonearas** para salir.*
J'ai attendu que tu me téléphones pour sortir.

> *Remarque*
>
> Aux deux sens du verbe correspondent deux noms différents :
>
> *la esperanza :* l'espoir, l'espérance
> *la espera :* l'attente

> *Notez*
>
> *Es de esperar que... :* Il faut s'attendre à ce que..., il faut espérer que...
> *Me lo esperaba :* Je m'y attendais.

E x e r c i c e

Traduisez en français :
1. El peluquero espera a los clientes leyendo el periódico. 2. Espero verla el miércoles que viene. 3. Espero que encuentres trabajo. 4. Espera a que te demos permiso para hacerlo. 5. Esperamos un giro postal. 6. Tienes que esperar a que pase un taxi. 7. Era de esperar que el conflicto tuviera esa evolución.

109 Essayer

1 **"Essayer" + nom.**
On emploie *probar*.

¿ Puedo **probar** estos zapatos ?
Puis-je essayer ces chaussures ?

2 **"Essayer de" + infinitif.**
On peut employer *tratar de, intentar, procurar*.
Attention à la construction de ces verbes !

- *tratar de* + infinitif.

Trataron de salir *a pesar del frío*.
Ils essayèrent de sortir malgré le froid.

- *intentar* + infinitif.

Yo **intentaba convencerle** *de mi buena voluntad*.
J'essayais de le convaincre de ma bonne volonté.

- *procurar* + infinitif.

Procura ser *más comprensivo con ellos*.
Essaie d'être plus compréhensif avec eux.

Remarque

Probar a + infinitif est d'un emploi moins fréquent.

Probé a *levantarme sin conseguirlo*.
J'essayai de me lever sans y parvenir.

Exercice

Traduisez en espagnol :
1. Essaie de le convaincre. 2. Il essaya de tout arranger par lui-même. 3. Le gardien de but (el portero) essaya de dévier le ballon. 4. J'essaie de classer ces photos. 5. Je n'ai pas essayé de me justifier. 6. Je préfère essayer ce matériel avant de l'acheter. 7. Essaie cette jupe (la falda).

110 Être (1) : généralités

Ser et *estar* traduisent tous les deux "être".

Le choix entre ces auxiliaires peut être grandement facilité si l'on tient compte de la nature et de la fonction des mots qui suivent le verbe "être". On retiendra, pour l'essentiel, les points suivants.

1 Tableau récapitulatif.

être +			
nom pronom infinitif numéral adverbe de quantité		SER	n° 111
complément indiquant :	– la matière – l'origine – l'appartenance – la destination	SER	n° 111
	– le lieu – le temps	ESTAR	n° 113
participe passé	passif	SER	n° 115
	état (faux passif)	ESTAR	
adjectif	définition, caractéristique	SER	n° 114
	état, circonstance	ESTAR	
c'est, c'était, ce sera...		SER	n° 112

2 L'attribut est un adjectif (voir n° 114).
C'est dans ce cas que le choix est plus délicat.

● Le groupe *ser* + adjectif exprimera forcément **une définition**, **une caractéristique liée à la nature** d'une personne ou d'une chose.

● Le groupe *estar* + adjectif exprimera forcément **un état, une situation liée à une circonstance** durable ou non.

111 Être (2) : *ser*

On emploie toujours *ser* pour traduire le verbe "être", dans les cas suivants.

1 On emploie *ser* quand **l'attribut** est un **nom**, un **pronom**, un **infinitif**, un **nombre**, un **indéfini** ou un **adverbe de quantité**.

*Este señor **es el tío** de nuestro amigo.*
Ce monsieur est l'oncle de notre ami.

Creo que es él.
Je crois que c'est lui.

Su ambición era llegar a arquitecto.
Son ambition était de devenir architecte.

Son las cuatro.
Il est quatre heures.

Fueron muchos los que acudieron para ayudar.
Ceux qui vinrent aider furent nombreux.

Es demasiado.
C'est trop.

2 On emploie *ser* devant un **nom précédé d'une préposition** et qui indique la **matière**, l'**origine**, l'**appartenance** ou la **destination**.

¿ Es de madera esta barca ? *Su familia era de Castellón.*
Cette barque est-elle en bois ? Sa famille était de Castellón.

Esos juguetes son de mi hijo. *Los inconvenientes serán para vosotros.*
Ces jouets sont à mon fils. Les inconvénients seront pour vous.

3 On emploie *ser* pour traduire **"avoir lieu"**.

La asamblea general fue en Sevilla.
L'assemblée générale eut lieu à Séville.

Exercice

Traduisez en espagnol :
1. Emilia est infirmière. 2. Il est député européen (eurodiputado) depuis 1992. 3. Cette pierre est du granit (el granito). 4. Ce parapluie (el paraguas) n'est pas à moi. 5. Les spectateurs étaient nombreux (numeroso). 6. D'où êtes-vous ? 7. Cette ferme est à son grand-père. 8. Ces bottes sont en caoutchouc (la goma).

---

112 *Être (3) : c'est, c'était, ce sera...*

1 **Il faut toujours employer *ser*.**
Le sujet "ce" (c') ne se traduit pas, sauf pour marquer une insistance.

Ya estamos. Es aquí.   *Es el problema.*
Nous y sommes. C'est ici.   C'est le problème.

Remarque

Está bien, está mal, está claro (c'est bien, c'est mal, c'est clair) constituent des **exceptions**.
On dit également *está hecho* : c'est fait (voir n° 115.2).

2 C'est moi, c'est toi...
Attention ! Le verbe *ser* doit se conjuguer.

Soy yo : C'est moi.
Eres tú : C'est toi.
Es él (ella, Vd.) : C'est lui (elle, vous).
Somos nosotros (–as) : C'est nous.
Sois vosotros (–as) : C'est vous.
Son ellos (ellas, Vds.) : Ce sont eux (ce sont elles, c'est vous).

3 À la différence du français, *ser* doit être au passé si le contexte l'est également.

*¿ Quién te lo **dijo** ? – **Fue** él.*
Qui te l'a dit ? – C'est lui.

*¿ Quién **promulgó** esta ley ? – **Fue** el gobierno republicano.*
Qui a promulgué cette loi ? – C'est le gouvernement républicain.

▶ Pour la traduction de "c'est ... que", "c'est ... qui", voir n°s 54 et 55.

Exercices

1. *Traduisez en espagnol :*
1. C'était nous. 2. Ce sera vous (Vd.). 3. Ce fut elle. 4. Serait-ce toi ? 5. Si c'était nous ! 6. Ce seront eux.

2. *Traduisez en espagnol :*
1. C'est maintenant. 2. – Où est l'hôtel ? – C'est par là. 3. Quand a eu lieu le tremblement de terre (el terremoto) ? – C'est l'an dernier. 4. – Allô (oye), c'est toi ? – Oui, c'est moi.

113 Être (4) : *estar*

On emploie toujours *estar* devant un complément indiquant :

● **le lieu** *(estar en, sobre, cerca de, delante de, detrás de…).*

***Estamos** en el barrio donde nací.*
Nous sommes dans le quartier où je suis né.

*La caja **está cerca de la salida.***
La caisse est près de la sortie.

● **le temps**.

***Estamos** en una nueva era.*
Nous sommes dans une nouvelle ère.

***Estábamos** en abril.*
Nous étions en avril.

Attention ! Ne confondez pas avec *era en abril :* "c'était en avril".

● **la situation**.

estar de vacaciones
être en vacances

Están a punto de marcharse.
Ils sont sur le point de partir.

● **l'attitude.**

Estoy de pie.
Je suis debout.

> Notez
>
> *estar para* : être sur le point de
> *estar por* : être tenté de

Exercice

Traduisez en espagnol :
1. Les revues d'informatique sont sur l'étagère (el estante). 2. Demain je serai à la maison. 3. Ce tableau est au Prado. 4. Je n'y serai pas avant dix heures. 5. Dans deux mois nous serons en hiver. 6. Il était à plat ventre (de bruces). 7. Les difficultés sont dans la réglementation. 8. Tu es dans le vrai (lo cierto).

114 Être (5) : ser ou estar (+ adjectif)

1 Ser + adjectif attribut.

On veut exprimer une **qualité essentielle**, propre à la **nature même du sujet**.

El pasillo era estrecho y oscuro.
Le couloir était étroit et sombre.

Juanito es alegre.
Juanito est gai (de nature).

Lolita es guapa.
Lolita est jolie.

2 Estar + adjectif attribut.

On veut exprimer un **état** durable ou non lié à des **circonstances occasionnelles** (lieu, action, moment...).

Al atardecer, su habitación estaba oscura.
À la tombée du jour sa chambre était sombre.

¡ Qué guapa estás, Lolita, con ese vestido !
Comme tu es jolie, Lolita, avec cette robe !

Acaba de aprobar Juanito y está alegre.
Juanito vient d'être reçu et il est gai.

Remarques

• Certains adjectifs **n'ont pas du tout le même sens selon qu'ils sont employés avec** *ser* **ou** *estar*.

ser bueno	—	*estar bueno*
être bon		être en bonne santé
ser conforme	—	*estar conforme*
être conforme		être d'accord
ser listo	—	*estar listo*
être vif d'esprit		être prêt
ser negro	—	*estar negro*
être noir		être en colère
ser rico	—	*estar rico*
être riche		être succulent
ser verde	—	*estar verde*
être vert (couleur)		être vert (= pas mûr)
ser violento	—	*estar violento*
être violent		être mal à l'aise
ser vivo	—	*estar vivo*
être vif		être vivant

• *Feliz, dichoso* (heureux), *infeliz, desdichado* (malheureux) s'emploient toujours avec *ser*.

Exercice

Complétez avec ser *ou* estar *au présent ou à l'infinitif* :
1. María ... loca de alegría. 2. La calidad de ese producto ... inmejorable (incomparable). 3. Más vale ... solo que mal acompañado. 4. La entrada ... gratuita. 5. ¡ Qué pálida ... tú ! 6. Este flan ... riquísimo. 7. Marcos ... inconsciente : eso ... muy peligroso. 8. El herido ... inconsciente en la camilla (la civière). 9. ... hermoso el día, tiene una claridad especial. 10. Alfonso ... más joven de lo que parece.

115 Être (6) : ser ou estar (+ participe passé)

1 *Ser* + participe passé (accordé).

● La phrase est au **passif** : le sujet subit l'action réalisée par un agent (qui est parfois sous-entendu).

La reunión **fue preparada por el secretario.**
La réunion fut préparée par le secrétaire.
Fue transportado *al hospital.*
Il fut transporté à l'hôpital.

▶ Pour la construction du passif, voir n° 193.

● Certains participes passés peuvent prendre un sens actif quand on les emploie avec *ser* (voir n° 189.3). Ils se comportent alors comme des adjectifs.

| *ser agradecido* | *ser descuidado* | *ser desconfiado* |
| être reconnaissant | être négligent | être méfiant |

2 *Estar* + participe passé (accordé).
On constate un **état résultant d'une action antérieure** plus ou moins précise.

Este jardín está bien cuidado.
Ce jardin est bien entretenu.

En aquel país la prensa está amordazada.
Dans ce pays-là, la presse est muselée.

La alameda está bordeada de laureles.
L'allée est bordée de lauriers.

Remarque

Avec des verbes comme *acompañar* (accompagner), *representar* (représenter), *presidir* (présider), *considerar* (considérer), *patrocinar* (patronner)..., lorsqu'on est plus sensible à la notion d'état qu'au rôle de celui qui accomplit l'action, on peut employer *estar*.

El Presidente estaba acompañado por su esposa.
Le Président était accompagné de son épouse.

Exercice

Complétez en choisissant entre ser *et* estar *au présent :*
1. La suerte ... echada. 2. El enfermo ... intervenido quirúrgicamente esta mañana. 3. El acto ... patrocinado por la Infanta. 4. Comprueba que la firma de la carta ... borrada. 5. El chico ... muy cansado después del partido de fútbol. 6. Me gusta vivir en este barrio porque ... muy animado en verano. 7. Es necesario que el plan ... revisado y actualizado. 8. Esa técnica ... conocida.

116 Être (7) : substituts de *ser* et *estar*

Les verbes *andar, ir, venir, quedar, resultar,* peuvent remplacer *ser* et *estar* devant un adjectif ou un participe passé attributs et jouer ainsi le rôle de semi-auxiliaires.

On ne les emploiera que si les nuances propres à ces verbes (mouvement, idée d'aboutissement...) conviennent à ce qu'on veut exprimer.

1 ***Andar, ir*** et ***venir*** (à la place de *estar*).
Ils comportent une idée de déplacement et de durée, plus ou moins marquée, souvent au figuré.

*¡**Vienen** tan contentos !* *Lucía **andaba** muy preocupada.*
Ils sont si contents ! Lucía était très préoccupée.

2 ***Quedar*** (à la place de *estar*).
Il insiste sur l'aspect accompli d'une action et sur son aboutissement.

***Queda** terminantemente prohibido pisar el césped.*
Il est absolument interdit de marcher sur le gazon.

3 ***Resultar*** (à la place de *ser*).
Il exprime l'aboutissement et les conséquences d'une action ou d'une réflexion ("se révéler", "s'avérer"...).

***Resulta** imposible restablecer el tráfico en la carretera.*
Il est impossible de rétablir la circulation sur la route (= il s'avère).

*El espectáculo **resultó** muy decepcionante.*
Le spectacle fut très décevant (= se révéla).

Exercice

Traduisez en français :

1. Todos los pasajeros resultaron ilesos (indemnes). 2. Resultaba aburrido esperar tanto. 3. Vengo muy cansado. 4. Andaba muy pensativo. 5. Iba tan campante (fringant) con su traje de luces. 6. Las conclusiones del experto resultaban increíbles. 7. Quedó atónito al enterarse de lo sucedido.

117 Faillir

Il n'y a pas d'équivalent de ce verbe en espagnol.
On emploie **por poco** ou **casi** suivis du **présent de l'indicatif** quel que soit le temps en français. On peut employer aussi **estar a punto de** + infinitif.

Por poco (casi) pierde el autobús.
Il a failli rater son autobus.

Cruzó la calle corriendo y por poco (casi) lo atropella un coche.
Il traversa la rue en courant et faillit être renversé par une voiture.

Estuvo a punto de perder la etapa.
Il fut sur le point de perdre l'étape.

Exercices

1. *Traduisez en français :*
1. Por poco me ocurre lo mismo. 2. Por poco derramas (renverser) la leche. 3. Por poco me roban la bicicleta. 4. Casi le proponen un contrato.

2. *Traduisez en espagnol en employant* por poco :
1. J'ai failli accepter cette place (un empleo). 2. Il voulut nager (nadar) jusqu'au rocher (la roca) et faillit se noyer (ahogarse). 3. Notre équipe a failli gagner la coupe (la copa). 4. Nous avons failli nous rencontrer (encontrarse).

118 Faire (+ *infinitif*)

1 *Hacer* + infinitif.

Le hizo salir por la puerta de atrás.
Il le fit sortir par la porte de derrière.

2 *Mandar* + infinitif, si "faire" comporte une idée d'ordre.

Me mandó traer dos sillas más.
Il me fit apporter deux chaises en plus (= il m'ordonna).

3 *Mandar hacer* pour "faire faire".

He mandado hacer un balance de la situación.
J'ai fait faire un bilan de la situation.

4 Certains verbes rendent à eux seuls "faire" + infinitif.

Se operó hace un mes.
Elle s'est fait opérer il y a un mois.

El azúcar **engorda**.
Le sucre fait grossir.

Se dora a horno moderado.
On fait dorer à four moyen.

Te lo **advierto**.
Je te le fais remarquer.

Exercice

Traduisez en français :
1. Es preciso cocer (cuire) las verduras antes. 2. El Ayuntamiento ha arreglado la plaza. 3. Mandó poner una chimenea en el comedor. 4. Lo manda traer cada día del mercado. 5. Llamó a la modista (la couturière) para hacerse un vestido. 6. Hice caer el cenicero (le cendrier). 7. Mandaron hacer un informe.

119 *Faire* traduit par *dar*

Dans des expressions courantes, "faire" se traduit par *dar*.

dar clase
faire cours

dar un paso
faire un pas

dar un paseo
faire une promenade

dar lástima
faire pitié

dar pena
faire de la peine

dar gusto
faire plaisir

dárselas de
se faire passer pour

dar miedo
faire peur

dar una vuelta
faire un tour

dar marcha atrás
faire marche arrière

dar a conocer
faire connaître

dar vergüenza
faire honte

dar parte de
faire part de

Exercice

Traduisez en français :
1. ¿ Te da pena ? 2. Tardó dos años en dar la vuelta al mundo. 3. Da gusto verla tan contenta. 4. Me daba lástima verte tan afligido. 5. No le da miedo meterse en esa aventura.

120 Falloir

1 Il faut + nom.
Cette tournure se traduit par *hace falta* + nom.

Attention ! *Hace falta* s'accorde avec le nom qui suit.

Hace falta ánimo.
Il faut du courage.

Me hace falta un destornillador.
Il me faut un tournevis.

Aquí *hacen falta* escuelas de ingenieros.
Ici, il faut des écoles d'ingénieurs.

2 Il faut + infinitif.
Cette tournure se traduit par *hay que*, *hace falta*, *es preciso*, *es necesario* + infinitif (plus rarement par *es menester* + infinitif).

Hay que prepararse.
Il faut se préparer.

Es preciso encender la luz.
Il faut allumer.

Attention ! *Hay que* ne peut être suivi que de l'infinitif.

3 Il faut que + subjonctif.
Cette tournure se traduit par *hace falta que*, *es preciso que*, *es necesario que* + subjonctif.

Es necesario que te prepares.
Il faut que tu te prépares.

Fue preciso que cambiaran al delantero centro.
Il fallut remplacer l'avant-centre.

Remarque

En langue parlée, l'infinitif passé peut exprimer le regret d'une action qui n'a pas été accomplie.

¡*Haber avisado* ayer !
Il aurait fallu prévenir hier !

Exercice

Traduisez en français :
1. Hace falta estudiar muchos años para ser cirujano (chirurgien). 2. Hay que dejar el abrigo en el guardarropa (vestiaire). 3. Será preciso contestarme antes del día 30. 4. Yo no pensaba que fuera necesario añadir (ajouter) esos detalles. 5. Hace falta que os deis prisa. 6. ¡ No me digas que te hacen falta zapatos nuevos !

121 Faux amis

1 Les mots suivants ressemblent au français par leur consonance, mais leur sens est différent.

mot espagnol	sens
abonar	payer, acquitter
acordar	décider
aderezar	préparer, assaisonner
aliñar	arranger, assaisonner
alta (f.)	bulletin d'entrée ou de sortie
amasar	pétrir
aparentar	feindre, affecter
apelar	faire appel (juridique)
apercibir	préparer, prévenir
apretar	serrer
apuntar	noter
arribar	accoster
arrimarse	s'approcher
asistenta (f.)	femme de ménage
asomar	apparaître
atender	s'occuper
atestado (m.)	constat (juridique)
atestar	bourrer, remplir
avalar	se porter garant
bache (m.)	trou, nid de poule
balance (m.)	bilan
barrer	balayer
bastón (m.)	canne
batir	battre
botica (f.)	pharmacie
bravo, -a (adj.)	sauvage
bufete (m.)	cabinet, étude
carta (f.)	lettre
cerner	tamiser

abonner : *suscribir*
accorder : *otorgar*
adresser : *dirigir*
aligner : *alinear*
halte : *alto* (m.)

amasser : *amontonar*
apparenter : *emparentar*
appeler : *llamar*
apercevoir : *divisar*
apprêter : *preparar*
appointer : *asalariar*
arriver : *llegar*
arrimer : *estibar*
assistante : *ayudanta* (f.)
assommer : *matar a golpes*
attendre : *esperar*
attesté : *atestiguado*
attester : *atestiguar*
avaler : *tragar*
bâche : *toldo* (m.)
balance : *balanza* (f.)
barrer : *rayar, cruzar*
bâton : *palo* (m.)
bâtir : *edificar, construir*
boutique : *tienda* (f.)
brave : *valiente*
buffet : *aparador* (m.)
carte : *tarjeta* (f.)
cerner : *cercar, sitiar*

mot espagnol	sens	
cimiento (m.)	fondation	ciment : *cemento* (m.)
colar	filtrer	coller : *pegar*
concurrenciá (f.)	affluence	concurrence : *competencia* (f.)
concurrir	affluer vers	concourir : *competir, opositar*
contestar	répondre	contester : *impugnar, poner en duda*
criar	élever, nourrir	crier : *gritar*
cuestión (f.)	problème, dispute	question : *pregunta* (f.)
curso (m.)	année scolaire	cours : *clase* (f.)
chándal (m.)	survêtement	chandail : *jersey* (m.)
chanza (f.)	plaisanterie	chance : *suerte* (f.)
decoro (m.)	respect, réserve	décor : *decorado* (m.)
demorar	différer	demeurer : *vivir*
departir	converser	départir : *deparar, abandonar*
destreza (f.)	dextérité	détresse : *desamparo* (m.)
discurrir	penser, réfléchir	discourir : *hablar, disertar*
disgusto (m.)	contrariété	dégoût : *asco* (m.)
divisar	apercevoir	diviser : *dividir*
doblar	plier	doubler : *duplicar*
empresario (m.)	chef d'entreprise	imprésario : *apoderado* (m.)
enfermo, -a	malade	infirme : *tullido, -a, lisiado, -a*
ensayar	répéter (théâtre)	essayer : *intentar, procurar*
entender	comprendre	entendre : *oír*
equipaje (m.s.)	bagages (plur.)	équipage : *tripulación* (f.)
estropear	abîmer	estropier : *lisiar, tullir*
excusar	éviter	excuser : *disculpar, dispensar*
exprimir	presser (pour extraire le jus)	exprimer (une idée) : *expresar*
fiero, -a (adj.)	cruel, elle	fier, fière : *ufano, -a, orgulloso, -a*
fineza (f.)	amabilité, cadeau	finesse : *finura* (f.)
folleto (m.)	prospectus, brochure	feuillet : *hoja* (f.), *folio* (m.)
fracasar	échouer	fracasser : *estrellar*
granja (f.)	ferme	grange : *troje* (f.), *granero* (m.)
habitación (f.)	chambre	habitation : *vivienda* (f.), *casa* (f.)

mot espagnol	sens
largo, -a (adj.)	long, longue
limonada (f.)	citronnade
lucido, -a (adj.)	brillant, -e
mancha (f.)	tache
maquiladora (f.)	usine de sous-traitance
marcharse	partir
millar (m.)	millier
modista (m. et f.)	couturier, couturière
paisano (m.)	civil
partir	diviser
pelusa (f.)	duvet
pepino (m.)	concombre
petulancia (f.)	arrogance
pillar	attraper
prender	attacher, fixer
prevenir	préparer
procurar	essayer
querella (f.)	plainte (juridique)
quitar	enlever, ôter
recelar	soupçonner
recelo (m.)	méfiance
refrán (m.)	proverbe
reparar	remarquer
sufrir	supporter
tabla (f.)	planche
talante (m.)	humeur
tapiz (m.)	tapisserie
tergiversar	déformer, mal interpréter
timbre (m.)	sonnette
trivial (adj.)	banal

large : *ancho, -a*
limonade : *gaseosa* (f.)
lucide : *lúcido, -a*
manche : *manga* (f.)
maquilleuse : *maquilladora*
marcher : *andar*
milliard : *mil millones*
modiste : *sombrerero, a*
paysan : *campesino, a*
partir : *irse, marcharse*
pelouse : *césped* (m.)
pépin : *pepita* (f.)
pétulance : *impetuosidad* (f.)
piler : *machacar*
prendre : *tomar, coger*
prévenir : *avisar*
procurer : *proporcionar*
querelle : *disputa* (f.)
quitter : *abandonar*
receler : *encubrir*
recel : *encubrimiento* (m.)
refrain : *estribillo* (m.)
réparer : *arreglar*
souffrir : *padecer*
table : *mesa* (f.)
talent : *talento* (m.)
tapis : *alfombra* (f.)
tergiverser : *vacilar, titubear*
timbre : *sello* (m.)
trivial : *grosero, -a*

2 Les mots suivants ressemblent également au français par leur consonance, mais leur sens n'est différent que pour **une acception courante.**

mot espagnol	sens
acomodar	arranger, placer
acostarse	se coucher
acto (m.)	cérémonie
admiración (f.)	étonnement
admirar	étonner
advertir	remarquer
afinar	accorder (instrument)
alternar con	fréquenter
animar	encourager, inciter
aprobar	être reçu (à un examen)
armar	monter, assembler
barba (f.)	menton
caramelo (m.)	bonbon
celebrarse	avoir lieu
compás (m.)	rythme
componer	arranger
comprometerse	s'engager
concertar	convenir de
condición (f.)	caractère
conferencia (f.)	communication téléphonique
confesar	avouer
confiar en	avoir confiance en
conformarse con	se contenter de
considerado, -a (adj.)	réfléchi, -e, posé, -e
contemplar	envisager
coraje (m.)	colère
cremallera (f.)	fermeture à glissière
cubierta (f.)	pont (d'un navire)
cubo (m.)	seau
chalé (chalet) (m.)	pavillon, maison
charlatán, a	bavard, -e

mot espagnol	sens
débil (adj.)	faible
debilidad (f.)	faiblesse
declarar	déposer, témoigner
denuncia (f.)	plainte (juridique)
departamento (m.)	compartiment
dependiente, -a	vendeur, -se
descomponer	déranger, troubler
desgracia (f.)	malheur
dieta (f.)	régime alimentaire
dietas (f. plur.)	honoraires
dilatar	retarder
diversión (f.)	amusement, distraction
documentación (f.)	papiers d'identité
entretener	amuser
errar	rater, manquer
escritorio (m.)	bureau
espalda (f.)	dos
facciones (f. plur.)	traits (du visage)
facilitar	fournir
felicitar	souhaiter
fiar	confier
figura (f.)	silhouette
fomentar	promouvoir
formal (adj.)	sérieux, poli
genio (m.)	caractère
gesto (m.)	expression (du visage)
gestión (f.)	démarche
golfo, -a	vaurien
guardar	ranger
gusto (m.)	plaisir
ilusión (f.)	rêve
iniciar	débuter
internarse	pénétrer
invertir	investir

mot espagnol	sens
jubilarse	prendre sa retraite
manifestar	déclarer
mantener	entretenir, subvenir aux besoins
manto (m.)	châle
matricularse	s'inscrire
mercantil (adj.)	commercial
mesa (f.)	bureau (de vote, d'une assemblée...)
monte (m.)	bois, forêt
parada (f.)	arrêt
participar	communiquer, faire part
planta (f.)	usine
ponderar	vanter
presumir de	se vanter de
privar	être en faveur
propaganda (f.)	publicité
proporcionar	procurer
regalar	offrir
regular (adj.)	moyen, médiocre
renta (f.)	revenu
reparar	remarquer
rúbrica (f.)	paraphe (signature)
suceder	arriver
talón (m.)	chèque
tratar	fréquenter
verificarse	avoir lieu
versátil (adj.)	souple

 *Fuera*

C'est un mot invariable.

1 *Fuera :* "dehors".

Fuera *hace frío.*
Dehors il fait froid.
No te quedes **fuera** *con el frío que hace.*
Ne reste pas dehors avec le froid qu'il fait.

Remarque

Afuera se substitue parfois à *fuera* dans cet emploi.

No te quedes afuera.
Ne reste pas dehors.

Fuera de : "en dehors de", "hors de" (au propre et au figuré).

Se aparcarán los coches fuera del recinto.
Les voitures seront garées hors de l'enceinte.
Su afirmación me parece fuera de lugar.
Son affirmation me semble hors de propos.

Notez

fuera de alcance : hors de portée
fuera de concurso : hors-concours
fuera de juego : hors-jeu
fuera de sí : hors de soi
fuera de tiempo : hors de saison

Exercice

Traduisez en français :
1. Fuera, brillaba el sol. 2. Fuera de unas pocas páginas, no me interesa este semanal. 3. ¿ Qué pasa afuera ? 4. Entre el público, muchos gritaron : "¡ Fuera !". 5. Eso parecía fuera de propósito.

---

123 *Futur et futur antérieur (1) : formation*

Le futur simple.
Il est formé avec **l'infinitif** + les terminaisons du présent de l'auxiliaire *haber* : **-é, -ás, -á, -emos, -éis, -án.**

encontrar → *encontraré...*   *definir* → *definiré...*

Irrégularités.
Pour certains verbes le radical est différent de l'infinitif (les terminaisons sont les mêmes que pour les futurs réguliers).

caber : **cabré**...	*decir* : **diré**...	*haber* : **habré**...
hacer : **haré**...	*poder* : **podré**...	*poner* : **pondré**...
querer : **querré**...	*saber* : **sabré**...	*salir* : **saldré**...
tener : **tendré**...	*valer* : **valdré**...	*venir* : **vendré**...

Cette irrégularité se retrouve dans les composés de ces verbes :

proponer : **propondré**...   *detener* : **detendré**...

excepté ceux de *decir* dont les **futurs sont réguliers.**

predecir : **prediciré**...   *contradecir* : **contradeciré**...

3 Le futur antérieur.

Il est formé de l'auxiliaire *haber* au futur simple suivi du participe passé **(invariable)**.

encontrar → *habré encontrado...*
definir → *habré definido...*

Exercice

Mettez au futur :
1. Me lo da. 2. Vienes mañana. 3. Lo recomiendo a mis amigos. 4. ¿ Venís ? 5. Recuperan el tiempo perdido. 6. Decimos la verdad.

124 Futur et futur antérieur (2) : futur hypothétique

Ils peuvent exprimer **le doute** ou **l'hypothèse**.

1 Futur simple.

Serán las ocho.
Il doit être huit heures.

Estarás cansada, ¿ no ?
Tu dois être fatiguée, n'est-ce-pas ?

2 Futur antérieur.

***Habrá viajado** en tren.*
Il a dû voyager en train.

▶ Pour cette valeur, voir le conditionnel n° 68.2.

Remarque

Dans les subordonnées de temps ("quand"..., "dès que"...), de comparaison, de manière ainsi que dans les relatives à valeur hypothétique, le futur français se traduit par un subjonctif présent (voir n°s 254 et 255).

*Se reirán **cuando vean** eso.*
Elles riront quand elles verront cela.

*Párate en la primera gasolinera **que encuentres**.*
Arrête-toi au premier poste d'essence que tu trouveras.

Exercice

Traduisez en espagnol :
1. – Il n'y a pas de solution (remedio). – Il doit bien y en avoir une... 2. Il doit être midi. 3. Il doit y avoir beaucoup de monde sur l'autoroute. 4. Le facteur a dû passer. 5. Vous (Vd.) devez avoir soif. 6. J'ai dû déjà t'en parler. 7. Il doivent être contents.

125 G : *prononciation*

1 *G* se prononce comme *j* devant *e* et *i* : [x] (voir n° 146).

gitano   gemelo

2 Le son [g] (comme en français dans "gare", "guitare") s'écrit *g* devant *a, o, u* et *gu* devant *e, i.*

● En début de phrase ou après *n* ce son est le même qu'en français.

¡ Gracias !   manga   un gato   gorro   gusto   guitarra   guepardo

● Dans les autres positions et particulièrement entre deux voyelles (à l'intérieur d'un mot ou non) la prononciation est moins énergique : [ɣ].

apagar   la gata   el papagayo   inglés   las gafas

3 **Lorsque *g* et *n* se suivent dans un mot,** les deux sons restent toujours distincts et se prononcent comme en français dans "stagner".

digno   magnífico

4 Le son [gw] (comme dans "pingouin" en français) s'écrit *gu* devant *a* et *o* et *gü* devant *e* et *i.*

gu : *agua, Guatemala, antiguo*
gü : *antigüedad, cigüeña, pingüino*

126 *Gente* et *gentes*

1 *La gente* (féminin singulier) signifie **"les gens"** au sens le plus général.

La gente estaba esperando en la taquilla.
Les gens attendaient au guichet.

2 *La gente* peut parfois se traduire par **"on"**.
Allí suele divertirse la gente.
Là-bas, on a l'habitude de s'amuser.

3 *Las gentes.*
Le pluriel s'emploie en principe quand on envisage un groupe plus restreint :

Te lo podrían contar las gentes del barrio.
Les gens du quartier pourraient te le raconter.

ou les individus (= *las personas*).
Me gustaba observar a aquellas gentes.
J'aimais observer ces gens-là.

Exercice

Traduisez en français :
1. Llegaba la gente de todas partes a la fiesta. 2. No hay mucha gente hoy. 3. No es fácil entenderse con las gentes de otra generación. 4. Se lleva bien (bien s'entendre) con las gentes de su alrededor (entourage).

127 *Gentilicios*

C'est ainsi que l'on désigne le nom des habitants des pays, des régions et des villes.

1 Espagne.

Andalucía	**andaluz**
Almería	almeriense
Cádiz	gaditano
Córdoba	cordobés
Granada	granadino
Huelva	huelveño *ou* onubense
Jaén	jaenés *ou* jiennense
Málaga	malagueño
Sevilla	sevillano
Aragón	**aragonés**
Huesca	oscense
Teruel	turolense
Zaragoza	zaragozano
Asturias (Principado de)	**asturiano**
Oviedo	ovetense

Baleares | **balear**
capitale : Palma de Mallorca | palmesano

Canarias | **canario**
Las Palmas | palmense
Santa Cruz de Tenerife | tinerfeño

Cantabria | **cántabro**
Santander | santanderino

Castilla y León | **castellano-leonés**
Ávila | abulense
Burgos | burgalés
León | leonés
Palencia | palentino
Salamanca | salmantino
Segovia | segoviano
Soria | soriano
Valladolid | vallisoletano
Zamora | zamorano

Castilla-La Mancha | **castellano-manchego**
Albacete | albaceteño *ou* albacetense
Ciudad Real | ciudad-realeño
Cuenca | cuencano *ou* conquense
Guadalajara | guadalajareño
Toledo | toledano

Cataluña | **catalán**
Barcelona | barcelonés
Gerona | gerundense
Lérida | leridano *ou* ilerdense
Tarragona | tarraconense

Comunidad Valenciana | **valenciano**
Alicante | alicantino
Castellón de la Plana | castellonense
Valencia | valenciano

Extremadura | **extremeño**
Badajoz | badajoceño, badajocense
 | *ou* pacense
Cáceres | cacereño

Galicia | **gallego**
La Coruña | coruñés
Lugo | lucence
Orense | orensano
Pontevedra | pontevedrés

Madrid Madrid	**madrileño**
Murcia Murcia	**murciano**
Navarra Pamplona	**navarro** pamplonés *ou* pamplonica
País vasco (Euskadi) Álava capitale : Vitoria Guipúzcoa capitale : San Sebastián Vizcaya capitale : Bilbao	**vasco** alavés vitoriano guipuzcoano donostiarra vizcaíno bilbaíno
La Rioja Logroño	**riojano** logroñés

2 **Union européenne.**

Europa	**europeo**
Alemania Berlín	**alemán** berlinés
Bélgica Bruselas	**belga** bruselense
Dinamarca Copenhague	**danés** copenhaguense
España Madrid	**español** madrileño
Francia París	**francés** parisiense
Grecia Atenas	**griego** ateniense
Irlanda Dublín	**irlandés** dublinense
Italia Roma	**italiano** romano
Luxemburgo Luxemburgo	**luxemburgués** luxemburgués
Países Bajos Amsterdam	**neerlandés** amsterdamés

Portugal Lisboa	**portugués** lisboeta
Gran Bretaña Londres	**británico** londinense

3 Amérique hispanique.

Hispanoamérica	**hispanoamericano**
Argentina Buenos Aires	**argentino** bonaerense
Bolivia La Paz	**boliviano** paceño
Chile Santiago	**chileno** santiaguino
Colombia Bogotá	**colombiano** bogotano
Costa Rica San José	**costarricense** josefino
Cuba La Habana	**cubano** habanero
Ecuador Quito	**ecuatoriano** quiteño
Guatemala Guatemala	**guatemalteco** guatemalteco
Honduras Tegucigalpa	**hondureño** tegucigalpense
México México (D.F.)	**mexicano** mexicano
Nicaragua Managua	**nicaragüense** managüense
Panamá Panamá	**panameño** panameño
Paraguay Asunción	**paraguayo** asunceno
Perú Lima	**peruano** limeño
República Dominicana Santo Domingo	**dominicano** dominicano

El Salvador	**salvadoreño**
San Salvador	salvadoreño
Uruguay	**uruguayo**
Montevideo	montevideano
Venezuela	**venezolano**
Caracas	caraqueño

128 Gérondif (1) : formation

1 Le gérondif simple.

Il est formé avec le radical auquel on ajoute *-ando* pour les verbes en *-ar* et *-iendo* pour les verbes en *-er* et *-ir*.

caminar → *caminando*
volver → *volviendo*
subir → *subiendo*

2 Le gérondif composé.

Il est formé avec *habiendo* + participe passé.

caminar → *habiendo caminado*
volver → *habiendo vuelto*
subir → *habiendo subido*

3 Irrégularités.

▶ Pour les irrégularités du radical, voir n° 277 et tableaux de conjugaison p. 273 à 316.

Pour les verbes terminés en *-eír*, le *i* de la terminaison disparaît (la terminaison se réduit à *-endo*).

reír : ri + iendo → riendo

Même irrégularité pour les verbes en *-er* ou *-ir* dont le radical est terminé par *-ll-, -ñ-, -ch-.*

bullir → bullendo *teñir → tiñendo* *henchir → hinchendo*

Remarque
Le gérondif est **invariable**.

Exercice

1. *Mettez au gérondif simple les verbes suivants :*
1. volver 2. tomar 3. salir 4. saltar 5. freír 6. cambiar 7. venir 8. quejarse 9. valerse 10. atañer 11. bruñir

2. *Mettez les mêmes verbes au gérondif composé.*

129 Gérondif (2) : emplois

1 **Il correspond souvent au gérondif français** ("en" + participe présent). Comme lui, il indique principalement :

• une simultanéité avec le verbe principal.

Llegando a casa, encontré a la portera en la escalera.
En arrivant à la maison, j'ai rencontré la concierge dans l'escalier.

▶ Pour exprimer la simultanéité, voir *al* + infinitif, n° 20.

• la manière.

*Salió **corriendo**.*
Elle sortit en courant.

2 **Il peut avoir un sujet propre qu'il doit toujours précéder** (= proposition gérondive).

***Estando el mar enfurecido**, no salían los pescadores.*
La mer étant démontée, les pêcheurs ne sortaient pas.

3 **Il peut être en rapport avec le sujet ou le COD.**

• Avec le sujet de la phrase :

*El chófer, **viendo** el peligro, paró en seco.*
Le chauffeur, voyant le danger, s'arrêta net.

• Avec le complément d'objet direct de verbes de perception *(mirar, divisar, ver, oír, encontrar ...)* :

*Vio **a su hermano saliendo** de la tienda.*
Il vit son frère sortant de la boutique.

Il ne peut pas être en rapport avec un complément d'objet indirect ou un complément circonstanciel.

4 **Une proposition au gérondif peut conclure une phrase.**

*Se extendió el fuego hasta los árboles, **quedando destruidas 10 hectáreas**.*
Le feu s'étendit jusqu'aux arbres et 10 hectares furent détruits.

Remarques

• **En aucun cas** il ne faudra employer un gérondif pour traduire un participe présent qui exprime une qualité ou une caractéristique, comme : "les personnes désirant des renseignements..." ou "les jeunes gens faisant leur service militaire...". Il faut, dans ce cas, employer une proposition relative.

*Los empleados **que salen** a las cinco...*
Les employés sortant à cinq heures...

*Han cortado los álamos **que bordeaban** el camino.*
On a coupé les peupliers bordant le chemin.

- *En* + gérondif : "aussitôt que", "dès que".

En **saliendo** se topó con el propietario.
Dès qu'il sortit, il tomba sur le propriétaire.

Exercices

1. *Traduisez en français :*
1. Se marchó dejándome plantado. 2. Charlaban (bavarder) cambiando de sitio a cada momento. 3. Habiendo expulsado el árbitro a un jugador, siguió sin incidentes el partido. 4. Observaba atentamente al mecánico arreglando la moto.

2. *Traduisez en espagnol :*
1. les décrets se rapportant (referirse) à la santé publique *(ne pas traduire "la")* 2. Nous cherchons un employé parlant espagnol. 3. De grands guitaristes participent au (en el) concours se déroulant (celabrarse) à Cordoue. 4. Les spectateurs se présentent en retard (con retraso) ne pourront pas entrer. 5. La radio locale émettant dans la ville a beaucoup d'auditeurs. 6. Aussitôt qu'il entra, il se rendit compte (darse cuenta) de ce qui se passait.

130 *Gérondif (3) : expression de la durée*

Le déroulement de l'action est exprimé par les verbes *estar, ir, venir, quedar, seguir,* suivis du gérondif, chacun de ces verbes apportant une nuance particulière que le français ne peut pas toujours rendre.

1 *Estar* + gérondif : "être en train de" + infinitif.

La abuela **estaba leyendo** en el sillón.
La grand-mère était en train de lire dans le fauteuil.

2 *Ir* + gérondif.

Cette forme est proche de *estar* + gérondif mais insiste sur le déroulement graduel de l'action et peut comporter une notion de répétition.

Iba levantándose el temporal.
La tempête se levait peu à peu.
Me *ibas escribiendo* cartas cada vez más largas.
Tu m'écrivais des lettres de plus en plus longues.

3 *Venir* + gérondif.

Comporte une nuance distincte : tout en considérant l'action également dans **son déroulement,** on ne perd pas de vue **son origine** (aussi le gérondif est-il fréquemment suivi de *desde*).

*Te lo **vengo repitiendo** desde hace dos años.*
Je te le répète depuis deux ans.

4 Seguir + gérondif : "continuer à" + infinitif.

***Seguía caminando** a pesar de la nieve que caía.*
Il continuait à marcher malgré la neige qui tombait.

5 Quedar (se) + gérondif : "rester à" + infinitif.

***Se quedó imaginando** cómo acabaría todo eso.*
Il resta à imaginer comment finirait tout cela.

▶ Pour l'expression de la durée, voir aussi : *llevar* + gérondif, n° 149.2.

Exercice

1. *Traduisez en français :*
1. Es imposible seguir leyendo con este ruido. 2. No puedo quedarme esperando. 3. Veníamos contando cuántas veces nos lo había dicho. 4. Se fue alejando sin volverse hacia nosotros. 5. Pablo ha estado durmiendo toda la mañana. 6. Estuve dos años estudiando en Barcelona. 7. Ahora están instalando un tiovivo (un manège) en la plaza. 8. Se quedó esperando a sus amigos.

131 Gustar *(et les tournures affectives)*

Un certain nombre de verbes exprimant un sentiment ou une sensation ont une construction particulière en espagnol. Un des plus courants d'entre eux est le verbe *gustar* qui signifier "aimer" au sens de "plaire".

1 Gustar.

a mí me gusta el deporte   moi, j'aime le sport
a ti te gusta el deporte   toi, tu aimes le sport
a él le gusta el deporte   lui, il aime le sport
a ella le gusta el deporte   elle, elle aime le sport
a Vd. le gusta el deporte   vous, vous aimez le sport

a nosotros(as) nos gusta el deporte   nous, nous aimons le sport
a vosotros(as) os gusta el deporte   vous, vous aimez le sport
a ellos les gusta el deporte   eux, ils aiment le sport
a ellas les gusta el deporte   elles, elles aiment le sport
a Vds. les gusta el deporte   vous, vous aimez le sport

Attention à l'accord ! A mí, me gus**tan los viajes.**

Remarque

A mí, a ti ... sont souvent omis quand on ne souhaite pas insister sur la personne.

Le gusta leer después de cenar.
Il aime lire après dîner.

2 Verbes les plus courants ayant la même construction que *gustar*.

apetecer : avoir envie, faire envie
avergonzar : avoir honte, faire honte
costar : avoir peine à
doler : avoir mal
pesar : regretter
saber bien (mal) : avoir bon (mauvais) goût, plaire (déplaire)
sentar bien (mal) : aller bien (mal) à quelqu'un, convenir (ne pas convenir)

Le dolía *la rodilla.* **Te sienta bien** *esa corbata.*
Il avait mal au genou. Cette cravate te va bien.

Me sabe mal *el que me digas eso.*
Le fait que tu me dises cela me déplaît.

▶ Pour le verbe *contar,* voir n° 70.

▶ Pour le verbe *tocar,* voir n° 264.

Exercices

1. *Traduisez en français :*
1. Ese pescado no me apetecía. 2. No le avergüenza decir mentiras. 3. A mí me gusta el tango. 4. Le supo mal tener que levantarse a las cinco. 5. Pedid lo que os apetezca.

2. *Traduisez en espagnol :*
1. Elle n'aime pas qu'on la conseille. 2. Nous aimons nous réunir. 3. Ce gâteau me fait envie. 4. Je croyais que ce manteau m'irait mieux. 5. Moi, j'aime les voyages organisés. 6. Ces allusions me déplaisent.

132 *H* : *prononciation*

1 **Cette lettre ne se prononce jamais.**

hombre [ombre]   *el hambre* [elambre]

2 **Si elle sépare deux voyelles,** elle ne les empêche pas de former une diphtongue. Il faudra donc placer le cas échéant un accent écrit.

prohibir → *prohíbo, prohíbes, prohíbe ...*
rehusar → *rehúso, rehúsas, rehúsa ...*

133 *Haber* et *tener*

1 *Haber :* "avoir" comme auxiliaire des temps composés. Le participe passé est invariable.

*No **han comido** hoy.*   *Te lo **había contado.***
Ils n'ont pas mangé aujourd'hui.   Il te l'avait raconté.

Attention ! Tous les verbes espagnols forment leurs temps composés avec haber. Il correspond donc à "être" pour les verbes français qui forment leurs temps composés avec cet auxiliaire (certains verbes intransitifs et les verbes pronominaux).

*No creo que **hayan venido.***   *Creo que no **se ha levantado.***
Je ne crois pas qu'ils soient venus.   Je crois qu'il ne s'est pas levé.

2 *Tener :* "avoir" exprimant la possession (au propre et au figuré).

***Tengo** 100 duros.* *¿ **Tienes** sueño ?* *Le **tengo** cariño (a ella).*
J'ai 100 douros. As-tu sommeil ? J'ai de la tendresse pour elle.

3 *Tener* **remplace parfois** *haber* **devant un participe passé** pour insister sur le fait que l'action est accomplie.

*Ya te **tengo dicho** que andas equivocado.*
Je t'ai déjà dit que tu es dans l'erreur.

Dans ce cas le participe passé s'accorde avec le C.O.D.

*Esa empresa ya **tiene instaladas cinco sucursales.***
Cette entreprise a déjà installé cinq succursales.

*Valencia **tiene planificada la creación** de un instituto del Juguete.*
Valence a prévu la création d'un Institut du Jouet.

> **Remarque**

"Avoir... à + infinitif" se rend par *tener... que* + infinitif.
*¿ No **tienes** nada que **decir** ?*
N'as-tu rien à dire ?

Exercices

1. *Traduisez en espagnol :*
1. Ce magasin a un parking (un aparcamiento). 2. Tu as dit la vérité. 3. J'ai perdu mes chèques de voyage (cheques de viaje). 4. L'hôtel a une piscine. 5. Il est allé la chercher il y a un moment (un rato). 6. Ils s'étaient vus deux jours avant.

2. *Traduisez en espagnol en utilisant* tener :
1. Le Parlement a décidé de voter (aprobar) la loi. 2. J'ai mis mes espérances dans ce projet. 3. Ils l'ont affirmé depuis longtemps. 4. Nous avons signé un accord très avantageux (ventajoso).

3. *Traduisez en espagnol :*
1. J'ai quelque chose à ajouter. 2. Nous n'avons rien à lui reprocher. 3. Il a quelque chose à nous expliquer. 4. Qu'avez-vous (Vd.) à déclarer ?

134 Hacia et hasta

Ne confondez pas **hacia** (vers) et **hasta** (jusqu'à).

hacia el puerto   **hasta** la esquina
vers le port   jusqu'au coin de la rue

▶ Pour *hasta* au sens de "même", voir n° 158.3.

> **Remarque**

Hasta que + indicatif ou subjonctif : "jusqu'à ce que" + subjonctif
Estuvimos un rato con él hasta que se fue.
Nous sommes restés un moment avec lui jusqu'à ce qu'il s'en aille.
Le esperarás hasta que salga de clase.
Tu l'attendras jusqu'à ce qu'il sorte de classe.

Exercice

Traduisez en français :
1. El sendero sube hasta el refugio. 2. hacia el norte 3. Mandaron un cohete (une fusée) hacia Marte. 4. Caminó hasta el faro. 5. Lloró el niño hasta que por fin se durmió.

135 *Harto*

1 *Estar harto (-a).*

- Être rassasié, -e (sens propre).
- Être fatigué, -e, en avoir assez (sens figuré).

*Después del primer plato ya **estábamos hartos**.*
Après l'entrée nous étions déjà rassasiés.

***Estoy harto** de tantos líos.*
Je suis fatigué de tant d'histoires.

Remarque

D'un emploi plus rare, *harto, -a* + nom signifie "beaucoup de", "bien".

***Hartas ganas** tenía yo de marcharme.*
J'avais bien envie de m'en aller.

2 *Harto* + adjectif.

Dans ce cas *harto* est employé comme adverbe. Il signifie "assez", "passablement", "très" (littéraire).

*Es un juego **harto complicado**.*
C'est un jeu passablement compliqué.

Exercice

Traduisez en français :
1. Volví a Madrid, aunque harto cambiado en mis aficiones. 2. Yo estaba harto satisfecho del resultado de la entrevista. 3. ¿ Cuántas veces tendré que repetirte lo mismo ? ¡ Estoy harto ! 4. No se podían esperar sino hartas complicaciones. 5. Hartos motivos tengo para quejarme. 6. No le des más comida a este perro, que está harto.

136 *Heure*

1 Pour dire l'heure.

- Il faut faire précéder le chiffre de l'heure de l'article défini.

la una
une heure
las dos
deux heures

- C'est toujours le verbe ***ser*** qui traduit "il est" (au singulier pour "une heure", au pluriel dans les autres cas).

*¿ Qué hora **es** ?*	***Es** la una.*	***Son** las ocho.*
Quelle heure est-il ?	Il est une heure.	Il est huit heures.

2 L'heure précise.

Es la una y cuarto.
Il est une heure et quart.

Son las ocho y veinticinco.
Il est huit heures vingt-cinq.

Son las cuatro en punto.
Il est quatre heures juste.

Son las tres y media.
Il est trois heures et demie.

Son las dos menos diez.
Il est deux heures moins dix.

Dan las cinco.
Cinq heures sonnent.

Le compte n'utilise généralement que douze heures en précisant : *de la madrugada* (à partir d'une heure), *de la mañana* (à partir de six heures), *de la tarde* (à partir de treize heures), *de la noche* (à partir de vingt et une heures).

Son las tres de la madrugada.
Il est trois heures du matin.

Son las doce de la mañana.
Il est midi.

Son las once de la noche.
Il est onze heures du soir.

Son las siete de la mañana.
Il est sept heures du matin.

Son las cinco de la tarde.
Il est cinq heures de l'après-midi.

Son las doce de la noche.
Il est minuit.

Remarque

Les horaires administratifs (transports, programmes de radio et de télévision ...) utilisent le système de vingt-quatre heures et l'on écrit, par exemple : las 21.45.

Attention !   *un* minuto   *un* segundo
                  une minute   **une** seconde

Notez

a eso de las cuatro : vers quatre heures
Son las diez y pico : Il est dix heures et quelques.
Son las nueve dadas : Il est neuf heures passées.

Exercice

Traduisez en espagnol :
1. Il est sept heures dix. 2. à deux heures moins le quart 3. Il est minuit. 4. Il était cinq heures juste. 5. Ce programme se terminera à zéro heure trente minutes. 6. Huit heures viennent de sonner. 7. Je me suis couché à quatre heures du matin. 8. Elle ira au marché à neuf heures du matin.

137 · Il y a

1 "Il y a" : *hay*.
Forme impersonnelle de *haber* : *había* (il y avait), *habrá* (il y aura)…
*No **hay** luz.*
Il n'y a pas de lumière.

2 "Il y a" : *hace*.
Emploi impersonnel de la 3ᵉ personne du singulier de *hacer* pour exprimer une **durée** : *hacía* (il y avait), *hará* (il y aura)…
***Hace** quince días que desapareció.*
Il y a quinze jours qu'il a disparu.

▶ Pour cette valeur, voir aussi "depuis", n° 87.2.

> *Remarque*
>
> "Il y a … à" + infinitif : *hay … que* + infinitif.
> ***Habría** mucho **que** decir.*
> Il y aurait beaucoup à dire.

Exercice

Complétez :
1. … tres años que no vino. 2. … rebajas la semana que viene. 3. … mucho tiempo que te lo prometía. 4. Ya veo que … mucha gente. 5. Mañana, … quince días que estoy de vacaciones. 6. … demoras (retards), pero por fin se resolvió el caso.

138 · Imparfait de l'indicatif

1 Formation.
On ajoute au radical des verbes :

● pour les verbes en *-ar* : *-aba, -abas, -aba, -ábamos, -abais, -aban.*
fijar → fijaba

● pour les verbes en *-er* et *-ir* : *-ía, -ías, -ía, -íamos, -íais, -ían.*
hacer → hacía   escribir → escribía

Seuls trois verbes ont un **imparfait irrégulier**.

ser → *era*   *ir* → *iba*   *ver* → *veía*

▢ **Emplois.**
Ce sont les mêmes qu'en français.
Il convient d'y ajouter une valeur de **conditionnel**, assez fréquente dans la langue parlée.

*De ser posible, yo me lo **llevaba** a casa ahora mismo.*
Si c'était possible, je l'emporterais tout de suite chez moi.

▢ *Poder* et *deber* à l'imparfait + infinitif passé.
Cette forme correspond à un **conditionnel passé** français.

***Podías haber venido** antes.*
Tu aurais pu venir plus tôt.

Exercice

Mettez à l'imparfait de l'indicatif :
1. baila 2. une 3. charla 4. enciende 5. encuentra 6. piensa 7. leemos 8. salen 9. dicen 10. respondemos 11. coleccionáis 12. hay 13. llueve 14. vamos 15. sois 16. existen

---

139 *Imparfaits du subjonctif (1) : formation*

En espagnol, il y a deux imparfaits du subjonctif.

▢ **Formation.**
Les deux imparfaits du subjonctif, en *-ra* et en *-se*, sont formés, dans tous les cas, à partir du radical de la 3e personne du pluriel du passé simple, auquel s'ajoutent les terminaisons :

● *-ara* et *-ase* pour la 1re conjugaison.
-ara, -aras, -ara, -áramos, -arais, -aran
-ase, -ases, -ase, -ásemos, -aseis, -asen

● *-iera* et *-iese* pour les 2e et 3e conjugaisons.
-iera, -ieras, -iera, -iéramos, -ierais, -ieran
-iese, -ieses, -iese, -iésemos, -ieseis, -iesen

▢ Il en résulte qu'une **irrégularité du passé simple se reporte sur** les deux formes de **l'imparfait du subjonctif**.
HACER
hicieron → **hic-** → hiciera, hicieras, hiciera, hiciéramos, hicierais, hicieran
    hiciese, hicieses, hiciese, hiciésemos, hicieseis, hiciesen

CABER
cupieron → **cup-** → *cupiera, cupieras...*
cupiese, cupieses...

▶ Pour les irrégularités du radical des verbes en *-ir*, voir n° 277. Voir les tableaux de conjugaisons, p. 273 à 316.

Exercices

1. *Mettez les verbes suivants à l'imparfait du subjonctif (forme en* -ra*) :*
1. buscar *(1re sing.)* 2. tomar *(2e sing.)* 3. coger *(3e sing.)* 4. añadir *(1re plur.)* 5. traer *(2e plur.)* 6. poder *(3e plur.)* 7. aceptar *(1re sing.)* 8. disponer *(2e sing.)* 9. consentir *(3e sing.)* 10. satisfacer *(1re plur.)* 11. reducir *(2e plur.)* 12. comprobar *(3e plur.)*

2. *Mettez les verbes précédents à l'imparfait du subjonctif (forme en* -se*).*

140 Imparfaits du subjonctif (2) : emplois des formes en -ra et -se

1 **On peut en général employer l'une ou l'autre** des deux formes de l'imparfait du subjonctif.

*Quería que se **marcharan** ou se **marchasen**.*
Elle voulait qu'ils partent.

2 **Mais la forme en** *-ra* **a quelques emplois spécifiques.**

● Elle remplace parfois le plus-que-parfait de l'indicatif, particulièrement dans les relatives. Cet usage est réservé à la langue littéraire ou administrative.

*La reunión **que se anunciara** fue anulada.*
La réunion qu'on avait annoncée fut annulée.

● Elle remplace souvent le conditionnel de *deber, haber, poder* et *querer*.

Quisiera *matricularme.*   *Bien se lo **hubiera dicho**.*
Je voudrais m'inscrire.   Je le lui aurais bien dit.

Exercice

Traduisez en espagnol :
1. Voudriez-vous (Vd.) m'indiquer l'Office de Tourisme (la oficina de Turismo) ? 2. Cela aurait été plus commode. 3. Il modifia le programme qu'il avait conçu des années auparavant. 4. Ils pourraient tenir (cumplir) leurs promesses. 5. Je voudrais un sandwich (un bocadillo) au (de) chorizo.

141 Impératif (1) : formation

1 L'impératif est formé avec le **radical** des verbes **auquel on ajoute** :

- pour les verbes en *-ar* : *-a, -e, -emos, -ad, -en*.

- pour les verbes en *-er* : *-e, -a, -amos, -ed, -an*.

- pour les verbes en *-ir* : *-e, -a, -amos, -id, -an*.

MIRAR	PROMETER	DEFINIR
mira (tú)	promete	define
mire (Vd.)	prometa	defina
miremos (nosotros)	prometamos	definamos
mirad (vosotros)	prometed	definid
miren (Vds.)	prometan	definan

2 Verbes dont la 2ᵉ personne du singulier est irrégulière.

decir → di (dis)   hacer → haz (fais)   ir → ve (va)
poner → pon (mets)   salir → sal (sors)   ser → sé (sois)
tener → ten (aie)   venir → ven (viens)

Remarques

• La 1ʳᵉ personne du pluriel de *ir* (aller) est irrégulière : *vamos* (au lieu de *vayamos*).

• Les composés de ces verbes présentent la même irrégularité, excepté ceux de *decir* :

predecir → *predice* (prédis)

• Pour l'impératif négatif (**défense**) on utilise le **subjonctif présent précédé de** *no*, ce qui entraîne une modification de la 2ᵉ personne du singulier et de la 2ᵉ personne du pluriel.

no mires   no prometas   no definas
ne regarde pas   ne promets pas   ne définis pas

no miréis   no prometáis   no defináis
ne regardez pas   ne promettez pas   ne définissez pas

▶ Pour les verbes en *-iar* et *-uar*, voir n° 273.
Pour les irrégularités du radical voir nᵒˢ 276 et 277.
Pour les cas d'ajout de consonne, voir nᵒˢ 275 et 278.

Exercice

Mettez à l'impératif :
1. imaginas 2. Vd. coge 3. caminamos 4. vienes 5. Vds. tienen 6. Vd. prohíbe 7. esperáis 8. decidís 9. construimos 10. haces 11. pones 12. vas 13. no vienes 14. no ocultas 15. no decís 16. no vamos 17. no leéis 18. no suben

142 Impératif (2) : place des pronoms personnels

1 Après le verbe.
Le ou les pronoms personnels accompagnant l'impératif affirmatif suivent immédiatement le verbe (= l'enclise, voir n° 213).

llámale
appelle-le

dínoslo
dis-le-nous

explíqueselo
expliquez-le-lui

Attention ! Il n'y a pas d'enclise à l'impératif négatif.

no lo llames
ne l'appelle pas

2 Modifications du verbe.
Deux formes sont modifiées.

● Le *-s* final de la 1ʳᵉ personne du pluriel disparaît devant *nos* :

separemos + nos → separémonos (séparons-nous)

● Le *-d* final de la 2ᵉ personne du pluriel disparaît devant *os* :

separad + os → separaos (séparez-vous)
divertid + os → divertíos (amusez-vous)

Seule exception, le verbe *ir* (aller) : *id → idos* (allez-vous en).

Remarque
Pour les autres formes d'enclise à l'impératif, ces deux modifications n'ont pas lieu.

separémoslos
séparons-les

contadlo
racontez-le

Exercices

1. *Mettez à l'impératif :*
1. me lo traes 2. Vd. no lo dice. 3. nos lo explicas 4. no os vais 5. Vd. se figura 6. te lo pones 7. Vds. se deciden 8. os imaginais 9. os volvéis 10. nos reunimos 11. te preparas 12. lo cuentas

2. *Mettez à l'impératif négatif :*
1. utilízalo 2. opóngase Vd. 3. invítale 4. véndeselo 5. suplícalo 6. defendeos

143 Infinitif : emplois

L'infinitif peut occuper les mêmes fonctions que le nom dans la phrase, mais il a, en outre, quelques emplois spécifiques.

1 L'infinitif substantivé.
L'infinitif d'un verbe d'action peut être précédé de *el*.

el andar	el reír	el subir
la marche	le rire	la montée

El chirriar de las ruedas me despertó.
Le grincement des roues me réveilla.

Era un hombre muy amanerado en el hablar.
C'était un homme très maniéré dans sa façon de parler.

El madrugar le fastidia.
Le fait de se lever tôt l'ennuie.

2 L'infinitif dans la proposition infinitive.
L'infinitif peut avoir un sujet propre qu'il doit toujours précéder.

El criticarlo tú no le quita méritos.
Le fait que tu le critiques ne lui enlève pas son mérite.

Mayor afrenta sería el irme yo sin escucharte.
Ce serait un plus grand affront de m'en aller sans t'écouter.

3 L'infinitif précédé de *a*.
Il peut prendre, dans la langue familière, une valeur d'impératif.

Ahora, niños, a prepararnos para ir a la playa.
Maintenant, les enfants, préparons-nous pour aller à la plage.

> **Remarque**
>
> *A ver* (réduction de *vamos a ver*) : "voyons", "fais voir"...
>
> *A ver qué es esto.*
> Voyons ce que c'est.
>
> *A ver si te las arreglas solo.*
> Voyons si tu te débrouilles tout seul.

▶ Pour d'autres emplois de l'infinitif, voir *al* + infinitif n° 20, *antes de* et *después de* + infinitif, n° 29.3.

Exercice

Traduisez en français :
1. ¿ De qué te va a servir el pasarte el día llorando ? 2. El tomarlo todo a pecho (à cœur) le trajo muchos disgustos. 3. El caminar por la arena cansa mucho. 4. ¡ A ver lo que me cuentas ! 5. ¡ A ver si te animas ! (se décider) 6. ¡ Y ahora a cantar todos !

144 Infinitif français traduit par une subordonnée au subjonctif

1 Construction des verbes de demande, d'ordre et de défense.
Les verbes : *aconsejar* (conseiller), *decir* (dire), *encargar* (commander), *pedir* (demander), *recomendar* (recommander), *rogar* (prier)… se construisent avec une subordonnée **au subjonctif**.

*Le pedí **que me explicara**.*
Je lui ai demandé de m'expliquer.

*Nos dijeron **que volviéramos** cuanto antes.*
Ils nous dirent de revenir dès que possible.

2 Cas particuliers.
Parmi ces verbes, *hacer* (faire), *mandar, ordenar* (ordonner), *prohibir* (interdire), *impedir* (empêcher) se construisent **également** avec l'infinitif si leur complément d'objet est un pronom ou s'il n'y a pas de complément d'objet.

***Le** ordenó **acercarse**.* *Está prohibido **fumar**.*
Il lui ordonna de s'approcher. Il est interdit de fumer.

Remarque

Dans ce cas, le "de" précédant l'infinitif français **ne se traduit pas en espagnol** (voir n° 80).

Exercice

Traduisez en espagnol :
1. Messieurs, je vous prie de ne pas vous impatienter. 2. Le douanier nous demanda de présenter notre passeport. 3. Tu m'empêches d'agir (actuar) à mon gré (a mi antojo). 4. Elle me chargea de lui rendre visite. 5. Monsieur, je vous demande de me répondre. 6. Il est interdit de marcher sur (pisar) le gazon (el césped). 7. Son père l'empêche de sortir.

145 Interrogation

1 Ponctuation.
En espagnol, une phrase interrogative débute par un point d'interrogation renversé.

¿ Qué hora es ? *¿ Ya se ha marchado Carlos ?*
Quelle heure est-il ? Carlos est-il déjà parti ?

Remarque

En fait, le point d'interrogation renversé se place là où commence véritablement l'interrogation.

Entre tanta gente, ¿ cómo podía encontrarla ?
Au milieu de tant de gens, comment pouvait-il la retrouver ?

2 Pronoms ou adverbes interrogatifs.

Les pronoms ou les adverbes qui introduisent l'interrogation doivent porter **un accent écrit** à l'interrogation **directe** *(cómo, cuál, qué, quién, cuándo, dónde...)* :

¿ **Cuándo** viene Eloy ?   ¿ **Cómo** estás ?
Quand Eloy vient-il ?   Comment vas-tu ?

ainsi qu'à l'interrogation **indirecte**.

*Me pregunto **cuándo** vendrá Eloy.*
Je me demande quand viendra Eloy.

Exercices

1. *Formulez les questions correspondant aux réponses suivantes :*
1. Llegará mañana a las seis. 2. La huelga duró dos días. 3. Prefiero este disco. 4. De las dos camisas, ésta es de mejor calidad. 5. He dejado las llaves en la mesa. 6. Estuve hablando con el cartero.

2. *Réunissez les 2 phrases en une seule selon le modèle :*
¿ Quién es ? No lo sé → No sé quién es.
1. ¿ Cuándo llega ? Puedo decírtelo. 2. ¿ Dónde se habrá metido ? Me lo pregunto. 3. ¿ Cómo pudiste conseguirlo ? No lo entiendo. 4. ¿ Cuánto tiempo duró ? No lo sabemos.

146 *J : prononciation*

1 Cette lettre ne se prononce jamais comme en français. Le son qu'elle représente est appelé *jota* [x].
Il est produit par un frottement énergique de l'air à l'arrière de la bouche.

junio   jueves   caja   viaje   jefe   boj

2 La lettre *g* devant *e* et *i* se prononce aussi [x].

gente   gitano   ligero   legítimo   cogió

3 Ce son ne devra être confondu, ni avec le r français, ni avec le r espagnol.
Le *r* et le *j* doivent être bien distincts et chacun d'eux bien prononcé dans des mots comme :

| tijera | trabajarán | tarjeta | margen | elegirás |
| Jorge | región | rojo | garaje | urgente |

147 *Jouer*

1 *Jugar a :* "jouer" (à un jeu).

*Emilio **juega al** billar cada tarde.*
Emilio joue au billard tous les après-midi.

2 *Tocar :* "jouer" (d'un instrument de musique).

***Toca** el violoncelo en la Orquesta Nacional.*
Il joue du violoncelle dans l'Orchestre National.

3 *Representar :* "jouer" un rôle (au théâtre, au cinéma), "jouer" une pièce.

***Representa** el papel de Don Juan en la comedia de Tirso de Molina.*
Il joue le rôle de Don Juan dans la pièce de Tirso de Molina.

4 *Actuar, trabajar :* **"jouer"** (au théâtre, au cinéma) intransitif.
*Lucía Bosé **trabajó** en "Muerte de un ciclista".*
Lucía Bosé a joué dans "Mort d'un cycliste".

5 *Desempeñar un papel :* **"jouer un rôle"** (au théâtre, au cinéma et très souvent au sens figuré).
***Desempeñó un papel** decisivo en la realización del negocio.*
Il joua un rôle décisif dans la réalisation de l'affaire.

Exercice

Traduisez en espagnol :
1. Les enfants, ne jouez pas avec le ballon ici à l'intérieur. 2. L'actrice joue très bien le rôle principal. 3. Javier joue de la batterie dans un groupe de rock. 4. On joue à nouveau ce drame après des années d'oubli. 5. Je crois que pour la création (el estreno) de l'œuvre, le compositeur lui-même jouera. 6. J'ai l'habitude de jouer au tennis tous les samedis. 7. Il joue un rôle important dans le secteur des ventes. 8. Cet acteur a beaucoup joué au Mexique.

148 Ll : *prononciation*

Il s'agit **d'une lettre** en espagnol et non de "deux l". Elle représente un son qui n'a pas d'équivalent exact en français.
La syllabe *-lle* de *calle* ressemble au français "lier" mais la langue appuie davantage sur le palais et sa pointe est abaissée.

llave   llueve   ovillo   avellana

Remarque

Fréquemment en Espagne, et plus encore en Amérique Latine, ce son est prononcé comme le Y. Dans ce cas, *pollo* et *poyo*, *halla* et *haya* ont la même prononciation.

149 **Llevar** (+ *complément de temps*)

Le verbe *llevar* sert à exprimer la durée ("depuis"..., "il y a"...) dans les constructions suivantes.

1 *Llevar* + complément de temps + complément de lieu.

Lleva *quince años en el Ministerio de Hacienda.*
Il est depuis quinze ans au Ministère des Finances.

2 *Llevar* + complément de temps + gérondif.

Llevaban dos años esperando *una indemnización.*
Il y avait deux ans qu'ils attendaient une indemnisation.

3 *Llevar* + complément de temps + *sin* + infinitif.

Llevo diez años sin venir *al pueblo.*
Il y a dix ans que je ne suis pas venu au village.

Exercice

Traduisez en espagnol :
1. Il attendait depuis deux heures. 2. Il est depuis six mois au service militaire. 3. Je ne l'avais pas vu depuis trois ans. 4. Il y a une semaine que je prépare ce mémoire (un informe). 5. Pourquoi es-tu resté aussi longtemps sans venir ? 6. Depuis combien de jours n'as-tu pas nettoyé cette chambre ? 7. L'entreprise n'a pas payé ses ouvriers depuis un mois.

150 Llevar (+ participe passé)

Llevar se substitue ici à l'auxiliaire *haber* (voir n° 133.1). Cette construction permet d'insister sur l'effort engagé dans la réalisation de l'action et parfois sur sa répétition.

Le participe passé s'accorde avec le COD.

Lo llevo dicho mil veces.   *Llevaba recorridos quince kilómetros.*
Je l'ai dit mille fois.   Il avait parcouru quinze kilomètres.

Exercice

Traduisez en français :
1. Llevo escritas cinco cartas. 2. Se lo llevaba preparado todo con cuidado. 3. Llevo hechas muchas pruebas y no encuentro lo que falla. 4. Llevo repasada la lección. 5. Llevo andado este camino muchas veces.

151 Lo, article neutre

1 *Lo* + adjectif ou participe passé.

L'article *lo*, étant **neutre, ne peut pas accompagner** un **nom**.

Il peut, en revanche, précéder un **adjectif** ou un **participe passé invariables** qui prennent la valeur d'un nom, en particulier pour exprimer une idée générale ou abstraite.

Ahora, lo difícil es imaginar otro desenlace.
Maintenant, la difficulté est d'imaginer un autre dénouement.

Cette construction doit souvent être traduite par : "ce qui est...", "ce qu'il y a de..".

Lo divertido es la manera de contarlo.
Ce qui est amusant, c'est la façon de le raconter.

2 *Lo* + possessif *(mío, tuyo, suyo...).*
Cette construction se traduit par "ce qui me concerne"...

Yo a lo mío y tú a lo tuyo.
Moi, je m'occupe de mes affaires, toi, occupe-toi des tiennes.

3 *Lo de.*

● *Lo de* + nom : "ce qui concerne...", "l'affaire de...".

No está resuelto lo del mes pasado.
L'affaire du mois dernier n'est pas résolue.

● *Lo de* + infinitif : "l'idée de...", "le projet de...".

Lo de comprar ese coche es una tontería.
Le projet d'acheter cette voiture est une sottise.

4 *Lo que.*

Cette construction se traduit par "ce qui", "ce que".

No entiendo lo que te preocupa.
Je ne comprends pas ce qui te préoccupe.

Haz lo que te aconsejamos.
Fais ce que nous te conseillons.

5 *Lo* + adjectif + *que.*

Cette construction se traduit par "comme...", "combien...". L'adjectif s'accorde avec le nom qu'il qualifie.

¡ Lo contentas que están !   *Sabes lo vanidoso que es.*
Comme elles sont contentes !   Tu sais combien il est vaniteux.

▶ Dans cet emploi, voir aussi *¡ qué... !,* n° 222.1

Notez

a lo lejos : au loin   *a lo más* : au plus
por lo menos : au moins   *por lo tanto* : par conséquent
a lo sumo : tout au plus   *lo contrario* : le contraire

Exercices

1. *Traduisez en français :*
1. Allí, lo del agua es preocupante. 2. Acuérdate de lo amigos que éramos cuando niños. 3. Hubo una asamblea para saber lo que se debía hacer. 4. La prensa no pudo informar de lo sucedido : la noticia llegó tarde a las redacciones. 5. Cada cual con lo suyo.

2. *Traduisez en espagnol :*
1. La question du bruit l'inquiétait. 2. Regarde comme ils vendent bon marché. 3. Tu verras comme c'est rapide. 4. Te rappelles-tu ce qui s'est passé dimanche ? 5. Tu as oublié l'essentiel.

152 *Luego, luego de, luego que*

1 *Luego.*

● *Luego* peut avoir deux sens temporels en fonction du contexte.

– "Tout de suite" *(en seguida).*

Te prometo que lo haré luego.
Je te promets que je le ferai tout de suite.

– "Ensuite" *(después).*

Cenaremos y luego iremos al teatro.
Nous dînerons et ensuite nous irons au théâtre.

- *Luego* : "donc".

Había nevado mucho en el puerto, luego no pudieron pasar.
Il avait beaucoup neigé sur le col, ils ne purent donc pas passer.

2 ***Luego de*** + infinitif : **"après avoir"** + participe passé.

Luego de comparar los dos aparatos, se quedó con el más barato.
Après avoir comparé les deux appareils, il prit le moins cher.

3 ***Luego que :*** **"aussitôt que", "dès que"**.

*Podrás sacar el billete **luego que** tengas el pasaporte.*
Tu pourras prendre ton billet dès que tu auras ton passeport.

Notez
hasta luego : à bientôt
desde luego : bien entendu

Exercice

Traduisez en français :
1. Perdimos tanto tiempo con los atascos (les embouteillages) que luego llegamos tarde. 2. Ahora está ocupado, luego le recibirá. 3. No se impaciente Vd. : luego le atiendo. 4. Luego que apareció el cantante, aplaudieron los espectadores. 5. Yo tenía mucho que hacer, luego no le pude escribir. 6. Luego de cruzar la plaza tomó la calle mayor.

153 Mais

1 "Mais" introduit une précision ou une restriction.
"Mais" se traduit alors par *pero*.

severo **pero** bueno   Nos gustaría ir, **pero** no podemos.
sévère mais bon   Nous aimerions y aller, mais nous ne pouvons pas.

Remarque

Mas, beaucoup moins employé, plus littéraire, a le même sens.

Quiere contestarle, **mas** no se atreve.
Il veut lui répondre, mais il n'ose pas.

2 "Mais", après un verbe négatif, introduit une opposition totale.

● *Sino*

No me recibió el director **sino** su secretario.
Ce n'est pas le directeur qui m'a reçu mais son secrétaire.

● *Sino que* (si "mais" est suivi d'un verbe conjugué).

No anulo el viaje **sino que** lo aplazo.
Je n'annule pas le voyage, mais je le reporte.

Remarque

Pero sí ajoute une nuance d'insistance : "mais en revanche".

El jardín no tiene árboles, **pero sí** muchas flores.
Le jardin n'a pas d'arbres, mais en revanche beaucoup de fleurs.

Notez

no sólo ... sino también : non seulement ... mais encore

Exercice

Complétez en utilisant pero, sino *ou* sino que :
1. No esperó ... irrumpió en la habitación. 2. No era verosímil, ... sin embargo lo creía. 3. Había hablado mucho, ... no se acordaba de nada. 4. No sólo vio lo que pasó ... también adivinó las consecuencias. 5. Su cara no expresaba tristeza ... angustia. 6. Esta playa no es libre ... privada.

154 *Más* et *menos*

1. *Más* et *menos* employés seuls.
Más se traduit par "plus" et *menos* par "moins".

*Para progresar tienes que hablar **más**.*
Pour progresser tu dois parler plus.

*Eso lo entiendo **menos**.*
Ça, je le comprends moins.

▶ Pour le comparatif, voir n° 59.

2. *Más* et *menos* devant un nom.
Más se traduit par "plus de" et *menos* par "moins de ".

*Este verano hay **más gente** en el pueblo.*
Cet été il y a plus de monde au village.

*Dan **menos películas** en este canal.*
On passe moins de films sur cette chaîne.

> **Remarque**
>
> plus de ... que (+ proposition) : *más ... del que (de la que, de lo que...)*
> moins de ... que (+ proposition) : *menos ... del que (de la que, de lo que...)*
>
> *Hay **más** turistas **de los que** esperábamos.*
> Il y a plus de touristes que nous n'en attendions.

3. *Más de* et *menos de* devant une quantité chiffrée.

*No creo que pese **más de 5 kilos**.*
Je ne crois pas que ça pèse plus de 5 kilos.

*Llegué allí en **menos de 20 minutos**.*
J'y suis arrivé en moins de 20 minutes.

4. *Más* et *menos* après un nom.
Más se traduit par "de (en) plus", et *menos* par "de (en) moins".

*No me lo habías dicho, pero hay **4 personas más**.*
Tu ne me l'avais pas dit, mais il y a 4 personnes en plus.

*Se han mudado y ahora pagan **20 000 pesetas menos**.*
Ils ont déménagé et maintenant ils paient 20 000 pesetas de moins.

> **Notez**
>
> *a lo más, cuando más* : au plus, tout au plus
> *de más* : de trop, en trop (*estar de más* : être en trop)
> *más y más* : de plus en plus (voir aussi n° 61)
> *al menos, a lo menos, por lo menos* : au moins
> *ni mucho menos* : loin de là, tant s'en faut
> *Sería lo de menos* : Il ne manquerait plus que ça (voir *faltar* n° 49. 2).

Exercice

Traduisez en espagnol :
1. Cela m'intéresse plus. 2. J'ai moins de temps pour travailler. 3. Je l'ai vu il y a moins de trois jours. 4. Il y a deux personnes de trop dans l'ascenseur. 5. Tu attendras une heure au plus. 6. Vous (Vd.) aurez deux élèves en plus. 7. Je ne resterai pas plus de cinq minutes.

155 *Más que* et *más de*

1 *Más que :* "**plus que**".
Más de : "**plus de**" (suivi de l'expression d'une quantité chiffrée).

Ayer éramos *más que* hoy.
Hier nous étions plus qu'aujourd'hui.

Éramos *más de* treinta.
Nous étions plus de trente.

▶ Pour d'autres constructions de *más* et *menos*, voir n°s 59.2 et 154.2.

2 *Más que* et *más de* **à la forme négative.**

● *No ... más de :* "ne ... pas plus de".

No éramos **más de** treinta.
Nous n'étions pas plus de trente.

● *No ... más que :* "ne ... que".

No éramos **más que** treinta.
Nous n'étions que trente.

Exercice

Traduisez en français :
1. Son más de las diez. 2. No hace más que seis meses que vivo aquí. 3. Se quedará más de dos días con nosotros. 4. La travesía no durará más de 8 horas. 5. No queda más que una mesa libre. 6. No podemos gastar más de 80 000 pesetas durante las vacaciones.

156 *Mediante*

Mediante, qui signifie "moyennant", "au moyen de", "grâce à", se construit sans préposition.

Valoraron el yacimiento **mediante** *un sondeo.*
On évalua le gisement grâce à un sondage.

Notez
Dios mediante : avec l'aide de Dieu

Exercice

Traduisez en espagnol :
1. On projette de rattacher (unir) l'île au continent grâce à un pont.
2. La tour fut démolie (derribar) au moyen d'une explosion contrôlée.
3. On déterminera les motivations des consommateurs au moyen d'un sondage (una encuesta).

157 *Medio*

1 *Medio :* "demi".

● *Medio, -a* placé **devant un nom** sans article : "un demi", "une demi".

media cucharada sopera
une demi-cuillerée à soupe

● *Y medio, -a* placé **derrière un nom** sans article : "et demi, -e".

kilómetro y medio
un kilomètre et demi

2 *Medio :* "moyen".
Medio, -a placé derrière le nom : "moyen".

Oriente **Medio**　　　　*la edad* **media**
le Moyen-Orient　　　　le Moyen Âge

3 *Medio :* "à demi", "à moitié".

● *Medio* (invariable) + adjectif ou participe passé.

medio dormida
à moitié endormie

● *A medio* (invariable) + infinitif.

un cigarrillo **a medio fumar**
une cigarette à demi fumée

● *A medias* (invariable) placé **derrière** un verbe conjugué.

Lo he olvidado **a medias**.
Je l'ai à moitié oublié.

Exercice

Traduisez en français :
1. medio pollo asado 2. El apagón duró hora y media. 3. la clase media 4. ¡ No hagas las cosas a medias ! 5. Se quedó solo con dos hijas a medio criar. 6. La capital resultó medio destruida a raíz del terremoto. 7. un prado a medio segar (faucher) 8. Estoy medio malo. 9. Está medio borracho.

158 Même

1 Même (adjectif).
Mismo (*-a, -os, -as*) exprime l'identité et s'accorde avec le nom qu'il qualifie.

*Llevan la **misma chaqueta***.
Ils portent la même veste.

2 Lui-même, elle-même ...

● *Él mismo*, *ella misma* ... s'ils sont employés seuls.

*Lo afirmó **él mismo***.	***Ella misma** no se lo explicaba*.
Lui-même l'affirma.	Elle-même ne se l'expliquait pas.

● *Mismo, misma*... placés avant ou après le nom qu'ils accompagnent. On ne traduit pas le pronom personnel.

*El **mismo** novelista presentó su libro. El novelista **mismo** presentó su libro*.
Le romancier lui-même présenta son livre.

Remarque
Prendre garde aux possibles confusions de sens quand *mismo* est placé devant un nom pour traduire "lui-même". Dans l'exemple précédent, *el mismo novelista* peut signifier "le même romancier"... S'il y a un risque d'ambiguïté il sera préférable de dire : *el novelista mismo*.

3 Même (adverbe).
Il a pour équivalent *aun, hasta, incluso*. On évitera *hasta* s'il y a un risque de confusion avec "jusqu'à".

*Eso, **hasta** (**aun**, **incluso**) un niño lo haría*.
Ça, même un enfant le ferait.

▶ Pour la traduction de "ne... pas même", voir n° 246.2.

Exercice

Employez mismo *ou* incluso :
1. Suelo dar un paseo después de comer ... en invierno. 2. Ese autoservicio permanece abierto ... los domingos. 3. No busques más, ahí ... está. 4. Sus ... padres se lo dijeron. 5. Desde esta cabina puedes telefonear ... al extranjero. 6. Lo haré yo ... 7. Tienes que preguntárselo a ella ...

159 *Mientras* et *mientras que*

1 *Mientras :* "pendant que", "tant que".

***Mientras** estudia le gusta escuchar la radio*.
Pendant qu'il étudie il aime écouter la radio.

Mientras no protestes no conseguirás nada.
Tant que tu ne protesteras pas, tu n'obtiendras rien.

▶ Pour l'emploi du subjonctif, voir n° 254.

Remarque

mientras tanto : pendant ce temps

*Voy de compras ; **mientras tanto**, no te muevas de aquí.*
Je vais faire des courses ; pendant ce temps, ne bouge pas d'ici.

2 *Mientras que :* "tandis que", "alors que" (idée d'opposition).

*Hablaba él **mientras que** callaban los demás.*
Il parlait tandis que les autres se taisaient.

Exercice

Traduire en français :
1. Mientras se peleaban los rodeaba la gente. 2. Jugaron a las cartas mientras duró el viaje. 3. Mientras yo viva no lo he de olvidar. 4. En la playa hace calor, mientras que aquí se está a gusto. 5. Descienden las tasas de nupcialidad mientras que progresa la unión libre.

160 *Mirar* et *mirar por*

1 *Mirar :* "regarder".

Mira el mapa.
Regarde la carte.

Remarque

Mira (et *mire Vd.*) dans un dialogue servent aussi à attirer l'attention sur ce que l'on va dire : "écoute", "écoutez".

Mira, ya te lo he dicho.
Écoute, je te l'ai déjà dit.

2 *Mirar por :* "surveiller", "prendre soin de", "s'occuper de".

*Él sólo **mira por** el resultado.*
Lui, il ne s'occupe que du résultat.

Exercice

Traduisez en français :
1. ¡ No te mires tanto en el espejo ! 2. ¡ Mira por el niño, que se va a caer ! 3. La miraban : ella se puso colorada. 4. Mira, Gregorio, déjame en paz. 5. Se pasaba horas mirando por la ventana.

161 Mucho

1 *Mucho* : "beaucoup".

Mucho est invariable lorsqu'il accompagne :

- un verbe.

*Le quiero **mucho**.*
Je l'aime beaucoup.

- certains adverbes, employés seuls ou suivis d'un adjectif.

mucho más : beaucoup plus
mucho menos : beaucoup moins
mucho mejor : bien meilleur
mucho peor : bien pire
mucho mayor : beaucoup plus grand
mucho menor : bien moindre

*Ahora está **mucho más** atenta.*
Maintenant, elle est beaucoup plus attentive.

2 *Mucho* + nom : "beaucoup de …"

- *Mucho* s'accorde avec le nom, "de" ne se traduit pas.

*Tiene **muchas ideas**.*
Elle a beaucoup d'idées.

- *Mucho más*, *mucho menos* + nom : "beaucoup plus de", "beaucoup moins de" (*mucho* s'accorde **avec le nom qui suit**).

*Con este calor, el monte arde con **mucha más facilidad**.*
Avec cette chaleur, les forêts brûlent beaucoup plus facilement.

Remarque

On emploie également *mucho* avec la valeur de "très" dans des locutions verbales comme :
tener mucha sed : avoir très soif
tener mucho miedo : avoir très peur
tener mucho cuidado : faire très attention
tener mucho calor : avoir très chaud

Exercice

Traduisez en espagnol :
1. Tu as beaucoup de chance. 2. Ce qu'il proposa nous parut bien pire. 3. Il y aura beaucoup plus de difficultés à partir de maintenant. 4. La séance (la sesión) fut beaucoup moins longue. 5. Fais très attention à (con) ce virage (una curva). 6. Je n'ai pas très faim.

162 **N : prononciation**

1 **Le *n* se prononce toujours.**

▶ Pour la prononciation des voyelles, voir n° 218.3.

2 ***N* est prononcé [m] devant *p, b, v*.**
un paso [umpaso]   *un beso [umbeso]*   *enviar [embiar]*

3 **Lorsque deux *n* se suivent**, ils se prononcent tous les deux.
innegable   *un nervio*   *un novio*

163 **Ne... que**

1 ***No... más que* et *no... sino*.**
Ces deux tournures expriment une restriction et peuvent s'employer indifféremment dans de nombreux cas. Néanmoins, on emploie de préférence : *no... más que* pour une idée **de quantité** et *no... sino* pour une idée **de manière**.

● *No... más que.*

***No** me quedan **más que** cinco litros de gasolina.*
Il ne me reste que cinq litres d'essence.

● *No... sino.*

***No** hace **sino** tonterías.*
Il ne fait que des bêtises (= pas autre chose que...).

2 ***No... hasta.***
Cette tournure est utilisée si la restriction porte sur le temps ("ne... que" = "pas avant").

***No** lo veré **hasta** el mes de julio.*
Je ne le verrai qu'au mois de juillet.

3 *Sólo* (adverbe).

Sólo permet également de traduire "ne... que", mais en utilisant la forme affirmative.

***Sólo** viene los domingos.*
Il ne vient que le dimanche (= il vient seulement...).

Exercices

1. *Traduisez en français :*
1. No pude obtener de él más que monosílabos. 2. No sé sino por vagos indicios lo que pasó. 3. El electricista no vendrá hasta el miércoles. 4. La visita no duró más que media hora. 5. Sólo me di cuenta de ello al llegar a casa. 6. Esa cuestión no puede ser sino polémica.

2. *Modifiez les phrases suivantes en exprimant une restriction avec* no... más que :
1. Compro el periódico dos veces por semana. 2. Veo algunos inconvenientes en eso. 3. Habla de las próximas vacaciones. 4. Quieren captar el voto de las clases medias. 5. Haremos escala en Valencia y Mahón. 6. Añadió unos detalles a su explicación.

3. *Modifiez les phrases précédentes en exprimant la restriction avec* sólo.

164 *Negar* et *negarse*

1 *Negar :* "nier".

*No lo **niego**.*
Je ne le nie pas.

2 *Negar :* "refuser".

*Le **negaron** la ayuda que él esperaba.*
On lui refusa l'aide qu'il attendait.

3 *Negarse a :* "se refuser à", "refuser de".

***Se negó a** anunciarlo en público.*
Elle se refusa à l'annoncer en public.

*Ya puedes proponérselo, él siempre **se negará**.*
Tu peux bien le lui proposer, il refusera toujours.

Exercice

Traduisez en français :
1. Él se niega a reconocer sus errores. 2. Tengo toda la razón, no lo niegues. 3. La administración se negó a ratificar el acta (le document). 4. Los acusados lo negaron todo. 5. Vd. no puede negarme este favor. 6. Se negaron a que entráramos.

165 Négations et mots négatifs : place

1 **No.**

Il se place devant le verbe et traduit le français "ne... pas".

No vendrá.
Elle ne viendra pas.

2 *Nada* (rien), *nadie* (personne), *ni* (ni), *ninguno* (aucun), *nunca* (jamais), *tampoco* (non plus).

Ils doivent être placés :

● derrière le verbe si celui-ci est précédé de *no*.

No viene *nunca*.
Il ne vient jamais.

● devant le verbe, sans autre négation.

Nunca viene.
Il ne vient jamais.

Remarque

En mi vida (jamais de la vie) et *en absoluto* (absolument pas, pas du tout) se construisent de la même manière (voir aussi *nada* n° 21.4).

En mi vida lo aceptaré.
Jamais de la vie je ne l'accepterai.

No lo sé *en absoluto*.
Je ne le sais absolument pas.

Exercices

1. Traduisez en plaçant le mot négatif devant le verbe :
1. Personne ne le sait. 2. Il ne l'aide (ayudar) jamais. 3. Elle ne te demande (pedir) rien. 4. Aucun d'entre (de) eux ne l'exige. 5. Je ne le crois pas non plus. 6. Tu ne me l'as jamais dit.

2. Traduisez les phrases précédentes en plaçant le mot négatif derrière le verbe.

---

166 Ni

La négation *ni* se place dans la phrase comme les autres mots négatifs (voir n° 165.2).

1 *Ni* **se place derrière le verbe** si celui-ci est **précédé de** *no*.

Juan *no* trajo la guitarra *ni* la bandurria.
Juan n'apporta ni la guitare ni la mandore.

No vendrá el martes, ni el miércoles, ni el sábado.
Il ne viendra ni mardi, ni mercredi, ni samedi.

Dans ce cas, **ni ne figure pas** devant le premier élément de l'énumération.

2 *Ni* **se place devant le verbe** et devant chaque élément de l'énumération.

Ni tú ni él queréis reconocerlo.
Ni toi ni lui ne voulez le reconnaître.

3 *Ni... ni* **peuvent précéder plusieurs verbes** ayant le même sujet. On devra parfois les traduire par "ne... pas et ne... pas".

Ni comprendía ni quería comprender.
Il ne comprenait pas et ne voulait pas comprendre.

Remarque

Ni que... + imparfait du subjonctif : tournure exclamative par laquelle on rejette une hypothèse en la présentant comme invraisemblable. Elle correspond au français "Comme si... !".

¡ *Ni que hubiéramos venido a buscarlo* !
Comme si nous étions venus le chercher !

Notez

¡ *Ni hablar !* : Pas question !

▶ Pour la tournure *ni siquiera*, voir n° 246.2.

Exercice

Traduisez en français :
1. En eso, ni pierdo ni gano. 2. ¿ Qué se cree ése ? ¡ Ni que fuera el amo (le maître) ! 3. Ese idioma ni lo hablo ni lo entiendo. 4. ¡ Ni hoy ni mañana ! 5. Sabemos que no es malo ni cruel. 6. No se movió ni dijo nada.

167 Ninguno et nadie

Attention ! Il ne faut pas les confondre.

1 *Ninguno, a :* "aucun, aucune".
Ninguno peut être pronom ou adjectif.

Ninguno de los presentes protestó.
Aucun des présents ne protesta.

*Esta fibra no tiene **ninguna** resistencia.*
Cette fibre n'a aucune résistance.

2 ***Nadie*** (= *ninguna persona*) : **"personne"**.
Nadie est un pronom invariable.

No quiere a nadie.   *Nadie pretendió lo contrario.*
Elle n'aime personne.   Personne ne prétendit le contraire.

▶ Pour la place des mots négatifs, voir n° 165.
Pour *ninguno* adjectif, voir n° 23.

Exercice

Choisissez entre ninguno *et* nadie *:*
1. Desgraciadamente ... sabe por qué. 2. ... de ellos aprobó las represalias comerciales. 3. Entre todos los toreros, ... es más valiente. 4. ... es profeta en su tierra. 5. A ... le gusta que se le tome el pelo.

168 Nom (1) : le genre

1 **Noms masculins.**
Sont masculins :

● les noms terminés par *-o*.

el pueblo	*un helado*	*el verano*
le peuple	une glace	l'été

Exceptions :

la mano	*la foto*	*la moto*	*la radio*
la main	la photo	la moto	la radio

● les noms terminés par *-or*.

el calor	*el dolor*	*el honor*
la chaleur	la douleur	l'honneur

Exceptions :

la flor	*la coliflor*	*la labor*	*la sor*
la fleur	le chou-fleur	l'ouvrage	la sœur (religieuse)

● certains noms terminés par *-a*.

un guardia	*un belga*	*el problema*	*el idioma*
un agent de police	un Belge	le problème	la langue
el mapa	*el clima*	*el sistema*	*el telegrama*
la carte	le climat	le système	le télégramme
el drama	*el tema*	*el esquema*	*el día*
le drame	le thème	le schéma	le jour

● les noms propres de rivières, de fleuves, de mers, d'océans ou de montagnes (sauf s'ils sont précédés de *Sierra* ou de *Cordillera*).

el Guadalquivir	*el Garona*	*el Loira*	*el Támesis*
le Guadalquivir	la Garonne	la Loire	la Tamise
el Mediterráneo	*los Pirineos*	*los Andes*	*los Alpes*
la Méditerranée	les Pyrénées	les Andes	les Alpes

Mais on dit :

la Cordillera Cantábrica
la Cordillère Cantabrique

Remarque

Les automobiles sont désignées au masculin en espagnol.

un Hispano-Suiza *el Seat Toledo*
une Hispano-Suiza la Seat Toledo

Noms féminins.
Sont féminins :

● la plupart des noms terminés par *-a*.

la prensa   *la víctima*   *la calma*
la presse   la victime   le calme

● les noms terminés par *-ción, -sión, -tad, -dad* et la plupart des noms en *-ez*.

la acción   *la presión*   *la voluntad*
l'action   la pression   la volonté

la propiedad   *la escasez*
la propriété   le manque

Certains noms ont deux genres.
Chaque genre correspond à un sens différent.

el cometa — *la cometa*
la comète   le cerf-volant
el frente — *la frente*
le front (guerre)   le front (visage)
el guía — *la guía*
le guide (homme)   le guide (livre)
el policía — *la policía*
le policier   la police
el orden — *la orden*
l'ordre (≠ désordre) l'ordre (commandement, ordre religieux)

Remarque

Le genre des noms peut être différent en espagnol et en français (*el origen* : l'origine, *el análisis* : l'analyse, *el paréntesis* : la parenthèse, *el planeta* : la planète...). En cas d'hésitation il faut avoir recours au dictionnaire.

Exercice

Mettez **el** *ou* **la** *selon que le nom est masculin ou féminin :*
1. ... empresario 2. ... período 3. ... foto 4. ... gestor 5. ... color 6. ... poeta 7. ... teorema 8. ... Amazonas 9. ... iniciativa 10. ... canoa 11. ... educación 12. ... tensión 13. ... lealtad 14. ... bondad 15. ... vez

169 Nom (2) : le féminin

1 Noms terminés par *-o*.
Ils prennent un *-a* au féminin.

hijo → *hija*   *gato* → *gata*
fils   fille   chat   chatte

Exceptions :

la testigo   *la reo*
le témoin   l'accusée

Pour les professions exercées par des femmes, la tendance est à la création d'un féminin en *-a*.

el ministro   → *la ministra*
el abogado   → *la abogada*
el catedrático   → *la catedrática*
el diputado   → *la diputada*
el arquitecto   → *la arquitecta*
el ingeniero   → *la ingeniera*
el farmacéutico   → *la farmacéutica*
el fotógrafo   → *la fotógrafa*
el geólogo   → *la geóloga*
el arqueólogo   → *la arqueóloga*
el médico   → *la médica*

2 Noms terminés par *-a* et *-ista*.
Ils ont la même forme au masculin et au féminin.

el / la guitarrista   *un / una hipócrita*
le / la guitariste   un / une hypocrite

3 Noms terminés par *-e*.
Dans la plupart des cas ils ont la même forme au masculin et au féminin.

el / la cantante   *el / la cliente*
le chanteur / la chanteuse   le client / la cliente

Mais :

el presidente → la presidenta	el jefe → la jefa
le président la présidente	le chef le chef (fém.)

el infante → la infanta	el dependiente → la dependienta
l'infant l'infante	le vendeur la vendeuse

Autres noms.
Pour les autres noms on ajoute **-a** au masculin.

señor → señora	director → directora
monsieur madame	directeur directrice

Remarque

Il y a quelques exceptions : *rey → reina, héroe → heroína...*

Exercice

Mettez au féminin :
1. el delegado 2. el propietario 3. el oficinista 4. el colega 5. un estudiante 6. un profesor 7. el doctor 8. el peluquero 9. el obrero 10. el periodista 11. el espía 12. el locutor 13. el pintor

---

170 *Nom (3) : le pluriel*

Noms terminés par une voyelle.
On ajoute **-s** au singulier.

el piloto → los pilotos	el artista → los artistas
le pilote les pilotes	l'artiste les artistes

el sofá → los sofás	el champú → los champús
le canapé les canapés	le shampooing les shampooings

Remarque

Pour les noms terminés par les voyelles accentuées **-á, -í, -ú,** il existe également un pluriel en **-es**.

el rubí → los rubíes   el bambú → los bambúes

Noms terminés par une consonne (y compris **-y**).
On ajoute **-es** au singulier.

el mar → los mares	el país → los países
el pez → los peces	el laurel → los laureles
el buey → los bueyes	el buzón → los buzones

▶ Pour les cas de modification orthographique, voir n° 183.

3 Noms terminés par -s.

S'ils ne sont pas accentués sur la dernière syllabe, ils ont la même forme au singulier et au pluriel.

el lunes → *los lunes*   *la crisis* → *las crisis*

Mais :

el francés → *los franceses*   *el país* → *los países*

> Remarque
>
> Les noms composés comme *el abrelatas* (l'ouvre-boîte), *el rascacielos* (le gratte-ciel) ont la même forme au pluriel et au singulier.

4 Mots d'origine étrangère d'usage courant.

Ils ne suivent pas toujours les règles énoncées.

el jersey → *los jerséis*
le pull-over   les pull-overs

el déficit → *los déficit*
le déficit   les déficits

▶ Pour la place de l'accent tonique, voir n° 12.

Exercice

Mettez au pluriel :
1. el anuncio 2. la ribera 3. el café 4. el cine 5. el reloj 6. la ley 7. el irlandés 8. el viernes 9. el lavaplatos

171 Nombres (1) : les cardinaux

1 Formes.

Les numéraux cardinaux sont **invariables** excepté : *uno, veintiuno, ciento,* les centaines, *millón.*

0 *cero*	10 *diez*	20 *veinte*	30 *treinta*
1 *uno*	11 *once*	21 *veintiuno*	31 *treinta y uno*
2 *dos*	12 *doce*	22 *veintidós*	32 *treinta y dos*
3 *tres*	13 *trece*	23 *veintitrés*	33 *treinta y tres*, etc.
4 *cuatro*	14 *catorce*	24 *veinticuatro*	40 *cuarenta*
5 *cinco*	15 *quince*	25 *veinticinco*	50 *cincuenta*
6 *seis*	16 *dieciséis*	26 *veintiséis*	60 *sesenta*
7 *siete*	17 *diecisiete*	27 *veintisiete*	70 *setenta*
8 *ocho*	18 *dieciocho*	28 *veintiocho*	80 *ochenta*
9 *nueve*	19 *diecinueve*	29 *veintinueve*	90 *noventa*

100 *ciento, cien*	1.000 *mil*
101 *ciento uno*	1.001 *mil uno*
102 *ciento dos*, etc.	1.002 *mil dos*, etc.
200 *doscientos, -as*	2.000 *dos mil*
300 *trescientos, -as*	100.000 *cien mil*
400 *cuatrocientos, -as*	1.000.000 *un millón*
500 *quinientos, -as*	2.000.000 *dos millones*, etc.
600 *seiscientos, -as*	1.000.000.000 *mil millones*, etc.
700 *setecientos, -as*	
800 *ochocientos, -as*	
900 *novecientos, -as*	

2 *Uno* et *veintiuno*.

- Ils deviennent *un* et *veintiún* devant un nom masculin, même s'ils en sont séparés par un adjectif (voir l'apocope, n° 31.1).

un *minuto*   **veintiún** *segundos*
une minute   vingt et une secondes

De même : **treinta y un** *largos días de viaje*
trente et un longs jours de voyage

- Ils s'accordent avec un nom féminin.

una *función*   **veintiuna** *estaciones de metro*
une représentation   vingt et une stations de métro

3 *Ciento*.

Il devient *cien* (voir n° 31.5) devant un nom (même s'il en est séparé ou si le nom est sous-entendu), et devant *mil* ou *millones*.

cien *veces*   **cien** *o doscientos kilómetros*   **cien** *mil*
cent fois   cent ou deux cents kilomètres   cent mille

Mais : **ciento** *cincuenta metros*
cent cinquante mètres

4 On emploie *y* entre les dizaines et les unités uniquement.

45 : cuarenta y cinco

Mais : *105 : ciento cinco*   *2001 : dos mil uno*

5 Les numéraux des centaines se mettent **au féminin.**

quinientos francos   *quinientas hectáreas*   *quinientas mil pesetas*
cinq cents francs   cinq cents hectares   cinq cent mille pesetas

6 *Mil*.

Il est invariable.

3 000 : tres mil

Attention ! *Miles* signifie "des milliers".

*miles **de** espectadores*
des milliers de spectateurs

> Remarque

onze cents : *mil ciento*
douze cents : *mil doscientos*
treize cents : *mil trescientos (...)*

7 *Millón.*
Il s'emploie comme "million" en français.

millones de televidentes
des millions de téléspectateurs

8 Il n'existe pas d'unité correspondant au milliard.
Il faudra donc faire la conversion en millions.

1.000.000.000 : *mil millones*
3,4 milliards = 3 400 millions → *tres mil cuatrocientos millones*

En revanche, l'unité **billón** (1 million de millions) est d'un emploi courant en espagnol.

*La deuda pública alcanza los 20 **billones** de pesetas.*
La dette publique atteint 20 billions de pesetas (= 20 000 milliards).

Attention !

un millar : un millier
millares : des milliers

9 Lecture des nombres décimaux.

1,7 : *uno **coma** siete*   6,25 : *seis **coma** veinticinco*

En langage courant, pour les notes scolaires, les températures… on peut dire aussi :

*Carlos ha sacado un nueve **con** cinco.*
Carlos a obtenu un 9,5.

10 Les numéros de téléphone.
Ils se lisent chiffre à chiffre ou bien par nombre de deux chiffres comme en français.
71.24.03 se lit : *siete, uno, dos, cuatro, cero, tres* ou : *setenta y uno, veinticuatro, cero tres.*

11 Place des numéraux.
Derrière *otro* et parfois derrière *primero, último, próximo.*

*otros **cuatro***	*las otras **dos** hermanas*
quatre autres	les deux autres sœurs
*los primeros **cien** metros*	*los últimos **diez** años*
les cent premiers mètres	les dix dernières années

Exercices

1. *Écrivez les nombres en toutes lettres :*
43 – 68 – 71 – 86 – 92 – 101 – página 121 – 521 páginas – 6606 – 700.000 – 1.900.300 toneladas

2. *Traduisez en espagnol :*
1. douze cent douze 2. deux milliards et demi de pesos 3. cent autres pesetas 4. les cinq dernières minutes

172 *Nombres (2) : les ordinaux*

1 Seuls certains sont couramment employés.

1° *primero*	6° *sexto*	11° *undécimo*
2° *segundo*	7° *séptimo*	12° *duodécimo*
3° *tercero*	8° *octavo*	20° *vigésimo*
4° *cuarto*	9° *noveno*	100° *centésimo*
5° *quinto*	10° *décimo*	1000° *milésimo*

2 Ils s'accordent et se placent généralement devant le nom.

un coche de primera clase   *la segunda fila*
un wagon de première classe   le deuxième rang

Mais ils suivent le nom quand il s'agit d'un souverain, d'un siècle et parfois d'un chapitre.

*Isabel **Segunda***   *el siglo **cuarto***   *el capítulo **décimo***
Isabelle II   le quatrième siècle   le chapitre dix

▶ Pour l'apocope de *primero* et *tercero* en *primer* et *tercer*, voir n° 31.

3 À partir de 10° (éventuellement de 12°) on emploie les cardinaux.

*Alfonso **Décimo***   *Alfonso **Trece***   *el **veinticinco** aniversario*
Alphonse X   Alphonse XIII   le vingt-cinquième anniversaire

Remarque

La préposition *en* correspond au "à" français dans les constructions comme :

*Fuimos los primeros **en** salir.*
Nous fûmes les premiers à partir.

Exercice

Écrivez en toutes lettres les nombres ordinaux :
1. el siglo I antes de J.C. 2. el 3er piso 3. los alumnos de 6°. 4. Juan Carlos I 5. el capítulo XXI 6. la 9ª edición 7. la 150ª representación 8. la 100ª vez

173　Nombres (3) : les fractions

1 "Demi", "moitié".

- demi : *medio* (voir n° 157).

medio billete
un billet à demi-tarif

media barra de pan
une demi-baguette

un *medio* de seis
un demi de six

a *medias* palabras
à demi-mot

- la moitié : *la mitad*.

la mitad de los presentes
la moitié des présents

2 Lecture des fractions.

Pour le numérateur, on emploie les cardinaux comme en français : *un, dos, tres...*
Pour le dénominateur, on emploie les expressions suivantes.

- En langage mathématique :

/2 medio   /7 séptimo   /20 vigésimo
/3 tercio   /8 octavo   /100 centésimo
/4 cuarto   /9 noveno   /1.000 milésimo
/5 quinto   /10 décimo   /10.000 diezmilésimo
/6 sexto   /100.000 cienmilésimo

Au-delà de /10, on emploie **le cardinal** suivi de *-avo(s)*.

/11 *onceavo (onzavo)*
/12 *doceavo (dozavo)*
/18 *dieciochoavo (dieciochavo)*
/23 *veintitresavo*

un cuarentaidosavo   *dos tercios*   *los siete treintavos*
un quarante-deuxième   deux tiers   les sept trentièmes

- En langage courant, le dénominateur au féminin est suivi de *parte(s)*.

una quinta parte   *la décima parte*   *las cuatro doceavas partes*
un cinquième   le dixième   les quatre douzièmes

Tercio devient *tercera parte*.
les 2/3 : *las dos terceras partes*

Remarques

- Les formes en *-avo* sont d'autant plus rares que le dénominateur est plus grand. 28/365 se lira plutôt : *veintiocho partido por trescientos sesenta y cinco*.

- Pour les fractions de degré, de seconde :
1/10 *una décima*   1/100 *una centésima*   1/1000 *una milésima*

*cuarenta grados y dos **décimas***
quarante degrés et deux dixièmes

Exercice

Écrivez en toutes lettres les fractions :
1. 1/2 millón de pesetas 2. 1/2 botella de vino 3. 1/3 de los votantes
4. 4/5 o sea el 80 % 5. 5/20 = 1/4 6. El destello duró 1/1000 de segundo 7. 1/24

---

174 *Noms en -ía et -ia*

Beaucoup de noms français terminés en -ie ont pour correspondants espagnols des noms féminins terminés soit en *-ía*, soit en *-ia*.

Voici la liste des plus usuels.

Noms en *-ía*.

agonía	— agonie	*garantía*	— garantie
alegoría	— allégorie	*hegemonía*	— hégémonie
anomalía	— anomalie	*herejía*	— hérésie
apoplejía	— apoplexie	*hipocresía*	— hypocrisie
armonía	— harmonie	*ironía*	— ironie
caloría	— calorie	*letanía*	— litanie
categoría	— catégorie	*manía*	— manie
celosía	— jalousie	*melancolía*	— mélancolie
cirugía	— chirurgie	*melodía*	— mélodie
cofradía	— confrérie	*miopía*	— myopie
compañía	— compagnie	*monotonía*	— monotonie
cortesía	— courtoisie	*pedagogía*	— pédagogie
dinastía	— dynastie	*pediatría*	— pédiatrie
elegía	— élégie	*poesía*	— poésie
energía	— énergie	*pulmonía*	— pneumonie
estría	— strie	*sacristía*	— sacristie
fantasía	— fantaisie	*supremacía*	— suprématie
fantasmagoría	— fantasmagorie	*teoría*	— théorie
felonía	— félonie	*tiranía*	— tyrannie
filosofía	— philosophie	*utopía*	— utopie
galería	— galerie		

Suffixes en *-ía*.

-antropía	comme : *filantropía*	— philanthropie
-arquía	*monarquía*	— monarchie
-ería	*lotería*	— loterie
-fonía	*estereofonía*	— stéréophonie
-grafía	*fotografía*	— photographie
-logía	*ecología*	— écologie

-manía	megalomanía	mégalomanie
-metría	geometría	géométrie
-nomía	economía	économie
-patía	simpatía	sympathie
-tomía	anatomía	anatomie

3 Noms en -ia.

acrimonia	—	acrimonie	glucemia	—	glycémie
acrobacia	—	acrobatie	hemorragia	—	hémorragie
afasia	—	aphasie	hernia	—	hernie
alergia	—	allergie	ignominia	—	ignominie
analgesia	—	analgésie	industria	—	industrie
antinomia	—	antinomie	inepcia	—	ineptie
argucia	—	argutie	inercia	—	inertie
asfixia	—	asphyxie	infamia	—	infamie
astenia	—	asthénie	leucemia	—	leucémie
bacteria	—	bactérie	liturgia	—	liturgie
branquia	—	branchie	magia	—	magie
bulimia	—	boulimie	maquinaria	—	machinerie
calumnia	—	calomnie	metalurgia	—	métallurgie
ceremonia	—	cérémonie	modestia	—	modestie
ciclotimia	—	cyclothymie	momia	—	momie
comedia	—	comédie	ortodoxia	—	orthodoxie
copia	—	copie	ortopedia	—	orthopédie
demagogia	—	démagogie	parodia	—	parodie
dramaturgia	—	dramaturgie	patria	—	patrie
enciclopedia	—	encyclopédie	penuria	—	pénurie
escoria	—	scorie	perfidia	—	perfidie
estrategia	—	stratégie	peripecia	—	péripétie
etnia	—	ethnie	presbicia	—	presbytie
euforia	—	euphorie	sinonimia	—	synonymie
farmacia	—	pharmacie	tauromaquia	—	tauromachie
fobia	—	phobie	tragedia	—	tragédie
galaxia	—	galaxie			

4 Suffixes en -ia.

-algia	comme :	neuralgia	— névralgie
-cracia		democracia	— démocratie
-demia		academia	— académie
-fagia		aerofagia	— aérophagie
-filia		bibliofilia	— bibliophilie
-fobia		claustrofobia	— claustrophobie
-gamia		monogamia	— monogamie
-mancia		cartomancia	— cartomancie
-opsia		biopsia	— biopsie
-ritmia		arritmia	— arythmie
-scopia		radioscopia	— radioscopie
-sepsia		antisepsia	— antisepsie
-terapia		kinesiterapia	— kinésithérapie
-trofia		hipertrofia	— hypertrophie

175 *Nunca* et *jamás*

Nunca et *jamás* : jamais.
Ils se construisent comme les autres mots négatifs (voir n° 165).

*No quieres **nunca** reconocer tus errores.*
Tu ne veux jamais reconnaître tes erreurs.

Remarque

Jamás, moins fréquent que *nunca*, exprime une négation plus forte.

*¿ Rendirme ? ¡ **Jamás** !*
Me rendre ? Jamais !

Notez

nunca jamás : jamais de la vie
por siempre jamás : à tout jamais

*Juró que **nunca jamás** volvería a embarcarse en tal aventura.*
Elle jura que jamais de la vie elle ne se relancerait dans une telle aventure.

Exercice

Traduisez en français :
1. Nunca me atreví a hacerte esta pregunta. 2. Ella no lo hubiera hecho jamás. 3. Jamás vi tal cosa. 4. ¡ Adiós por siempre jamás !

176 *Ñ : prononciation*

Cette lettre représente le même son que -gn- dans le français "vigne" ou "agneau" [n].

año   viña   español   añadir

177 *O* et *u*

"Ou" et "ou bien" se traduisent par *o*.

el lunes o el martes
lundi ou mardi

Devant un mot commençant par *o-* ou *ho-* on emploie *u*.

septiembre u octubre   *clínica u hospital*
septembre ou octobre   clinique ou hôpital

Exercice

Choisissez entre o *et* u :
1. ayer ... anteayer 2. tarde ... temprano 3. domicilio ... oficina
4. viveros ... invernaderos 5. siete ... ocho mil pesetas 6. Vendo ... alquilo casa. 7. diez ... once

178 *Obligation : tableau récapitulatif*

obligation personnelle		
obligation forte		
tener que (+ infinitif)	*Tienes que estudiar.* Tu dois étudier.	n° 90
es necesario que *es preciso que* *es menester que* } (+ subjonctif)	*Es necesario que me vaya.* Il faut que je m'en aille.	n° 120
hace falta que (+ subjonctif)	*Hace falta que nos reunamos.* Il faut que nous nous réunissions.	n° 120
obligation surtout morale		
deber (+ infinitif)	*Debéis ayudarle.* Vous devez l'aider.	n° 90
obligation moins impérative (convention, convenance...)		
haber de (+ infinitif)	*Nos hemos de encontrar.* Nous devons nous rencontrer.	n° 90

obligation impersonnelle		
obligation forte		
hay que (+ infinitif)	*Hay que decirlo.* Il faut le dire.	n° 120
es necesario *es preciso* (+ infinitif) *es menester*	*Es necesario reducir la velocidad.* Il faut réduire la vitesse.	n° 120
hace falta (+ infinitif)	*Hace falta regar el césped.* Il faut arroser le gazon.	n° 120

179 Ocurrir

1 *Ocurrir :* "arriver", "se produire".

*Eso **ocurrió** a las 2 de la madrugada.*
Cela se produisit à 2 heures du matin.

*Eso me **ocurrió** en la carretera Madrid-Toledo.*
Cela m'arriva sur la route Madrid-Tolède.

2 *Ocurrírsele algo a alguien.*

Dans la construction *se me ocurre, se te ocurre, se le ocurre* ... ce verbe signifie "venir à l'esprit", "avoir l'idée de".

*Se le **ocurrió** un argumento decisivo.*
Un argument décisif lui vint à l'esprit.

Exercice

Traduisez en français :
1. ¿ Por qué no se te ocurrió contestar que no ? 2. ¡ Lo que se te ocurre ! 3. Aquí ocurrieron hechos inexplicables. 4. No se le ocurrían más que bromas. 5. Vd. cree que es bueno todo lo que se le ocurre. 6. – Podríamos ir juntos... – No se me había ocurrido. 7. Se le había ocurrido como por inspiración. 8. Pero, ¿ qué ocurre ?

180 Ojalá

1 *Ojalá* + présent ou imparfait du subjonctif.

Cette tournure exprime un souhait ("pourvu que", "Dieu veuille que"...). Avec l'imparfait du subjonctif la probabilité de réalisation est moindre qu'avec le présent.

¡ *Ojalá no esté* malhumorado !   ¡ *Ojalá fuera* cierto !
Pourvu qu'il ne soit pas de mauvaise humeur !   Ah ! si c'était vrai !

2 *Ojalá* + plus-que-parfait du subjonctif.
Cette tournure exprime un regret ("si seulement...").

*¡ **Ojalá me lo hubiese dicho** antes !*
Si seulement elle me l'avait dit avant !

Exercice

Traduisez en employant ojalá :
1. Si seulement elle l'avait mieux conseillé ! 2. Pourvu que tu reviennes à temps ! 3. Ah, si c'était possible ! 4. Si seulement il avait fait beau (hacer buen tiempo) !

---

181 On

1 "On" : 3ᵉ personne du pluriel quand "on" représente une ou plusieurs personnes à l'exclusion de celui qui parle ("on" = "quelqu'un", "des gens").

***Acaban** de avisarme.*   *¿ Qué **ponen** en la tele esta noche ?*
On vient de me prévenir.   Qu'est-ce qu'on passe à la télé ce soir ?

2 "On" : *se* + verbe à la 3ᵉ personne.
"On" se traduit par la construction réfléchie quand il s'agit d'exprimer une généralité, une possibilité, une obligation, une habitude, dont celui qui parle n'est pas forcément exclu.

*En verano **se** come menos.*   *Todavía **se** baila el tango.*
En été on mange moins.   On danse encore le tango.

*Ahora **se** viaja mucho en avión.*
Maintenant on voyage beaucoup en avion.

● Si le COD est un complément de personne déterminé, il est précédé de *a* en espagnol (voir n° 1).

***Se castigó** con severidad **a** los culpables.*
On punit sévèrement les coupables.

> *Remarque*
>
> Le pronom personnel COD masculin "le", "les", est toujours traduit dans ce cas par *le, les*.
>
> *Se **les** aprecia.*
> On les apprécie.

● Si le COD français est un complément de personne indéterminé ou un complément de chose, il devient le **sujet du verbe espagnol**.

Se necesitan camareros.   *Se oyeron protestas.*
On cherche des garçons de café.   On entendit des protestations.

*Cosas así no **se pueden** imaginar.*
De telles choses, on ne peut pas les imaginer.

3 "On" : *uno* (*una* pour une femme).

● Si le verbe est pronominal, ce qui rend impossible l'emploi de *se*.

Uno se pregunta cómo va a terminar todo eso.
On se demande comment tout cela va finir.

● Si "on" désigne en fait la personne qui parle.

Una sabe lo que dice.
On sait ce qu'on dit. (= Je sais ce que je dis.)

Remarque

Dans les tournures impersonnelles, *uno* peut avoir d'autres fonctions que celle de sujet ; il correspond alors au français "vous".

*A ellos les gusta burlarse de **uno**.*
Ils aiment se moquer de vous.

*Hay días en que **a uno** le salen bien las cosas.*
Il y a des jours où les choses vous réussissent.

4 "On" : 1re personne du pluriel quand "on" équivaut à "nous".

***No podemos** admitirlo.*
On ne peut pas l'admettre.

5 "On" : 2e personne du singulier en langage familier.

*Allí lo **pasas** estupendamente, sabes.*
Là-bas on s'amuse formidablement, tu sais.

Exercice

Traduisez en espagnol :
1. On m'attend chez moi. 2. On n'a pas besoin de passeport pour entrer en Espagne. 3. Avec trois gosses (un crío), tu sais, on a beaucoup à faire. 4. On ne s'effraie pas (asustarse) pour si peu. 5. On voit de ces (unas) choses ! 6. On voyait les employés sortir de la banque à trois heures. 7. Ce soir, on ira au cinéma.

182 *Opérations*

1 L'addition : *la suma.*

"Additionner" se dit *sumar.*

5 + 7 = 12 se lit : *5 **más** (ou **y**) 7 **son** (ou **igual a**) 12.*

2 La soustraction : *la resta.*

"Soustraire" se dit *restar.*

21 − 6 = 15 se lit : *21 **menos** 6 **son** (ou **igual a**) 15,*
 ou : *de 6 **a** 21 **van** 15.*

3 La multiplication : *la multiplicación.*

"Multiplier" se dit *multiplicar.*

4 × 9 = 36 se lit : *Cuatro **por** nueve **son** (ou **igual a**) treinta y seis.*

4 La division : *la división.*

"Diviser" se dit : *dividir.*

14 ÷ 2 = 7 se lit : *Catorce **entre** dos **son** siete,*
ou : *Catorce **dividido por** dos **igual a** siete.*

Remarques

• *(Me) llevo dos :* Je retiens deux.
• Souvent on élimine *igual a* ou *son*, pour dire : *cinco más siete, doce* et *cuatro por nueve, treinta y seis.*

183 Orthographe : modifications

1 Quelle que soit la terminaison, la consonne finale du radical d'un verbe doit garder le même son.

Cela entraîne les modifications orthographiques suivantes :

c devient qu devant e ou i	qu devient c devant a ou o
g devient gu devant e ou i	gu devient g devant a ou o
gu devient gü devant e ou i	g devient j devant a ou o
z devient c devant e ou i	c devient z devant a ou o

buscas (prés. indic.) → *busques* (prés. subj.)
pagáis (prés. indic.) → *paguéis* (prés. subj.)
sigue (prés. indic.) → *siga* (prés. subj.)
atestiguo (prés. indic.) → *atestigüe* (prés. subj.)

2 Les mêmes modifications se produisent pour certains noms et adjectifs au pluriel ou avec un suffixe.

el capataz → *los capataces*   *luz* → *lucecita*
le contremaître   lumière

rico → *riquísmo*
riche

Remarque

Les mêmes alternances orthographiques se retrouvent dans les différents mots d'une même famille.

rozar – el roce   *embragar – el embrague*
frôler   le frôlement   embrayer   l'embrayage

Exercices

1. *Écrivez les verbes au subjonctif présent en respectant la personne :*
1. fabricamos 2. pegan 3. averiguo 4. empiezas 5. eliges 6. convencen

2. *Écrivez au pluriel :*
1. audaz 2. pez 3. veloz 4. matiz 5. avestruz 6. actriz

184 Oublier

On emploie *olvidar* dans les trois constructions suivantes.

1 Olvidar + COD.

He olvidado *las llaves.*
J'ai oublié les clés.

Has olvidado *decírmelo.*
Tu as oublié de me le dire.

2 Olvidarse de.

Me he olvidado de *las llaves.*
J'ai oublié les clés.

Te has olvidado de *decírmelo.*
Tu as oublié de me le dire.

3 Olvidárseme, olvidársete...

Attention à l'accord du verbe ! (voir n° 131.1).

Se me han olvidado *las llaves.*
J'ai oublié les clés.

Se te ha olvidado *decírmelo.*
Tu as oublié de me le dire.

Exercice

Modifiez les phrases suivant le modèle : ¡ No (te) olvides (de) lo que hemos decidido ! → ¡ No se te olvide lo que hemos decidido !
1. Olvidaron rápidamente lo que habían prometido. 2. Me olvidé de cerrar la puerta. 3. No te olvides de llamarme cuando llegues. 4. No tengas miedo : no lo olvidaré.

185 Para

1 *Para* exprime le **but,** la **finalité,** la **destination** ("pour").

*Ponte las gafas **para** leer.*
Mets tes lunettes pour lire.

*Reservé esta mesa **para** Vds.*
J'ai réservé cette table pour vous.

Dans certaines constructions, *para* signifie "à" et "de".

*¿ **Para** qué me serviría eso ?*
À quoi cela me servirait-il ?

*No tiene permiso **para** salir.*
Il n'a pas le droit de sortir.

2 *Para* introduit une **notion de durée,** un **laps de temps** ou une **date dans le futur** ("pour").

*Se está realizando un acuerdo **para** el presente año.*
On réalise un accord pour l'année en cours.

*Volvió **para** una semana.*
Il revint pour une semaine.

*Vendré **para** Semana Santa.*
Je viendrai pour les fêtes de Pâques.

3 *Para* indique, dans le lieu, la **direction que l'on prend** ("pour", "vers").

*Se fueron a las 12 **para** el Escorial.*
Ils sont partis à midi pour l'Escurial.

*Caminaba **para** el colegio cuando lo divisé.*
Il marchait vers le collège quand je l'ai aperçu.

4 *Para* indique la **comparaison,** le **point de vue** ("pour").

*Trabaja mucho **para** lo que gana.*
Elle travaille beaucoup pour ce qu'elle gagne.

***Para** mí, es verdad.*
Pour moi, c'est vrai.

Notez

para arriba : vers le haut
para abajo : vers le bas
para con : vis-à-vis de, envers

Exercice

Traduisez en français :
1. Hablaban en voz baja para que no oyeran los demás. 2. Su primera visita será para sus amigos. 3. Casi eran dos desconocidos para él. 4. Lo tengo previsto para el año que viene. 5. No sirve para nada decirlo. 6. Los corredores han salido para la segunda etapa. 7. Este trabajo es muy duro para ti. 8. No se ha celebrado la manifestación anunciada para hoy. 9. El buque sale para Canarias.

186 *Parecer* et *parecerse a*

1 *Parecer :* "sembler", "paraître".

Parece *increíble que me lo digas.*
Il semble incroyable que tu me le dises.
Me pareció difícil decírselo.
Il me parut difficile de le lui dire.

2 *Parecerse a :* "ressembler à".

Margarita **se parecía** *mucho* **a** *su hermana.*
Margarita ressemblait beaucoup à sa sœur.

Notez
Parece mentira : C'est incroyable.

Exercice

Traduisez en français :
1. ¿ Qué te parece ? 2. La casa ya no se parece a la que conociste. 3. Parece imposible que eso haya ocurrido. 4. Este sombrero es raro (curieux), no se parece a ningún otro.

187 *Parte* dans les locutions adverbiales

Parte sert à former de nombreuses locutions adverbiales.

en alguna parte	quelque part
en ninguna parte	nulle part
en todas partes	partout
en otra parte	ailleurs
en cualquier parte	n'importe où
en cualquier otra parte	partout ailleurs
en ninguna otra parte	nulle part ailleurs

La préposition devra **correspondre au mouvement indiqué par le verbe.**

*Se fueron **a otra parte.***
Ils partirent ailleurs.

*Llegan cartas **de todas partes.***
Il arrive des lettres de partout.

*No lo veo **en ninguna parte.***
Je ne le vois nulle part.

> Notez

de parte a parte	de part en part, d'un bout à l'autre
de parte de	de la part de
de mi parte...	de ma part...
en parte	en partie, partiellement
por partes	méthodiquement, petit à petit
por mi parte...	de mon côté...
por una parte... por otra (parte)	d'une part... d'autre part
por otra parte	par ailleurs, d'ailleurs, en plus

Exercices

1. *Traduisez en français :*
1. Se ha distribuido el folleto (prospectus) por todas partes. 2. Eso no se ve en ninguna otra parte. 3. Vengo de parte de Jorge. 4. Por su parte no habrá inconveniente (difficulté). 5. Lo veo difícil : por una parte no me gusta mucho y por otra no tengo tiempo. 6. Era de esperar ; por otra parte ya te había avisado yo.

2. *Traduisez en espagnol :*
1. Je ne trouve nulle part mon briquet (el encendedor). 2. Je l'ai pourtant cherché partout. 3. J'ai dû l'oublier quelque part. 4. Avec toi j'irais n'importe où. 5. Vous (Vd.) faites erreur (equivocarse) ; Monsieur Álvarez habite ailleurs. 6. Ce bruit vient de quelque part. 7. Il dut s'en aller ailleurs.

---

188 *Participe passé (1) : formes*

1 Formation.

À partir du radical des verbes auquel on ajoute :

- pour les **verbes en -*ar* :** *-ado, -ada, -ados, -adas.*

decorar → *decorado*
decorer *décoré*

- pour les **verbes en -*er*** et **-*ir* :** *-ido, -ida, -idos, -idas.*

crecer → *crecido*   *unir* → *unido*
grandir   *grandi*   *unir*   *uni*

Irrégularités.

Certains verbes parmi les plus courants ont des participes passés irréguliers.

abrir	→ *abierto*		*poner*	→ *puesto*
ouvrir	ouvert		mettre	mis
cubrir	→ *cubierto*		*proveer*	→ *provisto*
couvrir	couvert		pourvoir	pourvu
decir	→ *dicho*		*pudrir*	→ *podrido*
dire	dit		pourrir	pourri
imprimir	→ *impreso*		*romper*	→ *roto*
imprimer	imprimé		rompre	rompu
freír	→ *frito*		*satisfacer*	→ *satisfecho*
frire	frit		satisfaire	satisfait
hacer	→ *hecho*		*ver*	→ *visto*
faire	fait		voir	vu
morir	→ *muerto*			
mourir	mort			

Remarques

• Les composés de ces verbes ont la même irrégularité.

descubrir → *descubierto*   *deshacer* → *deshecho*
découvrir   découvert   défaire   défait
prever →   *previsto*
prévoir   prévu

• Les verbes terminés en *-olver* et *-scribir* ont leur participe passé respectivement terminé en *-uelto* et *-scrito*.

volver → *vuelto*   *escribir* → *escrito*
revenir   revenu   écrire   écrit

• Certains verbes ont deux participes passés, l'un, **régulier,** utilisé pour former les **temps composés** et la **forme passive,** l'autre, **irrégulier,** utilisé comme **adjectif.**

corromper → *corrompido* et *corrupto*
absorber → *absorbido* et *absorto*
despertar → *despertado* et *despierto*
prender → *prendido* et *preso*

Toda el agua fue **absorbida.**
Toute l'eau fut absorbée.

Estabas tan **absorto** que no me viste.
Tu étais si absorbé que tu ne m'as pas vu.

Exercice

Mettez au participe passé (masc. sing.) les verbes suivants :
1. casar 2. comprar 3. meter 4. desistir 5. tocar 6. teñir 7. lucir
8. manchar 9. describir 10. devolver

189 Participe passé (2) : emplois

1 Emplois.

● Avec *haber* pour former les temps composés (voir n°s 133 et 263).

● Avec *ser* et *estar* pour former le passif et le faux passif (voir n° 115).

2 Proposition participe.
Le participe passé peut avoir un sujet propre qu'il doit toujours précéder.

Franqueadas las primeras estribaciones, se descubre un hermoso panorama.
Les premiers contreforts franchis, on découvre un beau panorama.

Realizado este trámite, no habrá más problema.
Une fois cette démarche réalisée, il n'y aura plus de problème.

3 Participes passés à sens actif.
Certains participes passés ont en plus de leur valeur habituelle une valeur active, en particulier employés avec *ser*.

aburrido : ennuyeux
callado : silencieux
cansado : fatigant
disimulado : dissimulé (= cachottier)

divertido : amusant
leído : cultivé
mirado : soigneux
sufrido : patient

*una película **aburrida***
un film ennuyeux

Exercice

Traduisez en français :
1. No he leído esta novela. 2. Es un espectáculo divertido. 3. Acosados por el enemigo, se entregaron (se rendre). 4. No me imaginaba que fuera tan aburrido. 5. Firmado el convenio, se sintió aliviada. 6. Inventado el pretexto, se dispuso a salir. 7. Llegado el momento, tomó la palabra. 8. Él estaba absorto por la lectura del periódico. 9. ¡ Maldita sea la guerra !

190 Passé simple : formation

1 Terminaisons.
On ajoute au radical :

● pour les **verbes en -ar :** -é, -aste, -ó, -amos, -asteis, -aron.
acabar → *acabé, acabaste...*

● pour les **verbes en -er** et **-ir :** -í, -iste, -ió, -imos, -isteis, -ieron.
meter → *metí...*   *subir* → *subí...*

2 Irrégularités.

Certains verbes ont une **triple irrégularité** au passé simple.

● Modification du radical : *andar → anduve.*

●Terminaisons spécifiques (les mêmes pour tous) : *-e, -iste, -o, -imos, -isteis, -ieron.*

anduve, anduviste, anduvo, anduvimos, anduvisteis, anduvieron

● L'accent tonique porte sur la dernière voyelle du radical à la 1ʳᵉ et à la 3ᵉ personnes du singulier (donc **pas d'accent écrit**).

anduve   anduvo

Ces verbes sont :

andar (marcher)	: *anduve*	*poder* (pouvoir)	: *pude*
caber (tenir dans)	: *cupe*	*poner* (mettre)	: *puse*
conducir (conduire)	: *conduje*	*querer* (vouloir)	: *quise*
decir (dire)	: *dije*	*saber* (savoir)	: *supe*
estar (être)	: *estuve*	*tener* (avoir)	: *tuve*
haber (avoir)	: *hube*	*traer* (apporter)	: *traje*
hacer (faire)	: *hice*	*venir* (venir)	: *vine*

ainsi que leurs composés : *componer* : *compuse*... et les verbes en *-ducir* : *-duje*

Remarque

Decir, traer (et leurs composés) et les verbes en *-ducir* prennent à la 3ᵉ personne du pluriel la terminaison *-eron* (le *i* disparaissant après *j*) : *condujeron, dijeron, trajeron.*

3 Les verbes *dar, ir, ser.*
Ils sont très irréguliers (voir tableaux de conjugaison p. 275, 301 et 304).

4 Les verbes terminés en *-eír.*
Le *-i-* de la terminaison disparaît à la 3ᵉ personne du singulier et à la 3ᵉ personne du pluriel.

reír : ri + ió → *rió*
       ri + ieron → *rieron*

Les verbes terminés en *-eñir (reñir), -ullir (bullir)* et *-uñir (gruñir)* présentent la même irrégularité.

reñir : riñó, riñeron
bullir : bulló, bulleron
gruñir : gruñó, gruñeron

5 Les verbes terminés en *-aer, -eer, -oer, -oír, -uir.*
Le *i* de la terminaison devient *y* à la 3ᵉ personne du singulier et du pluriel.

leer : leyó, leyeron

▶ Pour les irrégularités du radical des verbes en -ir, voir n° 277 et tableaux de conjugaison p. 292 à 316.

Exercices

1. *Mettez les verbes suivants au passé simple (1ʳᵉ personne du singulier et 3ᵉ du pluriel) :*
1. reunir 2. apagar 3. levantar 4. prender 5. abrir 6. correr 7. colocar 8. recibir 9. envolver

2. *Mettez les verbes suivants au passé simple en conservant la même personne :*
1. logras (lograr) 2. pagamos (pagar) 3. encendéis (encender) 4. estropean (estropear) 5. vale (valer) 6. traduzco (traducir) 7. está (estar) 8. atraen (atraer) 9. duele (doler) 10. descubro (descubrir) 11. doy (dar) 12. tiñe (teñir) 13. abastece (abastecer) 14. queremos (querer) 5. voy (ir) 16. son (ser)

191 *Passé simple et passé composé*

Alors que le français n'utilise plus le passé simple dans la conversation et a restreint son usage aux récits écrits au profit du passé composé, l'espagnol utilise les deux temps correspondants aussi bien à l'oral qu'à l'écrit, et leurs emplois ne doivent pas être confondus.

1 Emploi du passé simple.

● Il situe dans un passé déterminé (qu'il soit lointain ou récent) une action **sentie par celui qui parle comme n'ayant plus de lien avec le moment présent.**

● C'est le cas si la période de temps dans laquelle se situe l'action est terminée : *ayer, anoche, aquel año, una vez, en la edad media...*

Anoche empezaron *las fiestas.*
Les festivités ont commencé hier soir.

Ou bien, lorsque aucune précision de temps n'est donnée, si le contexte est à l'imparfait.

Nevó *mucho ;* **hacía** *frío.*
Il neigea beaucoup ; il faisait froid.

2 Emploi du passé composé.

● Il indique qu'une action passée **est sentie par celui qui parle comme liée au présent,** soit que l'état qui en résulte se poursuive, soit que ses conséquences se manifestent encore.

• C'est le cas si la période de temps dans laquelle se situe l'action n'est pas encore terminée : *hoy, ahora, este año, todavía, siempre...*

Hoy **han empezado** *las fiestas.*
Les festivités ont commencé aujourd'hui.

Ou bien si le contexte est au présent.

Ha nevado *mucho ;* **hace** *frío*
Il a beaucoup neigé ; il fait froid.

Exercice

Mettez les verbes entre parenthèses au passé simple ou au passé composé :
1. Hoy (surgir) un importante conflicto laboral en el sector metalúrgico.
2. Los romanos (edificar) este puente. 3. Desde hace diez años los turistas (invadir) este pueblo de la costa. 4. Hoy los niños no me (dejar) vivir.
5. (Anunciarse) la noticia en el telediario de anoche. 6. El domingo pasado, la selección española (clasificarse) para los octavos de final.

192 *Passé simple : valeurs spécifiques*

1 Le passé simple de *deber, creer* et *poder* peut avoir une **valeur de conditionnel passé.**

Yo **pude** *evitarlo.*   **Debí** *prever tales consecuencias.*
Moi, j'aurais pu l'éviter.   J'aurais dû prévoir ces conséquences.

2 Le passé simple **remplace** parfois le **plus-que-parfait de l'indicatif.**

Volvió por las maletas que **dejó** *en la consigna.*
Elle retourna chercher les valises qu'elle avait laissées à la consigne.

3 Le passé simple **remplace** fréquemment **le passé antérieur.**
Le passé antérieur est peu employé en langue courante. On dira plus facilement *cuando acabó* que *cuando hubo acabado.*

Remarque

On emploie également le passé simple pour souligner l'accomplissement d'une action à peine terminée, en particulier dans les phrases exclamatives.

¡ Ya **pasó** *la tormenta* !   ¡ *Se* **acabó** !
L'orage est passé !   C'est fini !

Exercice

Traduisez en français :
1. Debiste avisarme antes. 2. Creí que Vd. no vendría. 3. Se nos acabó el pan. 4. Lo mismo pudo suceder el día antes. 5. Vendieron el piso que compraron en el 58. 6. No le trajeron todo lo que pidió.

193 Passif

Il est formé avec *ser* + participe passé (voir n° 115).

*Todas las candidaturas **serán examinadas** atentamente.*
Toutes les candidatures seront examinées attentivement.

***Fue nombrado** por el Consejo de Ministros.*
Il fut nommé par le Conseil des ministres.

Néanmoins, en espagnol, on utilise moins le passif qu'en français et on a tendance à dire par exemple :

Lo ayuda un especialista.
Il est aidé par un spécialiste.

Quand cela est possible on emploie également la tournure pronominale.

***Se precisarán** ulteriormente las condiciones.*
Les conditions seront précisées ultérieurement *(on précisera...).*

Exercices

1. *Traduisez en espagnol en utilisant le passif :*
1. Les coupables seront jugés rapidement. 2. Le musée sera inauguré dans une semaine. 3. L'autoroute (la autopista) fut terminée par une autre entreprise. 4. Il fut accompagné jusqu'à la porte par le majordome.

2. *Modifiez les phrases que vous venez de traduire en utilisant la voix active ou la tournure pronominale.*

---

194 Peut-être

1 ***Acaso, tal vez, quizás*** (ou ***quizá***) **+ subjonctif.**

*Acaso lo **sepa** Pedro.*
Peut-être Pedro le sait-il.

*Si viene mañana **tal vez** te lo **diga**.*
S'il vient demain peut-être te le dira-t-il.

▶ Pour les emplois du subjonctif, voir n° 253.

2 ***Acaso, tal vez, quizás*** (ou ***quizá***) **+ indicatif.**

Ils peuvent être accompagnés d'un verbe à l'indicatif. L'hypothèse est alors atténuée et ils sont souvent placés **après le verbe.**

*Pedro lo **sabe acaso**.*
Pedro le sait peut-être.

▶ Pour l'expression de l'hypothèse, voir le futur hypothétique n° 124 et le conditionnel n° 68.2.

A lo mejor.

A lo mejor est **toujours suivi de l'indicatif** et exprime une probabilité assez forte : "il est probable que", "peut-être", "il y a des chances que".

A lo mejor no lo *sabe.*
Peut-être ne le sait-il pas.

Exercices

1. *Traduisez en français :*
1. Tal vez vayamos a veros el domingo. 2. Quizás tengas que pensarlo algo más. 3. No vinieron : acaso tuvieran mucho que hacer. 4. Quizá sea el proyecto más prestigioso. 5. ¡ Ten cuidado ! Tal vez haya mucha profundidad en medio del río. 6. Es fácil, tal vez. 7. Hemos esperado demasiado, quizás.

2. *Traduisez en espagnol en utilisant* a lo mejor *:*
1. Il est probable que nous nous verrons au concert. 2. Peut-être faut-il prévenir ? 3. Il y a des chances qu'il ne s'en soit pas aperçu (enterarse : *ne pas traduire "en"*). 4. Peut-être que tu ne veux pas sortir.

195 Plutôt

"Plutôt" : *más bien.*

Lo encuentro **más bien** *difícil.*
Je trouve cela plutôt difficile.

"Plutôt que" (idée de choix) : *antes que.*
"Plutôt ... que" : *antes ... que* (plus rarement *primero ... que*).

Prefiero dártelo **antes que** *venderlo a cualquiera.*
Je préfère te le donner plutôt que de le vendre à n'importe qui.

antes el viernes **que** *el miércoles*
plutôt vendredi que mercredi

Exercice

Complétez avec antes que *ou* más bien :
1. Él tendría que escuchar ... hablar. 2. ... aceptar en seguida, prefirió esperar un poco. 3. Al fin y al cabo, esa idea resulta ... extravagante. 4. No es este estilo sino ... aquél. 5. Perdería la vida ... renunciar. 6. Esa historia evoca ... los años 50.

196 *Poco, bastante* et *demasiado*

1 **Employés avec un adjectif, un adverbe ou un verbe.**
Poco ("peu"), *bastante* ("assez"), *demasiado* ("trop") sont invariables.

*Estoy **bastante** satisfecho.*
Je suis assez satisfait.

*Enrique lee **poco**.*
Enrique lit peu.

*Lo ha hecho **bastante** rápido.*
Il l'a fait assez rapidement.

*Esto me parece **demasiado** fácil.*
Cela me semble trop facile.

2 **Employés avec un nom.**
Poco ("peu de"), *bastante* ("assez de"), *demasiado* ("trop de") s'accordent et "de" ne se traduit pas.

*Este coche gasta **poca gasolina**.*
Cette voiture consomme peu d'essence.

*No quedaban **bastantes sitios**.*
Il ne restait pas assez de place.

*Llegaba **demasiada gente**.*
Il arrivait trop de monde.

E x e r c i c e

Traduisez en espagnol :
1. Ce nouvel immeuble est assez laid (feo). 2. Trop de personnes le savent. 3. Cette terre rapporte (rendir) peu. 4. Ils ont assez d'indices (un indicio) pour conclure. 5. Ici, il fait trop chaud (el calor). 6. Il n'y a pas assez de chaises pour tout le monde. 7. Je mange peu de viande. 8. Il est trop chaud (caliente) ! 9. C'est un travail assez bien fait.

---

197 *Por* : généralités

1 *Por :* "par" devant un complément d'agent dans une phrase passive.

*Las listas pueden ser consultadas **por** cualquier ciudadano.*
Les listes peuvent être consultées par n'importe quel citoyen.

2 *Por :* "par" devant un complément de moyen.

*Hay que subir **por la** escalera de atrás.*
Il faut monter par l'escalier de derrière.

3 *Por :* "pour", "à cause de", "parce que".

*Lo premiaron **por** su tenacidad.*
On le récompensa pour sa ténacité.

*Se siente culpable **por** no haberse ocupado de ella.*
Il se sent coupable parce qu'il ne s'est pas occupé d'elle.

Remarque

L'auxiliaire peut être omis dans les tournures du type :

*Lo despidieron **por** (ser) incompetente.*
On le renvoya parce qu'il était incompétent (= pour incompétence).

4 *Por* : "pour", "en échange de", "contre".

*Darían **por** ello todo lo que tienen.*
Ils donneraient tout ce qu'ils ont en échange de cela.

*Yo no te lo dejaría **por** mil pesetas.*
Je ne te le laisserais pas pour mille pesetas.

5 *Por* + infinitif : "pour", "afin de".
Por a un sens proche de celui de *para* (voir n° 185).

*No lo repetí **por no ofenderte**.*
Je ne l'ai pas répété pour ne pas t'offenser.

6 *Por* : "pour", "en faveur de" après des **verbes** traduisant un **choix**, un **engagement** ou une **prise de position** : *optar por, votar por, intervenir por...*

*Hicimos **por** él todo lo que pudimos.*
Nous avons fait pour lui tout ce que nous avons pu.

*¡ No votes **por** ellos !*
Ne vote pas pour eux !

7 *Por* après certains **verbes** exprimant la **passion**, l'**effort**, la **volonté**.

afanarse por	*desvivirse por*	*luchar por*
s'efforcer de	s'évertuer à	lutter pour
inquietarse por	*interesarse por*	
s'inquiéter pour	s'intéresser à	

*Se ha **esforzado por** evitar una crisis.*
Elle s'est efforcée d'éviter une crise.

*Creo que **trabaja por** el bien de todos.*
Je crois qu'il travaille pour le bien de tous.

Remarque

Les noms et les adjectifs correspondant à ces verbes se construiront également avec *por*. On dira par exemple : *la inquietud por el resultado, el interés por la Historia*.

8 *Estar por* + infinitif : "être à" + infinitif.
Quedar por + infinitif : "rester à" + infinitif.

On emploie ces constructions pour indiquer qu'une action n'est pas encore accomplie.

*El caso **queda por** dilucidar.*
L'affaire reste à élucider.

Notez

dos por tres son seis : deux fois trois font six
ochenta kilómetros por hora : quatre-vingts kilomètres à l'heure
el veinte por ciento : vingt pour cent
ir por, venir por : aller chercher, venir chercher
por eso : c'est pourquoi

Exercice

Traduisez en français :
1. Gracias por vuestra ayuda. 2. Voto por esta película para el Gran Premio. 3. Se afanaba por sacarla de este trance (mauvais pas). 4. una mesa de dos metros de largo por uno de ancho 5. ¿ Qué puedo hacer por ti ? 6. Un mensajero (coursier) vino por el artículo y lo llevó al periódico. 7. No debes atormentarte por nada. 8. Este libro está agotado ; por eso no podemos satisfacerle.

198 **Por** *devant un complément de lieu ou de temps*

1 Devant un complément de lieu.

● "Par" (au sens de "passer par").

Pedro volvió por Irún.
Pedro est revenu par Irun.

● "À travers", "dans", "sur" (exprimant un déplacement dans un lieu).

Me gusta pasearme por el centro de Madrid.
J'aime me promener dans le centre de Madrid.

Durante dos horas estuvo buscándola por las Ramblas.
Il la chercha pendant deux heures sur les Ramblas.

2 Devant un complément de temps.

● "Pour".

Se fue por ocho días.
Il est parti pour huit jours.

● "Vers" (localisation imprécise dans le temps).

Volverá por Navidad.
Il reviendra vers Noël.

Notez

por ahora : pour l'instant
por la mañana : le matin
por la tarde : l'après-midi

por la noche : le soir, la nuit
por primera vez : pour la première fois
de por vida : pour toute la vie

Exercice

Traduisez en français :
1. Yo tenía que aplazar la salida por unos días. 2. Ayer por la mañana, lo encontré algo mejor. 3. El perro saltó por encima del seto (la haie). 4. Ya hemos pasado por aquí. 5. No sé si vendrá sólo por una semana. 6. Iban navegando por la bahía (la baie).

199 ¿ Por qué ?, porque, porqué

1 ***Por qué*** est **interrogatif** (style direct et indirect).
Il correspond à "pourquoi" (= "pour quelle raison").

*¿ **Por qué no** vienes de excursión a la isla ?*
Pourquoi ne viens-tu pas en excursion dans l'île ?

2 ***Porque*** est **explicatif**.
Il correspond à "parce que".

*No voy **porque** me mareo.*
Je ne viens pas parce que j'ai le mal de mer.

Remarques

• *Porque* indique parfois **le but,** il signifie alors **"pour que"** et est suivi du **subjonctif.**

*Todos obran **porque** se resuelva el caso cuanto antes.*
Tout le monde agit pour que l'affaire soit réglée le plus vite possible.

• *Porque* est parfois **réduit à *que*** en langue courante.

*No me lo repitas, **que** ya lo sé.*
Ne me le répète pas, car je le sais déjà.

3 ***El porqué*** est un **nom.**
Il signifie "le pourquoi", "la raison".

*No quiere confesar **el porqué** de su decisión.*
Il ne veut pas avouer la raison de sa décision.

Exercice

Mettez por qué, porque *ou* porqué :
1. – ¿ ... tienes tanta prisa ? – ... tengo mucho que hacer. 2. ¿ No le importa saber el ... de mi actitud ? 3. Explícame ... estás enfadado conmigo. 4. Explícamelo, ... no entiendo. 5. Daría cualquier cosa ... eso no ocurriera. 6. No nos toca aclarar el ... de eso. 7. Lo hizo sin saber...

200 Por si acaso

Por si acaso (ou *por si*) exprime une **éventualité** : "au cas où".

● Dans le **futur** : le verbe qui suit est au **présent de l'indicatif**.

Deja abierto, por si acaso viene.
Laisse ouvert, au cas où il viendrait.

● Dans le **passé** : le verbe qui suit est à **l'imparfait de l'indicatif** (ou du subjonctif).

Se quedó ella en casa, por si la llamaban otra vez.
Elle resta chez elle, au cas où on l'appellerait de nouveau.

Remarque

Por si acaso peut être employé seul, le verbe étant sous-entendu, et correspond alors au français "en cas", "à tout hasard".

Llevo unos recambios, por si acaso.
J'emporte des pièces de rechange, en cas.

Exercice

Traduisez en français :
1. Te llamaré por si se te ocurre algo. 2. – ¿ Por qué juegas a la lotería ? – Por si acaso... 3. Vinimos en seguida, por si nos necesitabas. 4. Pon la radio, por si acaso dieran más noticias.

201 Por supuesto

1 Por supuesto.
Por supuesto signifie "bien sûr", "bien entendu", "évidemment".

– ¿ *Sales con nosotros ?* – ¡ **Por supuesto** !
– Sors-tu avec nous ? – Bien sûr !

Era, por supuesto, una buena idea.
C'était, bien entendu, une bonne idée.

2 Por supuesto que.
Por supuesto que signifie "bien sûr que", "bien entendu que", "évidemment que".

Por supuesto que *no sé nada.*
Bien sûr que je ne sais rien.

Exercice

Traduisez en français :
1. – ¿ Le conoces ? – Por supuesto. 2. ¡ Por supuesto que me gusta ! 3. Por supuesto que garantizamos nuestros productos. 4. No trabajamos los domingos, por supuesto.

202　Possessifs (1) : *mi, tu, su...*

1 Formes.

personne	singulier	pluriel
1 sing.	*mi* mon, ma	*mis* mes
2 sing.	*tu* ton, ta	*tus* tes
3 sing.	*su* son, sa, votre (politesse)	*sus* ses vos (politesse)
1 plur.	*nuestro, a* notre	*nuestros, as* nos
2 plur.	*vuestro, a* votre	*vuestros, as* vos
3 plur.	*su* leur votre (politesse)	*sus* leurs vos (politesse)

Ces adjectifs se placent **devant le nom**.

nuestros *conciudadanos*　　　　***tu*** *chaqueta*
nos concitoyens　　　　　　　　　　ta veste

2 Emplois.

Ils sont moins systématiquement employés qu'en français, en particulier quand il n'y a pas de doute sur le possesseur.

*He aparcado **el** coche en el centro.*
J'ai garé ma voiture dans le centre.

*Ha dejado **las** gafas en la mesa.*
Elle a laissé ses lunettes sur la table.

▶ Pour exprimer la possession, voir aussi la construction pronominale n° 217.3.

Remarques

• À la 3ᵉ personne, il conviendra de préciser le possesseur, s'il y a risque d'ambiguïté (voir *usted*, n° 215.1).

*Su propuesta es más ventajosa que la **de Vd**.*
Sa proposition est plus avantageuse que la vôtre.

• Notez la place de l'article et du possessif dans la construction :

*el pícaro de **su** hermano*
son gredin de frère

Exercice

Traduisez en espagnol :
1. Je vais te donner mon adresse (la dirección). 2. Notre rue est calme.
3. La secrétaire est dans son bureau. 4. Mademoiselle, vous pouvez ranger vos skis (el esquí) dans ce local. 5. On a volé sa moto. 5. Les enfants, j'en ai assez (estar harto) de vos bêtises (una travesura). 7. Sa pédante de sœur !

203 Possessifs (2) : *mío, tuyo, suyo...*

1 Formes.

personne	singulier	pluriel
1 sing.	mío, mía à moi	míos, mías à moi
2 sing.	tuyo, tuya à toi	tuyos, tuyas à toi
3 sing.	suyo, suya à lui, à elle à vous (politesse)	suyos, suyas à lui, à elle à vous (politesse)
1 plur.	nuestro, a à nous	nuestros, as à nous
2 plur.	vuestro, a à vous	vuestros, as à vous
3 plur.	suyo, suya à eux, à elles à vous (politesse)	suyos, suyas à eux, à elles à vous (politesse)

Ils suivent le nom et s'accordent avec lui.

¡ **Dios mío,** qué día !
Mon Dieu, quelle journée !

2 Emplois.

● Comme attribut de l'auxiliaire *ser*.

– ¿ De quién es ese abrigo ? – **Es mío.**
– À qui est ce manteau ? – Il est à moi.
¿ Esto **es tuyo** ?
Ceci est-il à toi ?

● Lorsque le nom est précédé d'un autre déterminant.

un primo suyo
un de ses cousins

esta amiga nuestra
cette amie à nous

● Lorsqu'on interpelle quelqu'un et dans les tournures exclamatives.

¡ Vida **mía** ! ¡ Ay, hija **mía** !
Mon amour ! Ah, ma fille !

● Dans certaines locutions.

a pesar mío, tuyo ... : malgré moi, toi...
alrededor mío, tuyo ... : autour de moi, toi...

Pronoms possessifs.

Précédés de l'article défini, les adjectifs *mío, tuyo ...* forment les pronoms possessifs.

el mío : le mien   *los míos :* les miens
la mía : la mienne   *las mías :* les miennes
lo mío (neutre) : ce qui est à moi, ce qui me concerne
(voir *lo* + possessif n° 151. 2).
el tuyo : le tien...

Exercices

1. *Donnez le pronom possessif correspondant selon le modèle :* su respuesta → la suya.
1. vuestras promesas 2. mi intención 3. nuestro camino 4. tus ilusiones 5. sus poemas 6. su guitarra

2. *Traduisez en français :*
1. Como amigo tuyo, debo decírtelo. 2. Todo ha sido culpa mía. 3. Lo tuve que aceptar muy a pesar mío. 4. Mañana todo eso será vuestro. 5. Él era de los nuestros. 6. ¿ Es un compañero tuyo del colegio ?

204 *Pourcentage*

Un pourcentage doit être précédé d'**un article masculin singulier** : *un* pour un pourcentage approximatif, et *el* pour un pourcentage précis.

*La tasa de desempleo ha permanecido sin cambio en **el 7 %.***
Le taux de chômage est resté inchangé à 7 %.

*Los gastos han aumentado entre **un 10** y **un 12 %.***
Les frais ont augmenté entre 10 et 12 %.

"Pour cent" (%) se dit *por ciento.*

Remarque

Un pourcentage n'est pas précédé de l'article dans les phrases où le verbe n'est pas exprimé, par exemple dans les annonces publicitaires.

*Alucinantes rebajas : **30 %** de descuento.*
Soldes monstres : 30 % de rabais.

Notez

el tanto por ciento : le tant pour cent, le pourcentage

Exercice

Traduisez en français :
1. Esta vivienda puede comprarse con una entrada (apport) del 20 %.
2. El crecimiento del producto nacional bruto podría sobrepasar el 3 %.
3. Porque regateéx un poco el reloj, me descontaron el 10 %. 4. Se esperaba que crecieran las ventas en un 5 %. 5. Hay que añadir a este precio el tanto por ciento del I.V.A.

205 *Prénom et nom*

1 *El nombre :* "le nom", au sens général.

*¿Cuál es su **nombre** ?*
Quel est son nom ? (Comment se nomme-t-il ?)

2 *El nombre :* "le prénom".

Mi **nombre** es Leonardo.
Mon prénom est Leonardo.

3 *Los apellidos :* "le nom de famille".

Les Espagnols portent le nom de famille de leur père suivi de celui de leur mère, ce qui peut éviter des confusions.

*José **Torres Contreras***

Il en est de même pour les femmes mariées qui traditionnellement ajoutent à ces deux noms celui de leur mari précédé de *de* (cet usage est actuellement en régression).

*Rosa Romero Sánchez **de** Torres*

206 *Présent de l'indicatif*

1 **Formation.**
On ajoute au radical :

● pour les verbes en *-ar :* -o, -as, -a, -amos, -áis, -an.
fijar → fijo, fijas...

● pour les verbes en *-er :* -o, -es, -e, -emos, -éis, -en.
deber → debo, debes...

● pour les verbes en *-ir :* -o, -es, -e, -imos, -ís, -en.
escribir → escribo, escribes...

2 Irrégularités de la 1re personne du singulier.

● **dar** : doy   **haber** : he   **saber** : sé
   estar : estoy   **ir** : voy   **ser** : soy

- **caer** : caigo
  decir : digo
  hacer : hago
  oír : oigo

poner : pongo
salir : salgo
tener : tengo

traer : traigo
valer : valgo
venir : vengo

Cette dernière irrégularité se reporte au **présent du subjonctif** (voir n° 207).

▶ Pour les autres irrégularités, voir n°s 274 à 278 et tableaux de conjugaisons p. 273 à 316.
Pour les verbes en *-iar* et *-uar*, voir n° 273.

Exercice

Donnez le présent de l'indicatif à la personne indiquée :
1. pegar *(2e du sing.)* 2. acoger *(3e du plur.)* 3. afilar *(1re du sing.)*
4. ceder *(3e du plur.)* 5. depender *(1re du plur.)* 6. decidir *(2e du plur.)*.
7. partir *(1re du plur.)* 8. aludir *(1re du sing.)* 9. permitir *(2e du sing.)*
10. dibujar *(1re du plur.)*

207 Présent du subjonctif

1 Formation.

Il est formé avec le radical de la 1re personne du singulier du présent de l'indicatif auquel on ajoute :

● pour les verbes **-ar** : *e, -es, -e, -emos, -éis, -en.*

fijar → *fije, fijes...*

● pour les verbes en **-er** et **-ir** : *-a, -as, -a, -amos, -áis, -an.*

deber → *deba, debas...*
escribir → *escriba, escribas...*

Remarque

Au présent du subjonctif les terminaisons des verbes en **-ar** comportent toutes un **-e** et celles des verbes en **-er** et **-ir** un **-a** (échange de voyelles par rapport au présent de l'indicatif).

2 Une **irrégularité** de la **1re personne** du **présent de l'indicatif** (ajout de *-g* ou *-zc*) entraîne la même irrégularité à **toutes les personnes du subjonctif présent.**

salir : salgo → *salga, salgas, salga...*

▶ Pour les verbes en *-iar* et *-uar*, voir n° 273.
Pour les autres irrégularités voir n°s 274 à 278 et tableaux de conjugaisons p. 273 à 316.

Exercice

À partir des verbes suivants, faites des phrases sur le modèle :
Esperas → Es necesario que esperes.
1. lees 2. dibujamos 3. ceden 4. decidís 5. rompemos 6. tomo
7. reserva 8. pretendéis 9. parto 10. nos reunimos

208 Pronoms personnels (1) : généralités

Le tableau suivant réunit les formes des pronoms personnels classées d'après leur personne grammaticale et la fonction qu'ils occupent dans la phrase.

pers.	sujet	COD	COI	après préposition (*)	réfléchi
1	*yo* moi, je	*me* me	*me* me	*mí* moi	*me* me
2	*tú* toi, tu	*te* te	*te* te	*ti* toi	*te* te
3	*él* lui, il	*lo, le* le	*le* lui	*él* lui	
	ella elle	*la* la	*le* lui	*ella* elle	
	ello cela	*lo* le	*le* à cela, y	*ello* cela	*se* se
	usted vous	*le, la* vous	*le* vous	*usted* vous	
				sí réfléchi soi, lui, elle, vous	
1	*nosotros, -as* nous	*nos* nous	*nos* nous	*nosotros, -as* nous	*nos* nous
2	*vosotros, -as* vous	*os* vous	*os* vous	*vosotros, -as* vous	*os* vous
3	*ellos* eux, ils	*los, les* les	*les* leur	*ellos* eux	
	ellas elles	*las* les	*les* leur	*ellas* elles	
	ustedes vous	*les, las* vous	*les* vous	*ustedes* vous	*se* se
				sí réfléchi soi, eux, elles, vous	

(*) Avec la préposition *con* on emploie 3 formes particulières :
commigo = avec moi, *contigo* = avec toi et *consigo* = avec soi (**forme réfléchie**).

Pour résoudre les difficultés qui concernent surtout les 3ᵉ personnes, il conviendra de distinguer clairement le COD du COI (d'autant plus qu'en espagnol le COD de personne est précédé de *a*).

*Miguel regaló **un collar a Concha**.*
                  COD   COI
Miguel a offert un collier à Concha.

*Miguel **lo** regaló a Concha.*
Miguel **l'**a offert à Concha.

*Pablo miró **a Dolores**.* (COD de pers.)
Pablo regarda **Dolores.**

*Miguel **le** regaló un collar.*
Miguel **lui** a offert un collier.

*Pablo **la** miró.*
Pablo **la** regarda.

209 *Pronoms personnels (2) : pronoms sujets*

1 Omission : cas général.
On ne les emploie pas lorsqu'il n'y a pas de doute sur la personne indiquée par la terminaison verbale ou le contexte.

*lleg**o*** : **j**'arrive   *lleg**as*** : **tu** arrives

2 Emploi : cas particuliers.

● **On les emploie** lorsqu'ils servent à éviter une ambiguïté, à souligner une opposition ou à insister.

Yo *esperaba* (*esperaba* = 1ʳᵉ ou 3ᵉ personne du singulier).
J'attendais.

Nosotros *queremos ir a Madrid y **ellos** a Toledo.*
Nous, nous voulons aller à Madrid et eux à Tolède.

*Eso digo **yo**.*
C'est ce que je dis.

● Employés seuls, il se traduisent par "moi", "toi", "lui", "elle"…

– *¿ Quién lo ha hecho ? –* ***Yo**.*
– Qui l'a fait ? – Moi.

Yo *me voy, ¿ y **tú*** *?*
Moi, je m'en vais, et toi ?

▶ Pour la traduction de "c'est moi", voir n° 112.2.

Remarque

Les pronoms sujets sont souvent omis là où le français les emploie dans des tournures comme : "Nous, les jeunes…".

Los franceses, tenéis fama de chauvinistas.
Vous les Français, vous avez la réputation d'être chauvins.

Exercice

Traduisez en espagnol :
1. Nous payons. 2. Je marche. 3. Toi tu arrives et nous, nous partons.
4. Nous les Barcelonais, nous avons une bonne équipe de football.
5. Elle a de la chance, moi pas. 6. Et toi, qu'en sais tu ? *(ne pas traduire "en")*. 7. Nous étions morts de rire toi et moi.

210 Pronoms personnels (3) : pronoms compléments directs de 3ᵉ personne

1 Formes.

	singulier	pluriel
masculin	*lo, le* (le, l')	*los, les* (les)
féminin	*la* (la, l')	*las* (les)
neutre	*lo* (le, l')	

2 Emplois.
Au masculin :

● Quand le pronom désigne une personne on utilise, aussi bien *le* que *lo*. Au pluriel, dans les mêmes conditions, l'emploi de *les* est plus rare.

Lo (ou *le*) *he visto esta mañana.*
Je l'ai vu ce matin.

● Quand il ne s'agit pas d'une personne, on utilise *lo* et *los*.

Este libro, acabo de leerlo.
Ce livre, je viens de le lire.

Au féminin, on emploie *la* dans tous les cas.

Exercice

Remplacez le complément en caractères gras par le pronom personnel correspondant :
1. Pon **la leche** en la nevera. 2. Los obreros eligieron **a sus delegados**. 3. Mandaron **a Matilde** a casa de su amiga. 4. Tengo que cambiar **el dinero** en ese banco. 5. El museo acaba de comprar **esos cuadros**.

211 *Pronoms personnels (4) : pronom neutre* lo

1 **Un pronom neutre ne peut jamais remplacer un nom** puisque tous les noms sont masculins ou féminins. Il **reprend** donc un **démonstratif neutre**, un **adjectif**, une **phrase**, une **idée**.

Esto lo sé de memoria.
Ça, je le sais par cœur.

2 *Lo* **attribut** peut **reprendre** un **adjectif**, un **participe passé**, un **nom**.

Estás cansado y yo lo estoy también.
Tu es fatigué et je le suis aussi.

Remarque

Lo accompagne *todo* quand ce dernier est COD.

Lo vi todo.
J'ai tout vu.

Exercice

Traduisez en espagnol :
1. Il est menuisier (el carpintero), son père l'était aussi. 2. Cela, ne le répète à personne. 3. S'il te plaît, dis-le-moi. 4. Il est travailleur, je le reconnais (reconocer). 5. Elle est déçue (decepcionar), je le suis aussi.

212 *Pronoms personnels (5) : pronoms compléments indirects de 3ᵉ personne*

1 **Formes.**

	singulier	pluriel
masculin et féminin	le (lui)	les (leur)

Le han puesto una multa.   *Les devolveré lo que me sobre.*
On lui a mis une amende.   Je leur rendrai ce que j'aurai en trop.

2 **Emploi particulier.**
Un pronom peut annoncer le complément indirect placé derrière le verbe : son emploi, non obligatoire, est néanmoins très fréquent.

Le regalé un disco a mi hermana.
J'ai offert un disque à ma sœur.

Exercice

Remplacez le complément en caractères gras par le pronom personnel correspondant :
1. Juan, pide un cortado **al camarero**. 2. En la aduana pidieron **a los viajeros** que abrieran las maletas. 3. Propuse **a Cecilia** que me acompañara. 4. Hizo una seña **a sus compañeros** y se acercaron. 5. Para Reyes, mandaré unos juguetes **a mis sobrinas**.

213 *Pronoms personnels (6) : place*

Les pronoms personnels compléments d'objet (directs et indirects) peuvent se placer devant ou derrière le verbe.

1 Derrière le verbe et soudé à lui (= enclise), quand le verbe est à l'infinitif, au gérondif et à l'impératif affirmatif.

divertir**se**   escuchándo**le**   ayúda**me**
s'amuser   en l'écoutant   aide-moi

Attention ! N'oubliez pas d'ajouter l'accent écrit, car verbe + pronom(s) ne forment alors qu'un seul mot auquel doivent être appliquées les règles de l'accent tonique (voir n° 12).

decir → decirlo → decír**selo**
enseñar → enseñándolo → enseñándo**selo**

Remarque

L'enclise du pronom apparaît parfois, dans la langue littéraire, au début d'une phrase, si le verbe est à un temps de l'indicatif ou au conditionnel (= enclise stylistique).

Levantóse, iracundo.   *Acercáronse todos.*
Il se leva, courroucé.   Ils s'approchèrent tous.

2 Devant le verbe dans tous les autres cas.

se divierte   **le** escuchó   **me** ayuda
il s'amuse   il l'écouta   il m'aide

Remarque

Si on a un verbe conjugué suivi d'un infinitif ou d'un gérondif, le ou les pronoms se placent soit devant le verbe, soit accrochés à l'infinitif ou au gérondif.

*Estoy escuchándo**la**.*   ou   ***La** estoy escuchando.*
Je suis en train de l'écouter.

*Voy a explicár**telo**.*   ou   ***Te lo** voy a explicar.*
Je vais te l'expliquer.

Exercices

1. *Remplacez dans les phrases suivantes le complément en caractères gras par le pronom personnel correspondant :*
1. Estoy ayudando **a Juan Ramón**. 2. Voy a visitar **el Museo Etnológico**. 3. ¡ Trae **la maleta** ! 4. Precise Vd. **sus condiciones**.

2. *Traduisez en espagnol :*
1. Tu lui écris. 2. Il faut l'aider. 3. en te le disant 4. Ouvre-moi. 5. Vous (Vd.) nous le raconterez. 6. Il ne veut pas me le prêter. 7. L'ayant reconnue, il l'appela. 8. Je ne crois pas l'avoir vu.

214 Pronoms personnels (7) : ordre

1 Le pronom indirect précède toujours le pronom direct.
Cela est vrai aussi bien devant que derrière le verbe (voir place des pronoms n° 213).

Te lo explicaré.   Explíca*melo*.
Je te l'expliquerai.   Explique-le-moi.

2 Lorsque deux pronoms de 3ᵉ personne sont employés simultanément, le **premier** (c'est-à-dire l'indirect) **devient *se*** dans tous les cas.

se lo : le lui, le leur, vous le (politesse)
se la : la lui, la leur, vous la (politesse)
se los : les lui, les leur, vous les (politesse)
se las : les lui, les leur, vous les (politesse)

Exercice

Remplacez le ou les compléments en caractères gras par les pronoms personnels correspondants :
1. Necesito contar **la historia a Carmela**. 2. Préstame **mil pesetas**. 3. Su padre le deja conducir **el coche**. 4. Enséñanos **las fotos**. 5. Señor, le traigo **la cuenta** en seguida. 6. Os agradezco **el detalle** (la délicatesse).

215 Pronoms personnels (8) : *usted, ustedes, vosotros*

1 Le vouvoiement.
Usted (singulier) et *ustedes* (pluriel) servent à exprimer l'équivalent du "vous de politesse" français. Leur forme abrégée est *Ud.* ou *Vd.*

(pour *usted*), **Uds.** ou **Vds.** (pour *ustedes*). Ce sont deux pronoms de **3ᵉ personne** (du singulier et du pluriel respectivement). Le **verbe** qui accompagne ces pronoms est donc **toujours à la 3ᵉ personne.**

¿ Qué **desea Vd.** ?   ¿ Qué **desean Vds.** ?
Que désirez-vous ?   Que désirez-vous ?

Les pronoms compléments sont ceux de 3ᵉ personne (voir le tableau général n° 208).

complément direct	singulier	pluriel
masculin	*le*	*les*
féminin	*la*	*las*

complément indirect	singulier	pluriel
masculin et féminin	*le*	*les*

Señor, **le** *acompaño.*   *Señora,* **la** *acompaño.*
Monsieur, je vous accompagne.   Madame, je vous accompagne.

S'il y a un risque de confusion sur la personne désignée par *le* ou *les* on ajoute *a usted, a ustedes.* Ainsi, on aurait pu dire :
Señor, **le** *acompaño* **a Vd.**
Monsieur, je vous accompagne.

*Señor, no sé cómo agradecer***le a Vd.**
Monsieur, je ne sais pas comment vous remercier.

Les adjectifs et les pronoms possessifs sont également ceux de la 3ᵉ personne.

¿ *Cómo está* **su** *esposa* ?
Comment va votre épouse ?

2 Le tutoiement pluriel.

Le pronom *vosotros, -as* est le pluriel de *tú* et correspond au "vous" français quand celui-ci désigne plusieurs personnes que l'on tutoie individuellement.

Tú, *Paco, y* **tú,** *Gabriel,* **venid** *conmigo.*
Toi, Paco, et toi, Gabriel, venez avec moi.

Y **vosotras** ¿ *qué* **opináis** ?
Et vous, qu'en pensez-vous ?

Le pronom complément correspondant est *os* (voir n° 208).

Os *esperaré hasta las tres de la madrugada.*
Je vous attendrai jusqu'à trois heures du matin.

Remarques

• En espagnol le tutoiement est plus facile et plus fréquent qu'en français. Un professeur, par exemple, tutoie naturellement ses élèves ou ses étudiants.

• En Amérique Latine le tutoiement et le vouvoiement peuvent être notablement différents (emploi de *vos* en Argentine par exemple ; voir américanismes, n° 27.1).

Exercices

1. *Transformez les phrases suivantes en passant de la forme de politesse* (Vds.) *au tutoiement pluriel (2ᵉ pers. du pluriel). Modèle :* ¿ Qué quieren Vds. ? → ¿ Qué queréis ?
1. No sean tontos. 2. ¿ No me conocen Vds. ? 3. ¿ No se acuerdan de Pedro ? 4. ¿ Cómo está su tío ? 5. Si van Vds. a Alicante, tendré mucho gusto en acompañarles. 6. ¿ Quieren Vds. que les traiga un vaso de agua ? 7. ¡ Siéntense !

2. *Transformez les phrases suivantes en passant du tutoiement à l'emploi de* Vd. *Modèle :* Ven conmigo → Venga Vd. conmigo.
1. Mira estos edificios. 2. ¡ Qué linda eres ! 3. ¡ Figúrate si es importante el asunto ! 4. ¿ Quieres ir conmigo ? 5. Te lo he dicho mil veces. 6. ¡ Ponte detrás !

216 *Pronoms personnels (9) : placés après préposition*

Emploi.
Ils servent à renforcer un pronom direct ou indirect.

A mí me gusta...   *A ellos no los conozco.*
Moi, j'aime...   Eux, je ne les connais pas.

Formes.

● Après **entre, excepto, hasta** (au sens de "même"), **incluso, menos, salvo, según** on emploie les pronoms personnels **sujets** et non les formes après préposition (voir le tableau, n° 208).

todos **menos yo**   *según tú*
tous sauf moi   selon toi

● Avec la préposition *con* il existe 3 formes spéciales.
conmigo : avec moi
contigo : avec toi
consigo : avec soi, avec lui, avec elle, avec vous (politesse)

Venga Vd. **conmigo.**   *Iremos* **contigo.**
Venez avec moi.   Nous irons avec toi.

Sí et *consigo*.
Sí et *consigo* sont toujours réfléchis c'est-à-dire qu'ils renvoient au sujet du verbe.

Estaba fuera de **sí.**
Il était hors de lui.
Me parece demasiado exigente **consigo** *mismo.*
Il me semble trop exigeant avec lui-même.

Exercice

Traduisez en espagnol :
1. Lui, toujours si sûr de lui ! 2. Elle ferma doucement la porte derrière lui. 3. Elle marchait en regardant derrière elle. 4. Tu te leurres (engañarse) toi-même. 5. Je déjeunerai (almorzar) avec toi demain. 6. Qu'adviendra-t-il de (ser de) toi sans moi ? 7. Madame, garderez-vous ce sac avec vous dans l'avion ?

217 *Pronoms personnels (10) : constructions pronominales*

1 À certains verbes pronominaux espagnols peuvent correspondre des verbes français qui ne le sont pas et inversement.

*No **me atrevo** a saltar.* *Es hora de **descansar**.*
Je n'ose pas sauter. Il est l'heure de se reposer.

2 La construction pronominale remplace fréquemment la **tournure passive.**

*Esos zapatos **se fabrican** en España.*
Ces chaussures sont fabriquées en Espagne.

Remarque

Dans une tournure active, la mise en avant du COD repris par le pronom personnel correspondant est fréquente.

*Al taxista **le atacaron** unos desconocidos.*
Le chauffeur de taxi fut attaqué par des inconnus.

▶ Pour le passif, voir n° 193.
Pour la traduction de "on", voir n° 181.

3 La construction pronominale exprime une **idée de possession.**

Se quitó los guantes. *Me pasé las vacaciones trabajando.*
Il ôta ses gants. J'ai passé mes vacances à travailler.

Se ganaban la vida difícilmente.
Ils gagnaient leur vie difficilement.

4 La construction pronominale souligne l'**intensité de l'action** ou la **part que prend le sujet** à sa réalisation avec des verbes comme : *subir, caer, comer, beber, quedar, estar, morir...*

Me he caído bajando las escaleras.
Je suis tombé en descendant l'escalier.

Se ha comido dos pasteles.
Il a mangé deux gâteaux.

Exercice

Traduisez en français :
1. ¡ Silencio !, exclamó. 2. Esa novela se publicó el año pasado. 3. Me voy a quitar la chaqueta. 4. ¡ Miguelito, no riñas con tu hermano ! 5. ¡ Estáte quieta ! 6. Con el frío ambos se soplaban los dedos.

218 Prononciation

1 Généralités.

La prononciation de l'espagnol est dans l'ensemble simple et claire puisqu'**à chaque lettre correspond un son** et que toutes les lettres se prononcent, **excepté le *h*, et le *u*** dans les groupes *gue, gui, que, qui* – [ge], [gi], [ke], [ki] –. *Ch* et *Ll* sont deux lettres à part entière – [tʃ] et [λ] –.

2 Prononciation des consonnes.

● Les consonnes dont la prononciation ne diffère pas des consonnes françaises correspondantes sont ***c* devant *a, o, u,*** ou **devant** une **consonne**, et ***k, qu, f, l, m, n, p, t*** (voir n° 259), ***y***.

capa	copa	cupo	kilo	quena
fila	fama	lana	mano	nota
pipa	topo	maya	hoyo	yunta

● Les consonnes dont la prononciation est différente ou mérite quelque remarque figurent à leur place alphabétique.

3 Prononciation des voyelles.

● Il y a 5 voyelles *(a, e, i, o, u),* qui conservent chacune la même prononciation **quelle que soit leur place dans le mot.**

a comme dans "plat"   *ala*
e comme dans "pré"   *tele*
i comme dans "riz"   *civil*
o comme dans "mode"   *modo*
u comme dans "fou"   *tú*

● Lorsqu'une voyelle est suivie de *m* ou de *n,* les deux sons restent distincts dans la prononciation et la voyelle conserve son timbre habituel.

Le son du *a* est identique dans *mata* et dans *manta*
   e   *veta*   *venta*
   i   *cita*   *cinta*
   o   *sobra*   *sombra*
   u   *mudo*   *mundo*

4 Représentation phonétique des consonnes.

consonne	symbole phonétique	consonne	symbole phonétique
B, V	[b], [β]	LL	[λ]
CH	[tʃ]	M	[m]
D	[d], [ð]	N	[n]
F	[f]	Ñ	[ɲ]
G + A, O, U ⎱ GU + E, I ⎰	[g], [γ]	P	[p]
		R	[r]
J ⎱ G + E, I ⎰	[x]	S	[s]
		T	[t]
		Y	[j]
C + A, O, U ⎱ QU + E, I ⎰	[k]	Z + A, O, U ⎱ C + E, I ⎰	[θ]
L	[l]		

219 Pues

1 **Pues renforce une affirmation** ou **attire l'attention** sur ce que l'on va dire. Il est, dans ce cas, en début de phrase : "eh bien".

Pues, mira, te lo voy a contar.
Eh bien, écoute, je vais te le raconter.

2 *Pues* **introduit une cause.**

Il peut se traduire par "puisque", "étant donné que", "car".

*Bien lo sé, **pues** me lo contaron.*
Je le sais bien, puisqu'on me l'a raconté.

3 *Pues* **introduit une conséquence.**

Il annonce la conclusion d'une pensée ou d'un développement ("donc") et est le plus souvent placé **après le premier mot** de la phrase entre deux virgules.

*No lograba determinarme. Decidí, **pues,** esperar dos días.*
Je ne parvenais pas à me déterminer. Je décidai donc d'attendre deux jours.

Attention ! *Pues* ne veut jamais dire "puis".

Notez

así pues : ainsi donc

Exercice

Traduisez en français :
1. Todos creían que era grave. Pues se curó en una semana. 2. Ella no renunciaría, pues nunca lo había hecho antes. 3. Me lo había prometido. Pues no vino. 4. No tiene motivo de queja, pues ha cobrado el doble. 5. Dejaron, pues, que pasara la tormenta. 6. Una tarde, pues, al despedirse, le dijo...

220 Qu : *prononciation*

Le groupe *-qu-* n'apparaît que devant un *e* ou un *i*. Le *u* ne se prononce jamais : *quiosco* se prononce comme *kiosco*.

querer   alquitrán   guateque

Remarque

Le son [kw] (comme en français dans "quoi") s'écrit toujours *cu*.

cuatro   cuenta   cuidado   cuota

221 *Que* (conjonction)

1 Pour introduire une subordonnée complétive (proposition complément du verbe) on utilise *que* suivi de l'indicatif ou du subjonctif (voir n° 253).

*Veo **que** estás contento.*
Je vois que tu es content.

● Il arrive que la conjonction *que* soit omise après les verbes de demande, d'ordre et de prière.

Le rogó (que) volviese cuanto antes.
Il lui demanda de revenir le plus vite possible.

● Si le verbe se construit avec une préposition, celle-ci doit être conservée devant *que*.

*Soñó **con que** salía de viaje.* (rêver : soñar con)
Elle rêva qu'elle partait en voyage.

2 "Que" est souvent utilisé en français pour reprendre une autre conjonction ("comme", "quand", "si"). Ce "que" ne doit pas être traduit en espagnol.

Cuando habla y no la entiendo, le pido que repita.
Quand elle parle et que je ne la comprends pas, je lui demande de répéter.

Si vas a esa exposición y te parece interesante el catálogo, cómpramelo.
Si tu vas à cette exposition et que le catalogue te semble intéressant, achète-le-moi.

Exercice

Traduisez en espagnol :
1. Comme il te l'a demandé et qu'il insiste, réponds-lui. 2. Bien que tu le connaisses et qu'il t'estime, il n'a rien pu faire. 3. Quand vous (vosotros) aurez fini et que vous serez prêts, nous partirons. 4. Tu ne te rends pas compte qu'il y a beaucoup à (que) faire. 5. Si tu demandes à ton père et qu'il te répond que oui, tout ira bien. 6. Nous étions sûrs que ça arriverait.

222 ¡ Qué ! *exclamatif*

1 *Qué* suivi d'un **adjectif**, d'un **nom** OU d'un **adverbe**.

Qué + adjectif ou adverbe : "comme… ", "que… ", "quel… "
Qué + nom : "quel…"

| ¡ **Qué** bonito ! | ¡ **Qué** jugador ! | ¡ **Qué** tarde es ! |
| Comme c'est joli ! | Quel joueur ! | Comme il est tard ! |

2 *Qué* suivi d'un **nom** ET d'un **adjectif**.

Qué + nom + *más* + adjectif : "quel"
Qué + nom + *tan* + adjectif : "quel"

¡ **Qué** jugador **más** rápido !   ¡ **Qué** flores **tan** bonitas !
Quel joueur rapide !   Quelles belles fleurs !

▶ Pour les tournures exclamatives, voir aussi *cuanto* n° 77, *lo… que* n° 151.5, *vaya* n° 270.

Exercice

Traduisez en français :
1. ¡ Qué bruto (animal) eres ! 2. ¡ Qué fiesta más animada ! 3. ¡ Qué idea tan rara ! 4. ¡ Qué persona más amable ! 5. ¡ Qué simpática es Marta !

223 ¿ Qué ? et ¿ quién ? *interrogatifs*

1 ¿ *Qué…* ?

● Adjectif interrogatif : "quel", "quelle", "quels", "quelles".

¿ *Qué* flores has comprado ?
Quelles fleurs as-tu achetées ?

• Pronom interrogatif pour les choses : "que", "quoi".

¿ **De qué** se trata ? ¿**Qué** dices ?
De quoi s'agit-il ? Que dis-tu ?

2 ¿ Quién... ? (singulier), ¿ Quiénes... ? (pluriel).
Quién n'est que pronom interrogatif ("qui"). Il s'emploie **uniquement** pour les **personnes**.

¿ **Quién** te lo contó ? ¿ De **quién** me estás hablando ?
Qui te l'a raconté ? De qui me parles-tu ?

Remarque
L'emploi est le même au style indirect (l'accent écrit est maintenu, voir l'interrogation n° 145.2).

Exercice
Complétez avec qué ou quién :
1. ¿ ... tomas, café ? 2. ¿ Para ... es la carta ? 3. ¿ ... le pasa al muchacho ? 4. ¿ Yo ... sé ? 5. ¿ ... ha de ayudarte sino yo ? 6. ¿ ... importa ?

224 Querer

Le verbe *querer* signifie "aimer" et "vouloir".

1 Querer : "aimer" (= éprouver de l'amour).
Le COD est toujours précédé de *a* dans cet emploi.

Quería mucho **a** su abuela, que la había criado.
Elle aimait beaucoup sa grand-mère qui l'avait élevée.

2 Querer : "vouloir".

Quiere un piso que esté más cerca del mar.
Il veut un appartement qui soit plus près de la mer.

Quiero escribir un libro sobre este pueblo.
Je veux écrire un livre sur ce village.

Él no **quiere** que le ayuden.
Il ne veut pas qu'on l'aide.

Remarque
Amar signifie également "aimer" dans un registre plus élevé.

amar a Dios	**amar** al prójimo	**amar** la libertad
aimer Dieu	aimer son prochain	aimer la liberté

Exercice

Traduisez en espagnol :
1. Je veux que tu le lui dises. 2. Nous nous aimions tant ! 3. Nous aimons la justice. 4. Nous voulons que cela cesse. 5. Veux-tu me répondre ? 6. Patricia, nous l'aimons beaucoup.

225 ¡ **Quién... !** *(optatif)*

Quién... + imparfait ou plus-que-parfait du subjonctif, à la 3e personne du singulier, exprime en langue littéraire un souhait ou un regret personnel.

¡ *Quién pudiera a una sirena encontrar !*
Ah, si je pouvais rencontrer une sirène !

226 *R : prononciation*

Le **r** espagnol est radicalement différent du "r" français et ne devra jamais être confondu avec lui. Il n'est jamais guttural, mais "roulé" (tel qu'il est parfois prononcé en France dans certains parlers du Midi et du Centre).

1 *R* simple.
La pointe de la langue vient frapper l'arrière des incisives supérieures à peu près comme pour un **d** ou un **l** produisant un seul battement.

trasto   drama   marca   parte   pero   para   ir

2 *R* multiple.
Plusieurs **r** simples se succèdent rapidement, produisant comme un roulement. Pour réaliser le son, on ouvre un peu plus la bouche pour faciliter la vibration de la pointe de la langue. On prononce ainsi :

- **r** au début d'un mot : *ropa*, *ritmo*, *rubio*.

- **r** après **l**, **n**, **s** : *alrededor*, *sonrisa*, *israelí*.

- **rr** entre deux voyelles : *perro*, *parra*, *tierra*, *guitarra*.

227 *Raro*

1 *Raro*, *-a* devant un nom.
Il signifie "rare", pour souligner une caractéristique peu commune.

encajes de rara delicadeza
des dentelles d'une rare délicatesse
una chica de una rara inteligencia
une fille d'une rare intelligence

2 *Raro*, *-a* derrière un nom.
Il signifie "étrange", "bizarre".

*Es una chica **rara**.*
C'est une fille étrange.

3 *Raro, -a* attribut.
Il pourra avoir selon le contexte les deux sens précédents.

*Las heladas son muy **raras** por aquí.*
Les gelées sont très rares par ici.

*¿ No lo encuentras **raro** hoy ?*
Ne le trouves-tu pas bizarre aujourd'hui ?

Exercice

Traduisez en français :
1. ¿ Te resulta raro, verdad ? Sin embargo a mí me parece natural. 2. ¡ Qué cosa más rara ! 3. Es rarísimo, pero pasó exactamente así. 4. Era de una rara belleza. 5. Los accidentes no son raros en este cruce.

---

228 *Regretter*

1 *Sentir.*
Ce verbe exprime le mécontentement ou la déception, et équivaut à "déplorer" (*lamentar*).

***Siento** que estéis enfadados.*
Je regrette que vous soyez fâchés.

*No iré, lo **siento** mucho.*
Je n'irai pas, je regrette beaucoup.

2 *Echar de menos.*
Lorsqu'on regrette l'absence de quelqu'un ou de quelque chose.

***Te he echado** tanto de **menos**...*
Tu m'as tellement manqué...

*Ya no venían sus amigos de antes, y él no **los echaba de menos**.*
Ses amis d'avant ne venaient plus et il ne les regrettait pas.

3 *Añorar.*
Lorsqu'on regrette une absence, mais avec une nuance de nostalgie et de mélancolie plus marquée.

*Ella **añoraba** los veranos de aquel tiempo.*
Elle regrettait les étés de ce temps-là.

Exercice

Traduisez en espagnol :
1. Excusez-moi (Vd.), je regrette vraiment. 2. Nous te regretterons quand tu partiras (irse). 3. Il regrettait la lumière de son pays et il en parlait souvent. 4. Je regrette de devoir te le répéter. 5. Tu regrettes cet appartement ? 6. Il passe son temps à regretter le passé.

229 Relatifs (1) : tableaux récapitulatifs

qui, que, quoi, lequel			
SUJETS			
qui	personnes et choses	*que*	*el muchacho que se acerca...* le garçon qui s'approche... *los libros que se publican...* les livres qui sont publiés...
qui, lequel (relatives explicatives)	personnes et choses	*que, el cual*	*La señora, que se impacientaba, se despidió.* La dame, qui s'impatientait, prit congé. *Llegaron otros viajeros, los cuales no pudieron alojarse.* D'autres voyageurs arrivèrent, lesquels ne purent pas se loger.
	personnes	*quien* (littéraire)	*El secretario, quien estaba callado, intervino entonces.* Le secrétaire, qui était silencieux, intervint alors.
ce qui, chose qui	(neutre)	*lo cual*	*Ellos no protestan, lo cual me asombra.* Ils ne protestent pas, ce qui m'étonne.
COD			
que	personnes	*a quien, al que (al cual)*	*la chica a quien esperas...* la fille que tu attends...
	choses	*que*	*la revista que suelo comprar...* la revue que j'ai l'habitude d'acheter...
COI			
prépos. + **qui** prépos + **lequel**	personnes	prépos. + *quien* prépos. + *el que* (prépos. + *el cual*)	*sus hijos, por quienes se preocupa tanto...* ses enfants, pour qui elle se fait tant de souci...
	choses	prépos. + *el cual*	*el edificio delante del cual estamos...* l'immeuble devant lequel nous nous trouvons...
		prépos. + *el que* (omision possible de l'article, voir n° 232.1)	*la habilidad con la que obra...* l'habileté avec laquelle il agit...
prépos. + **quoi**	(neutre)	prépos. + *lo cual* prépos. + *lo que*	*Estudió mucho, con lo cual aprobó.* Il étudia beaucoup, grâce à quoi il fut reçu.

dont				
dont le... complément d'un nom sujet	personnes et choses	***cuyo***	*el jazmín cuyas flores perfuman las noches andaluzas...* le jasmin dont les fleurs parfument les nuits andalouses...
dont le... complément d'un nom COD	personnes et choses	***cuyo***	*el comercio cuya instalación autorizaron...* le commerce dont on a autorisé l'installation...
dont complément d'un verbe ou d'un adjectif	personnes et choses	***del que***, ***del cual***	los *recursos de los que disponemos...* les ressources dont nous disposons...
	personnes	***de quien***	la *vecina de quien se queja...* la voisine dont elle se plaint...
dont + quantité	personnes et choses	***de los cuales***, ***de ellos*** (placés après une quantité)	*De este escritor tengo cuatro novelas, dos de las cuales con dedicatoria.* De cet écrivain j'ai quatre romans, dont deux sont dédicacés.
dont = parmi	personnes et choses	***entre los cuales***	*Toca varios instrumentos entre los cuales el violín.* Il joue de plusieurs instruments dont le violon.

où			
LIEU			
sans mouvement	***en donde***, ***donde*** ***en el que***, ***en el cual***	*el hotel donde se alberga...* l'hôtel où il est descendu... *el río en el que suele pescar...* la rivière où il a coutume de pêcher...
avec mouvement	prépos. + ***donde*** prépos. + ***el que*** prépos. + ***el cual***	*Iré a donde quiera.* J'irai où je voudrai. *la calle por la que pasas...* la rue par où tu passes...
TEMPS			
	en que	*el momento en que salieron...* le moment où ils sortirent...

230 Relatifs (2) : que

Que **a toujours un antécédent exprimé** et s'emploie aussi bien pour les personnes que pour les choses.

1 Sujet, il correspond au français "**qui**".
*Es una solución **que** satisface a todos.*
C'est une solution qui satisfait tout le monde.

2 COD, il correpond à "**que**" **pour les choses**.
*Lee el telegrama **que** acabo de recibir.*
Lis le télégramme que je viens de recevoir.

Remarque

En langue courante, *que*, COD de personne, remplace parfois *a quien* et *a quienes* (dont l'emploi est préférable).
*Recuerdo a esa chica **que** conocí en Ibiza.*
Je me souviens de cette fille que j'ai connue à Ibiza.

Exercices

1. *Traduire en français :*
1. Ésta es la marca que más éxito tiene. 2. Ha llamado una señora que quería hablarte. 3. Sentíamos el frío de la noche que caía. 4. Vio una fila de letreros luminosos que centelleaban. 5. El lavaplatos que acabo de comprar ya está averiado. 6. Por la puerta que dejaron entreabierta entraba el ruido de la calle. 7. La camisa que has comprado me está pequeña.

2. *Traduisez en espagnol :*
1. Le sport que je préfère c'est le ski. 2. Regarde les enfants qui jouent. 3. La chambre que j'ai réservée donne sur la rue. 4. Les légumes qu'ils mangent viennent de leur jardin.

231 Relatifs (3) : quien, quienes

Quien (pluriel : *quienes*) ne s'emploie que pour les personnes.

1 *Quien* **COD.**
Il est précédé de *a* et il correspond à "que".
*El fontanero **a quien** he llamado viene mañana.*
Le plombier que j'ai appelé vient demain.

2 *Quien* **COI** et **complément circonstanciel**.
Il est précédé de *a*, *con*, *de*, *en*, *para*, *por*... Il correspond à "à qui", "avec qui", "dont"...

*No está el empleado **con quien** habló Vd. ayer.*
L'employé avec qui vous avez parlé hier n'est pas là.
*Los vecinos **de quienes** me quejaba se mudan.*
Les voisins dont je me plaignais déménagent.

3 *Quien* sujet.
Il est séparé de son antécédent par une virgule (relative explicative) et correspond à "qui", "lequel", "laquelle"...

*El mismo autor, **quien** asistía a la función, fue aplaudido.*
L'auteur lui-même, qui assistait à la représentation, fut applaudi.

4 *Quien* sans antécédent.
● Il équivaut à *el que* et correspond à "qui" ou "celui qui".

***Quien** calla, otorga.*
Qui ne dit mot consent.

● Sujet d'une relative au subjonctif, il exprime le but et correspond à "quelqu'un qui".

*Buscaba **quien** la informase.*
Elle cherchait quelqu'un pour la renseigner.

Remarque

Dans les constructions de ce type, *quien* n'est pas précédé de *a* lorsqu'il est COD du verbe de la principale.

Notez

hay quien dice... : il y en a qui disent...
como quien dice... : comme qui dirait...
no hay quien (+ subj.) : il n'y a personne qui...

▶ Pour la traduction de "c'est... que", "c'est... qui", voir n° 54 et n° 55.

Exercices

1. *Traduisez en français :*
1. Se dirigió a Rodrigo, quien no le hizo caso. 2. Se casó con Álvaro, de quien soy primo hermano (cousin germain). 3. El profesor con quien estudia piano es un virtuoso. 4. Los soldados, quienes habían andado durante todo el día, tuvieron que seguir a marchas forzadas. 5. Quien busca, halla. 6. Es una persona a quien recuerdo con ternura. 7. Beatriz es una mujer a quien puedes escuchar. 8. A ése no hay quien le meta en cintura (mettre au pas). 9. Por fin ha encontrado quien le comprenda.

2. *Traduisez en espagnol :*
1. La fille avec qui tu sors est ma collègue (la colega). 2. C'est l'actrice pour qui le rôle a été écrit. 3. Mes amis, qui ne te connaissaient pas, t'apprécient. 4. La personne que j'attendais tarde à (en) venir. 5. Il y en a qui pensent le contraire.

232 Relatifs (4) : *el que, la que...*

1 *El que, la que, los que, las que.*
Ces pronoms s'emploient **après préposition** pour les personnes et pour les choses. Ils s'accordent avec leur antécédent.

*Es el primer acto de envergadura **en el que** participará el nuevo embajador.*
C'est la première manifestation d'envergure à laquelle participera le nouvel ambassadeur.

Remarque

Lorsque l'antécédent désigne des choses et qu'il est lui-même précédé d'un article défini, *el que, la que,* peuvent se réduire à *que.*

La *pluma* **con que** *escribo es nueva (ou* **la** *pluma* **con la** *que...).*
Le stylo avec lequel j'écris est neuf.

▶ Pour *el que* = *quien,* voir n° 231.4.

2 *En el que* et *en que.*
Ils correspondent à "où" introduisant des compléments de lieu ou de temps.

*Han reformado la oficina **en la que** trabajo.*
On a rénové le bureau où je travaille.

*Me refiero al año **en que** llegaste a Quito.*
Je fais allusion à l'année où tu es arrivée à Quito.

▶ Pour l'emploi de *donde,* voir n° 94.

Remarque

La préposition *en* peut être omise dans des expressions comme *el año que, el mes que, el día que, la vez que.*

El día que se fue...
Le jour où elle partit...

Exercices

1. *Employez* el que, la que,... *précédés de la préposition qui convient :*
1. Salieron al pasillo ... se apiñaba (s'entasser) la gente. 2. El violín ... toca el artista es antiguo. 3. El tono ... lo dijo nos divirtió mucho. 4. Era el ideal ... luchamos. 5. La ayuda ... se había hablado no llegó a tiempo. 6. Era muy interesante el tema ... habló el periodista. 7. Han llegado los amigos ... esperábamos.

2. *Traduisez en espagnol :*
1. La rivière où il tomba n'était pas profonde. 2. La situation dans laquelle il se trouve est préoccupante. 3. J'ignore les raisons pour lesquelles tu te comportes (portarse) ainsi. 4. L'itinéraire par lequel je passe est plus court. 5. La personne à laquelle il va nous présenter nous conseillera.

233 Relatifs (5) : *el cual, la cual...*

El cual (*la cual, los cuales, las cuales*) s'emploie pour les personnes et pour les choses, accordé avec l'antécédent.

1 *El cual* après préposition.
Il s'emploie comme *el que* (n° 232), mais avec une moindre fréquence.

*Es la canción **con la cual** se hizo famosa.*
C'est la chanson avec laquelle elle est devenue célèbre.

2 *El cual* sans préposition.
El cual sujet est toujours séparé de son antécédent par une virgule et correspond au français "qui", "lequel".

*Preguntaron a los transeúntes, **los cuales** no se habían enterado.*
On demanda aux passants, lesquels ne s'étaient aperçus de rien.

3 *Lo cual*, neutre.
Également après une virgule, il correspond à "ce qui", "ce que".

*Le salió mal el asunto, **lo cual** no era de extrañar.*
L'affaire tourna mal pour lui, ce qui n'était pas étonnant.

Exercices

1. *Traduire en français :*
1. Nos prestaron un coche, lo cual nos permitió visitar la provincia. 2. Fue muy lucido el acto con el cual se abrieron las fiestas. 3. Resultaron optimistas las previsiones según las cuales íbamos a capear (surmonter) la crisis. 4. No tengo más que una hermana, la cual vive en Valparaíso. 5. Favorecieron el diálogo, lo cual fue una decisión positiva.

2. *Traduisez en espagnol :*
1. Je ne reconnais pas le chemin par lequel tu nous emmènes. 2. Nous avons vu le responsable, lequel a pu nous renseigner. 3. Il critique tout, ce qui déplaît (disgustar) à beaucoup de gens. 4. Il écarta le rideau derrière lequel il y avait une porte.

---

234 Relatifs (6) : *cuyo, cuya...*

1 *Cuyo, -a, -os, -as* : "dont le...", "dont la..." (voir "dont" n° 95).

*Un programa **cuya** máxima virtud es la eficacia.*
Un programme dont la plus grande vertu est l'efficacité.

2 Cuyo, -a... précédé d'une préposition : "duquel", "de laquelle"...

*colinas **en cuyas laderas** abunda la retama*
des collines sur les pentes desquelles abonde le genêt
*Tome Vd. la calle **en cuya esquina** está la farmacia.*
Prenez la rue au coin de laquelle se trouve la pharmacie.

Exercices

1. *Réunissez les deux phrases en une seule, selon le modèle :* El árbol es un abedul. Su tronco es blanco. → El árbol cuyo tronco es blanco es un abedul.
1. El velero sale mañana. Su tripulación está descansando. 2. Es una hazaña (exploit). Sus autores no se dieron a conocer. 3. Es un acontecimiento notable. Sus circunstancias son conocidas. 4. Esta película es maravillosa. Su guión está sacado de una novela. 5. Entramos en una sala. Colgaba (être suspendu) de su techo una araña (lustre) de cristal. 6. Eran altos árboles. Sus cimas ocultaban el sol.

2. *Traduisez en français les phrases obtenues dans l'exercice précédent.*

235 Répétition

Le préfixe *re-* ne sert en espagnol à exprimer la répétition que pour un nombre de verbes limité : *rehacer* (refaire), *reponer* (remettre), *revivir* (revivre), par exemple.
Dans la majorité des cas on utilisera les constructions suivantes :

1 Volver a + infinitif.

***Volvió a colocar** el traje en el armario.*
Il replaça le costume dans l'armoire.
*Es una felicidad **volver a verte.***
C'est un bonheur de te revoir.

2 Verbe + de nuevo ou otra vez.

***Colocó de nuevo** el traje en el armario.*
Il replaça le costume dans l'armoire.
*Ricardo **puso otra vez** el motor en marcha.*
Ricardo remit le moteur en marche.

Exercices

1. *Traduisez en français :*
1. Se levantó y le llamó otra vez. 2. ¿ De qué sirvió decírselo otra vez ? 3. Arrancó de nuevo, avanzando unos diez metros. 4. Tienes que preparar otra vez ese examen. 5. Se había presentado de nuevo. 6. Lo afirma de nuevo en su discurso de hoy.

2. *Transformez les phrases de l'exercice précédent en employant* volver a.

236 · *Réussir à, obtenir*

1 "**Réussir à**", "**parvenir à**" (+ infinitif) : *lograr* ou *conseguir* (+ infinitif).
En espagnol, ces deux verbes se construisent sans préposition.
Consiguió acabar el crucigrama.
Elle réussit à finir les mots croisés.

2 "**Obtenir**" (quelque chose) : *lograr* ou *conseguir* (+ COD).
Este equipo ha logrado un título europeo.
Cette équipe a obtenu un titre européen.

3 "**Obtenir que**" : *lograr que* ou *conseguir que* (+ subjonctif).
No consiguió que se lo otorgasen.
Il n'obtint pas qu'on le lui permît.

Exercice

Traduisez en français :
1. Te ayudaré a conseguir tus metas (objetivos). 2. No logré terminar el rompecabezas (le puzzle). 3. Se afanan por imitarle y no lo consiguen. 4. En realidad, él trataba de conseguir mi apoyo. 5. No sé si podré conseguir que me lo manden por Correos. 6. Por mucho que me esfuerce, no logro recordarlo.

237 S : *prononciation*

1 Cas général.
Cette lettre, qui ne se double jamais, est toujours prononcée comme en français dans "basse" et non comme dans "base".

sol   sala   cosa   base   este   escape   escuela   español

2 Devant *r*.
La prononciation du **s** est généralement très affaiblie.

las rosas [la(s)rrosas]
israelí [i(s)rraelí]
nos reunieron [no(s)rreunieron]

3 Lorsque deux *s* se suivent.
L'un termine un mot et l'autre commence le suivant : un seul est prononcé.

risas sonoras [rrisasonoras]
preguntas sencillas [preɣuntasenθiλas]

Remarque

S en fin de syllabe ou de mot n'est pas toujours prononcé dans le sud de l'Espagne et en Amérique Latine.

238 *Seguir*

En plus du sens premier de "suivre", *seguir* entre dans plusieurs constructions traduisant **la durée d'une action**.

1 *Seguir* + gérondif.
Il correspond à "continuer à, de" + infinitif.

Sigue lloviendo.
Il continue de pleuvoir.

▶ Pour ce sens, voir le gérondif n° 130.4.

2 *Seguir* + adjectif ou participe passé.
Il signifie "rester", "être encore", "demeurer".

Carlos seguía perplejo.　　*Sigue impresionado por lo que ha visto.*
Carlos restait perplexe.　　Il est encore impressionné par ce qu'il a vu.

3 *Seguir sin* + infinitif.
Forme négative de *seguir* + gérondif. Elle signifie "continuer à ne pas…", "rester sans…".

Sigo sin entender por qué lo han hecho.
Je continue à ne pas comprendre pourquoi ils l'ont fait.

Exercice

Traduisez en français :
1. No quiero que eso siga sin resolver. 2. Siguió sin moverse más de diez minutos. 3. Esos sombreros siguen de moda. 4. Seguían transcurriendo los días sin que pasara nada. 5. ¿ Para qué nos sirve seguir haciendo planes ? 6. Esas palabras siguieron resonando durante años en su memoria. 7. A pesar de mis advertencias sigue sin trabajar. 8. La crisis sigue abierta a pesar de los esfuerzos del gobierno.

---

239 *Según*

1 Devant un nom ou un pronom.
Según signifie "selon", "d'après", "suivant".

según *la norma vigente*　　**según** *fuentes solventes*
selon la norme en vigueur　　selon des sources dignes de foi

Según *Pilar, es cuestión de unos días.*
D'après Pilar, c'est l'affaire de quelques jours.

Remarque

Après *según* on emploie les **pronoms personnels sujets** (voir n°s 208, 216.2).

Según *yo, Vd. no tiene razón.*
Selon moi, vous avez tort.

2 Devant un verbe.

● *Según :* "selon que", "d'après ce que", "comme".

Según me den *una respuesta u otra tomaré la decisión.*
Selon qu'on me donnera une réponse ou une autre, je prendrai ma décision.

Según dijeron *en la radio, el mal tiempo no va a durar.*
D'après ce qu'on a dit à la radio, le mauvais temps ne va pas durer.

- *Según* : "à mesure que" (voir *conforme* n° 69.3).

Según iban llegando, *se ponían en la cola*.
À mesure qu'ils arrivaient, ils se mettaient à la queue.

Remarques

• Après *según*, le futur d'éventualité français est rendu par le présent du subjonctif, et le conditionnel par l'imparfait du subjonctif (voir n° 254.1).

• On emploie aussi *según* pour situer dans le lieu.

La taquilla está a mano derecha **según se entra**.
Le guichet est à droite en entrant.

À la fin d'une phrase.

Según employé seul (verbe sous-entendu) correspond à "c'est selon", "cela dépend".

Me iré o me quedaré, **según**.
Je m'en irai ou je resterai, cela dépendra.

Exercices

1. *Traduisez en français :*
1. El proyecto se ordenaba según unas directrices (des lignes directrices) claras. 2. Todo pasó según lo habíamos previsto. 3. Surgían las dificultades según iban progresando. 4. Su puerta está a la izquierda según se sale del ascensor.

2. *Traduisez en espagnol :*
1. D'après les derniers sondages (un sondeo) c'est l'homme politique (el político) le plus populaire. 2. Il agit (actuar) selon un plan (un plan) prémédité (premeditado). 3. Selon toi, cela n'a pas d'importance. 4. D'après ce que nous savons, ce magasin va fermer. 5. Il voyage en train ou en avion, cela dépend.

240 *Sendos, sendas*

Cet adjectif, toujours au pluriel, ne s'emploie guère qu'à l'écrit et signifie "chacun un", "chacune une".

Le entregó los documentos con **sendas** *firmas*.
Il lui remit les documents avec leurs signatures respectives.

Dormían en **sendos** *cuartos*.
Ils dormaient chacun dans leur chambre.

Exercice

Traduisez en français :
1. Las habitaciones del hotel llevan sendos números en la puerta. 2. Los dos payasos tocaban sendos acordeones. 3. Llegaron los invitados con sendas botellas. 4. Los alumnos dieron sendas respuestas.

241 Si

En plus de ses emplois conditionnels (voir n° 67) *si*, comme son correspondant français, peut avoir d'autres valeurs.

1 *Si :* "quand", "puisque".

Si tenía mucho trabajo, no volvía a casa antes de las 9.
S'il avait beaucoup de travail, il ne rentrait pas chez lui avant 9 heures (= quand il avait...).

Si ya lo ha decidido todo, no intentes convencerle.
S'il a déjà tout décidé, n'essaie pas de le convaincre (= puisqu'il a...).

2 *Si* introduit une interrogation indirecte.

Te pregunto si estás de acuerdo.
Je te demande si tu es d'accord.

3 *Si* renforce une exclamation, une question.

Il est placé en début de phrase (langage familier).

¡ *Qué no, hombre !* ¡ *Si no me molestas !*
Mais non, voyons, tu ne m'ennuies pas du tout !

¿ *Si se habrán ido ?*
Est-ce que par hasard ils sont partis ?

Exercices

1. *Traduisez en français :*
1. ¡ Si es lo que yo digo ! 2. ¡ Si no hay duda ! 3. ¡ Si no me aburro ! 4. Dudaba si quedarse o marcharse. 5. ¡ Si yo no me río ! 6. Dime si te interesa.

2. *Traduisez en espagnol en utilisant* si *:*
1. Si je bois du thé, je ne peux fermer l'œil (pegar el ojo) de (en) toute la nuit. 2. Il n'y a vraiment rien à dire. 3. Mais puisque tout est clair ! 4. Si je me couche tôt, je ne peux pas dormir.

---

242 *Sí* et *sí que*

1 *Sí* (affirmatif) : "oui", "si".

— ¿ *Ha tenido Vd. buen viaje ?* — *Sí.*
— Avez-vous fait bon voyage ? — Oui.

— ¿ *No tienes sed ?* — *Sí.*
— Tu n'as pas soif ? — Si.

Notez

¡ *Eso sí !* : Ça oui !
¡ *Porque sí !* : Parce que c'est comme ça !

2 Sí que.

Devant un verbe, *sí que* marque l'insistance.

Allí sí que hace frío.   *¡ Aquél sí que era un gran torero !*
Là-bas, oui il fait froid.   Lui, c'était vraiment un grand torero !

Notez

¡ Eso sí que no ! : Ah, ça non !

Exercice

Renforcez les affirmations suivantes en utilisant sí que *:*
1. Este tren es rápido. 2. El chocolate está rico. 3. Eso me gusta. 4. Entonces éramos felices. 5. Ésas son sutilezas.

243 *Si no* et *sino*

1 *Si no :* "sinon".

Si no exprime une condition dont le verbe est sous-entendu. Dans ce cas, *si no* est **toujours suivi d'une virgule**.

Si me convidan, iré ; si no, no.
Si on m'invite, j'irai ; sinon, non.

2 *Sino :* "sinon", "si ce n'est".

Sino se trouve devant un nom ou un pronom.

¿ Quién podía decirlo sino tú ?
Qui pouvait le dire si ce n'est toi ?

3 *Sino :* "mais".

Dans ce sens, *sino* se trouve après une négation (voir n° 153.2).

No habló de la vida que llevaba, sino del porvenir.
Il ne parla pas de la vie qu'il menait, mais de l'avenir.

4 *No... sino :* "ne... que" (voir n° 163).

No podía sino protestar.
Elle ne pouvait que protester.

Exercice

Complétez en employant si no *ou* sino *:*
1. Tomaré un taxi, ... llegaré tarde. 2. Nadie ... ella se hubiera atrevido. 3. Como sigas así, no conseguirás ... disgustos. 4. No juego al baloncesto ... al balonvolea. 5. Si me lo mandas lo haré, ..., no. 6. Alberto no trabaja en Correos ... en Telefónica.

244 *Siempre* et *siempre que*

1 *Siempre :* "toujours".

Siempre quiere convencerme.
Elle veut toujours me convaincre.

2 *Siempre que* (+ subjonctif) : "**si toutefois**", "**pourvu que**".

Acepto, siempre que hagas lo que has prometido.
J'accepte, si toutefois tu fais ce que tu as promis.
No protestará siempre que le cambien el billete.
Il ne protestera pas pourvu qu'on change son billet.

Remarque

"Toujours" est parfois employé avec le sens de "encore" : Il attend toujours = Il attend encore. Dans ce cas, il faut le traduire par *aún* ou *todavía* ou bien employer *seguir* + gérondif : *aún trabaja, todavía trabaja, sigue trabajando.*

Exercice

Traduisez en français :
1. Siempre vuelve muy tarde. 2. Siempre lo he dicho. 3. Te lo ofrecerá, siempre que lo aceptes. 4. Siempre es así. 5. Nos reuniremos los lunes, siempre que no haya inconveniente (empêchement). 6. No siempre estamos de acuerdo.

245 *Simple*

On emploie *sencillo, simple* ou *mero*.

1 *Sencillo, -a.*

● Pour une chose, il indique qu'elle est composée de peu d'éléments, ou facile à réaliser.

Esos cinturones de seguridad son sencillos de utilizar.
Ces ceintures de sécurité sont simples à utiliser.

● Pour une personne, il indique qu'elle est naturelle et sans complication.

No me imaginaba que aquel escritor fuera un hombre tan sencillo.
Je ne m'imaginais pas que cet écrivain soit un homme si simple.

● *Sencillo, -a* est placé derrière le nom qu'il accompagne.

un mecanismo sencillo
un mécanisme simple

2 *Simple.*

● Placé devant un nom, il a un sens voisin de "seulement".

*Era una **simple tontería**.*
C'était une simple bêtise (et rien de plus).

● Placé derrière un nom ou employé seul, et appliqué à une personne, il a une valeur négative qui va de "crédule" à "sot".

*En mi vida he visto **hombre más simple**.*
De ma vie je n'ai vu un homme aussi sot.

Mero, -a.

Il est toujours placé devant un nom, avec un sens proche de *simple* + nom.

*El **mero hecho** de proponer eso le enfadó.*
Le simple fait de proposer cela le mit en colère.

Exercice

Traduisez en français :
1. Las reglas de este juego son sencillas. 2. Hazme el favor de contestar a esta simple pregunta. 3. El mero hecho de recordarlo me horroriza. 4. Incluso la técnica más sencilla implica riesgos. 5. Es una simple precaución. 6. Fue una mera casualidad encontrarnos allí. 7. Esto es de lo más sencillo.

246 Siquiera

1 *Siquiera* est **invariable**. Employé dans une phrase affirmative il signifie "au moins", "ne serait-ce que".

*Ya que no vienes mañana, quédate **siquiera** una hora conmigo.*
Étant donné que tu ne viens pas demain, reste au moins une heure avec moi.

2 *Ni siquiera* (+ verbe) : **"ne... pas même"**.

***Ni siquiera** pertenezco a esta asociación.*
Je n'appartiens même pas à cette association.

Parfois, dans cette tournure, *siquiera* n'est pas exprimé : le sens reste le même.

***Ni** pertenezco a esta asociación.*
Je n'appartiens même pas à cette association.

Remarque

No... siquiera, d'un emploi moins fréquent, a le même sens que *ni siquiera* (*no* précède le verbe et *siquiera* le suit).

***No** parpadeó **siquiera** cuando se enteró del suceso.*
Il ne sourcilla même pas quand il apprit l'événement.

Exercice

Traduisez en espagnol :
1. Le village ne figurait même pas sur la carte (el mapa). 2. Vous (Vd.) ne lui donnez même pas un coup de main (echar una mano) ? 3. Ça, on (se) ne le voit même pas dans les films. 4. Il ne tenta (intentar) même pas un combat inutile. 5. Il ne lit ses poèmes (un poema) à personne, même pas à moi. 6. Bon, je ne veux même pas y penser. 7. Prête-moi tes notes (los apuntes), ne serait-ce qu'une semaine.

247 Sobre

Sobre ne peut s'employer seul (à la différence de *encima* qui peut prendre une valeur adverbiale).

1 "Sur".

*Las tijeras están **sobre** la mesa.*
Les ciseaux sont sur la table.

2 "Au-dessus de".

*Se preparaba una tormenta **sobre** los cerros.*
Un orage se préparait au-dessus des collines.

20 grados sobre cero
20 degrés au-dessus de zéro

3 "À peu près", "vers" (approximation numérique).

***sobre** las 6*
vers 6 heures

Exercice

Traduisez en français :
1. La Paz está à 3630 metros sobre el nivel del mar. 2. Vendrás mañana sobre las diez. 3. Sobre el horizonte declinaba el sol. 4. Sobre la azotea habíamos colocado unos tiestos. 5. Sobre las cuatro, se presentó Fernando. 6. Salió del agua y se tendió sobre la arena (le sable).

248 Soler

Le verbe *soler* est toujours suivi d'un infinitif. Il correspond au français "avoir l'habitude de…". Il est parfois rendu par "d'habitude", "généralement", "souvent".

*Ellos **solían venir** a la hora de la cena.*
Ils avaient l'habitude de venir à l'heure du dîner.

*Aquí **suele llover** en marzo.*
Ici il pleut souvent en mars.

Remarque

Ce verbe ne s'emploie pratiquement qu'au présent et à l'imparfait.

Exercices

1. *Modifiez les phrases selon le modèle :*
Salen de vacaciones en julio → Suelen salir de vacaciones en julio.
1. Trabajo temprano. 2 Venía a contarme sus penas. 3. Va al colegio con Paquita. 4. Esas pilas duran unas 10 horas. 5. Desayuno té con tostadas. 6. Me sentaba allí a esperarle.

2. *Traduisez en français les phrases obtenues dans l'exercice précédent.*

249 *Solo* et *sólo*

Ne confondez pas : **solo, -a, adjectif,** qui signifie "seul, -e" avec **sólo, adverbe,** qui porte **un accent écrit** et signifie "seulement" (voir aussi "ne... que" n° 163.3).

*Se pasa horas **sola** en su cuarto.*
Elle passe des heures seule dans sa chambre.

*Quiero **sólo** un momento de atención.*
Je veux seulement un moment d'attention.

Remarque

Solo, -a ne peut pas rendre "le seul", "la seule", qui signifient "l'unique". Il faut employer dans ce cas *el único, la única*.

las únicas ventajas
les seuls avantages

Exercice

Complétez avec solo, -a *ou* sólo :
1. ... así se explica el éxito que tuvo. 2. ... encontraron esto y nada más. 3. Por favor, déjeme ... . 4. No difundieron una ... noticia. 5. ... hacen publicidad en la radio.

250 *Sortir*

1 *Salir :* "sortir" (d'un lieu).

***Salimos** de la oficina a la una.*
Nous sortons du bureau à une heure.

Remarque

La forme pronominale *salirse* s'emploie lorsque s'exprime davantage la volonté du sujet :

*La película era tan aburrida que Rosa **se salió** del cine.*
Le film était si ennuyeux que Rosa sortit du cinéma.

et lorsqu'on sort de limites exprimées ou sous-entendues.

*Perdió el control del camión que **se salió** de la carretera.*
Il perdit le contrôle du camion qui sortit de la route.

2 *Sacar :* "sortir" + COD (= retirer, extraire).

Sacó la cartera.
Il sortit son portefeuille.

Exercice

Traduisez en espagnol :
1. Les fauves (la fiera) sont sortis de la cage (la jaula). 2. L'avion vient de sortir son train d'atterrissage (el tren de aterrizaje). 3. C'est une revue économique qui sort le mercredi. 4. Sors le chien ! 5. Il sort tous les soirs.

251 *Se souvenir, se rappeler*

On emploie *acordarse de* et *recordar*. Ne confondez pas les constructions de ces deux verbes !

1 *Acordarse de.*

*No **me acuerdo de** la fecha.*
Je ne me souviens pas de la date.

2 *Recordar.*

*No **recordaba** los pormenores de la entrevista.*
Elle ne se rappelait pas les détails de l'entrevue.

Exercice

Transformez les phrases suivantes selon le modèle :
¿ Te acuerdas de aquel cine del barrio ? → ¿ Recuerdas aquel cine del barrio ?
1. No me acuerdo del día de su santo (sa fête). 2. ¿ Te acuerdas de aquella época ? 3. No se acordaba de cuándo la vio por primera vez. 4. No se acuerda de lo que hicimos por él. 5. ¿ Te acuerdas de su dirección ? 6. ¿ Os acordáis de que hemos de volver juntos ?

252 *Style direct et style indirect*

Les paroles ou les pensées d'une personne peuvent être rapportées **directement** (les paroles réelles sont retranscrites et encadrées par des guillemets dans la langue écrite) :

*Pablo me dijo : "**Mi** hermana **está** enferma".*
Pablo me dit : "Ma sœur est malade".

ou **indirectement**, dans une proposition subordonnée complément d'objet introduite par un verbe comme *decir, preguntar, pensar*...

*Pablo me dijo que **su** hermana **estaba** enferma.*
Pablo me dit que sa sœur était malade.

Le passage du style direct au style indirect implique des changements de temps, de mode et de personne.

1 Changement de temps.

verbe introduisant le discours direct et indirect	verbes des propositions subordonnées du discours indirect
présent, passé composé ou futur (1)	présent, passé composé ou futur (2)

(1) **Afirma** *el campeón : "Estoy listo, me **he preparado** y **ganaré** cuando **quiera**".*
Le champion affirme : "Je suis prêt, je me suis préparé et je gagnerai quand je voudrai."

(2) *El campeón **afirma** que **está** listo, que se **ha preparado** y que **ganará** cuando **quiera**.*
Le champion affirme qu'il est prêt, qu'il s'est entraîné et qu'il gagnera quand il voudra.

temps du passé (3)	imparfait, plus-que-parfait, conditionnel, imparfait du subjonctif (4)

(3) **Afirmó** *el campeón : "Estoy listo, me **he preparado** y **ganaré** cuando **quiera**".*
Le champion affirma : "Je suis prêt, je me suis préparé et je gagnerai quand je voudrai."

(4) **Afirmó** *el campeón que **estaba** listo, que se **había preparado** y que **ganaría** cuando **quisiera**.*
Le champion affirma qu'il était prêt, qu'il s'était préparé et qu'il gagnerait quand il voudrait.

2 Changement de mode.

Si les paroles rapportées du discours direct sont à l'impératif, la proposition subordonnée correspondante du discours indirect est au subjonctif.

*Le manda : "**Levántate** y **ayúdame**".*
Il lui ordonne : "Lève-toi et aide-moi".

*Le dijo : "**Prepárate**".*
Il lui dit : "Prépare-toi".

*Le manda que **se levante** y **le ayude**.*
Il lui ordonne de se lever et de l'aider.

*Le dijo que **se preparara**.*
Il lui dit de se préparer.

> *Remarque*

Au style indirect, on emploie l'imparfait de l'indicatif dans des subordonnées de condition au passé commençant par **si** (voir n° 67.3).

*Declaró que si **era** necesario, Paco lo haría.*
Il déclara que si c'était nécessaire, Paco le ferait.

3 Changement de personne.

Il concerne les verbes, les pronoms personnels, les pronoms et adjectifs possessifs.

*"**Me levanto** temprano", contestó.*
"Je me lève tôt", répondit-il.

*Contestó que **se levantaba** temprano.*
Il répondit qu'il se levait tôt.

*"¿ **Es tu** nueva bicicleta ?", me preguntó Juan.*
"Est-ce ta nouvelle bicyclette ?", me demanda Juan.

*Juan me preguntó si **era mi** nueva bicicleta.*
Juan me demanda si c'était ma nouvelle bicyclette.

*"Sólo le **interesa su** trabajo", añadió.*
"Seul son travail l'intéresse", ajouta-t-il.

*Añadió que sólo le **interesaba su** trabajo.*
Il ajouta que seul son travail l'intéressait.

> *Remarque*

Il existe un style indirect qu'aucun verbe n'introduit, que l'on trouve dans les récits, et qui rapporte les paroles ou les pensées d'une personne. On l'appelle **style indirect libre**.

"El mantón, ¿ dónde estaba ?, no pudo recordarlo ; pero lo buscaría."
(B. Pérez Galdós)
"Le châle, où était-il ? Elle ne put s'en souvenir ; mais elle le chercherait."

Exercice

Mettez les phrases suivantes au style indirect :
1. Le dice Adela : "Si no vienes conmigo, yo no vuelvo allá". 2. Le dijo su madre : "Métete en casa, no te resfríes, porque corre aire." 3. Contestó ella : "No estoy para paseos... Déjame tranquila". 4. Yo me preguntaba : "¿ Cómo ha de hacer carrera un hombre así ?" 5. "Veremos, por el momento no puedo contestarte", declaró. 6. "Dame alguna razón", repitió, "y dime algo que se te haya ocurrido". 7. A ella le preguntó : "¿ A ti no te molesta tal atmósfera ?" 8. Le gritó : "¡ Hazme el favor de cerrar las ventanas !" 9. Le suplicó : "No reveles nada del secreto que es mío". 10. Me suplica : "No darás un escándalo, no harás nada en contra mía."

253 Subjonctif (1) : généralités

1 Emplois communs en français et en espagnol.

- Dans l'expression du souhait.

Que te vaya bien.
Que tout se passe bien pour toi.

- Après les verbes de désir, de crainte et de volonté.

*¿ Quieres que **vayamos** a la verbena ?*
Veux-tu que nous allions à la fête ?

*Me temía que lo **sospechara**.*
Je craignais qu'il ne s'en doute.

- Après les expressions indiquant la nécessité.

*Es preciso que **estudie Vd.** la documentación.*
Il faut que vous étudiiez la documentation.

- Dans les subordonnées de but.

*Te dejo el periódico para que lo **leas**.*
Je te laisse le journal pour que tu le lises.

2 Emplois particuliers à l'espagnol.

En espagnol, le subjonctif est ressenti plus nettement qu'en français comme **le mode de l'action non réalisée ou de la réalité subjective** face à l'indicatif, mode de la réalisation et de l'objectivité.
On emploiera donc **le subjonctif** chaque fois qu'on exprimera une **hypothèse** ou une **éventualité** :

- après *acaso, tal vez, quizás* (voir n° 194)

- après *ojalá* (voir n° 180)

- après *aunque* (voir n° 40), *por más que*, etc. (voir n° 45)

- après *como, como si* (voir n° 58)

- dans l'expression de la condition (voir n° 67)

- après les verbes de demande, d'ordre et de défense (voir n° 144)

- dans les subordonnées de temps, de comparaison et de manière (voir n° 254)

- dans les subordonnées relatives (voir n° 255)

- après *esperar que* (voir n° 108.2)

Exercice

Mettez le verbe entre parenthèses à la forme voulue :
1. Dudo que eso ... posible. (ser) 2. Hacía falta que ellos nos ... (acompañar) 3. Es necesario que ... ellos. (venir) 4. Le obligó a que se ... en seguida. (decidir) 5. Te llamé para que ... algo. (hacer) 6. No creo que (nosotros) ... acompañaros. (poder)

Subjonctif (2) : emploi dans les subordonnées de temps, de comparaison et de manière

Dans les surbordonnées de **temps**, de **comparaison** et de **manière**, on emploie le **subjonctif présent** là où le français emploie le futur de l'indicatif.

1 Subordonnées de temps.
Le subjonctif traduit l'idée de futur après *cuando* (quand), *luego que, en cuanto, así como, tan pronto como* (dès que, aussitôt que), *mientras* (pendant que), *conforme, según* (au fur et à mesure que)...

Cuando llegue Inés, déle Vd. esta carta.
Quand Inés arrivera, donnez-lui cette lettre.

Tan pronto como haya una vacante, la contrataremos.
Dès qu'il y aura un poste vacant nous vous engagerons.

2 Subordonnées de manière et de comparaison.
Il en est de même après *como* (comme), *cuanto más* et *cuanto menos* (dans "plus... plus", "moins... moins").

Harás como quieras.
Tu feras comme tu voudras.

Cuanto más protestes menos te escucharán.
Plus tu protesteras moins on t'écoutera.

Remarque

Si la subordonnée est au conditionnel en français, elle est à l'**imparfait du subjonctif en espagnol**.

Mientras no se precisaran las condiciones tendrían que esperar.
Tant qu'on ne préciserait pas les conditions ils devraient attendre.

Exercices

1. *Traduisez en espagnol :*
1. Quand nous aurons réglé la question (el asunto), viens me voir.
2. Aussitôt que tu la verras, préviens-la (avisar). 3. Dès que tu entendras sa voiture, prépare-toi. 4. Il voulait être géologue (el geólogo) quand il serait grand (mayor).

2. *Transformez les phrases en mettant le verbe principal au futur :*
1. Me marcho cuando quieres. 2. Se comunican los resultados conforme van llegando. 3. Vamos cuando podemos y como podemos. 4. Cuanto más esperas más decepcionado estás.

255 Subjonctif (3) : emploi dans les subordonnées relatives

Dans le subordonnées relatives, le **futur à valeur d'éventualité** se traduit par le **subjonctif présent**.

*Le compraré todas las entradas que le **queden**.*
Je lui achèterai toutes les places qui lui resteront.

*Los que **lleguen** primero esperarán a los demás.*
Ceux qui arriveront d'abord attendront les autres.

Exercices

1. *Traduisez en français :*
1. Todos los chicos que participen en el juego ganarán un premio (prix). 2. Aceptará la solución que se le proponga. 3. Se hará todo lo que se pueda. 4. No nos interesan las novedades que presenten.

2. *Mettez au futur le verbe principal :*
1. Saluda a cuantos encuentra. 2. Me siento donde hay sitio. 3. Pones en el florero las rosas que has cortado. 4. Consigue todo lo que quiere.

256 Suffixes

Les suffixes suivants sont utiles à connaître et leur emploi est particulièrement fréquent.

1 Les suffixes -ada et -azo.

Ces suffixes traduisent l'idée de coup, au propre et au figuré. Les noms en -ada sont féminins ; ceux en -azo sont masculins.

manotada	: tape	manotazo	: tape
patada	: coup de pied	puñetazo	: coup de poing
puñalada	: coup de poignard	codazo	: coup de coude
estocada	: estocade	martillazo	: coup de marteau
cornada	: coup de corne	cañonazo	: coup de canon
ojeada	: coup d'œil	vistazo	: coup d'œil
corazonada	: pressentiment	flechazo	: coup de foudre
pedrada	: coup de pierre	telefonazo	: coup de téléphone

2 Les suffixes -al et -ar.

Ces suffixes désignent des lieux plantés ou remplis d'arbres, de céréales, de plantes ou de choses. Tous ces mots sont **masculins**.

trigal	: champ de blé	arenal	: terrain sablonneux
maizal	: champ de maïs	pedregal	: terrain pierreux
patatal	: champ de pommes de terre	olivar	: oliveraie
centenal	: champ de seigle	manzanar	: pommeraie
arrozal	: rizière	castañar	: châtaigneraie
naranjal	: orangeraie	pinar	: pinède
cañaveral	: cannaie (champ de cannes)	encinar	: chênaie

257 Sujet : place

1 Avant le verbe.
C'est le cas le plus fréquent, comme en français.

Clara bajó al mercado a comprar pescado.
Clara descendit au marché acheter du poisson.

Esteban desvió la mirada.
Esteban détourna son regard.

2 Après le verbe.
L'inversion du sujet est obligatoire :

● dans les phrases interrogatives et exclamatives, les propositions participes (voir n° 189.2), gérondives (voir n° 129.2) et infinitives (voir n° 143.2).

● avec les verbes *apetecer, avergonzar, doler, gustar, sentar, tocar*... dans les tournures comme :

*No me gustan **los fanfarrones**.*
Je n'aime pas les fanfarons (= ne me plaisent pas).

*¿ Te duele todavía **la pierna** ?*
As-tu encore mal à la jambe (= te fait-elle encore mal) ?

● quand la phrase commence par *ya* ou *bien*.

*Ya verá **Vd**.*   *Bien lo decía **mi padre**.*
Vous verrez bien.   Mon père le disait bien.

Attention ! Le sujet peut être placé après le verbe, notamment quand l'inversion convient au rythme et à l'équilibre de la phrase.

*De repente se abrió **la puerta del bar** y salió un chico.*
Soudain la porte du café s'ouvrit et un garçon sortit.

*Transcurrieron **quince minutos**.*
Quinze minutes s'écoulèrent.

Exercice

Traduisez en français :
1. Empezaba a entrar mucha luz por la ventana. 2. Todo esto me lo contó doña Ana. 3. Hoy, Roberto ha venido a verme. 4. Va a servirte el teatro para perfeccionar tu expresión. 5. Ya te lo dijo aquel señor. 6. Oye, Juan, ha llamado tu mujer. 7. Terminada la partida de ajedrez, se separaron.

258 Superlatif

Le superlatif absolu ("très" + adjectif).

- *Muy* + adjectif est la façon la plus courante de le traduire.

muy alto   *muy* difícil
très haut   très difficile

- Le suffixe *-ísimo, -ísima* peut également s'ajouter à un adjectif terminé par une consonne : *difícil → dificilísimo*, ou par une voyelle : *alto → altísimo*. La voyelle finale de l'adjectif disparaît. Il peut en résulter des modifications orthographiques pour conserver le son de la dernière consonne du radical.

rico → riquísimo   *feliz → felicísimo*

Les diphtongues devraient, en théorie, disparaître. En fait, ce n'est pas toujours le cas.

bueno → buenísimo   *fuerte → fortísimo* ou *fuertísimo*

Notez

Quelques superlatifs irréguliers (on leur préfère le plus souvent *muy* + adjectif).

amable → amabilísimo   *noble → nobilísimo*
antiguo → antiquísimo   *notable → notabilísimo*
fiel → fidelísimo   *célebre → celebérrimo*
libre → libérrimo   *mísero → misérrimo*

Le superlatif relatif ("le plus", "la plus", "le moins", "la moins" + adjectif).

- *El más, la más, los más, las más* + adjectif
El menos, la menos, los menos, las menos + adjectif

Es el más rápido de todos.
C'est le plus rapide de tous.

Attention ! on ne répète pas l'article, contrairement au français.

Es el corredor más rápido.
C'est le coureur le plus rapide.

Tomaremos el camino menos concurrido.
Nous prendrons le chemin le moins fréquenté.

- Après un superlatif, la subordonnée introduite par *que* se met à l'indicatif si le verbe indique **un fait réel**.

Es el corredor más rápido que conozco.
C'est le coureur le plus rapide que je connaisse. (subj. en fr.)

Mais on dira :

Compra los albaricoques más maduros que encuentres.
Achète les abricots les plus mûrs que tu trouveras.

▶ Pour l'emploi du subjonctif, voir n° 255.

Remarque

Mejor, peor, mayor, menor précédés de l'article défini deviennent des superlatifs.

el mejor *compañero*
le meilleur compagnon

Exercices

1. *Mettre au superlatif absolu (-ísimo, -a) l'adjectif en caractères gras :*
1. El cuarto era **grande**. 2. Hablaban en voz **baja**. 3. **Raro**, sí que lo es. 4. Ellos siempre llegan **puntuales**. 5. Era un tío **generoso**. 6. Es una costumbre **antigua**.

2. *Traduisez en espagnol :*
1. C'est l'événement scientifique le plus important du siècle (el siglo). 2. Ce fut la mesure la plus gênante pour ce secteur de la société. 3. Ce furent les journées les moins froides du mois de janvier. 4. C'est le train le plus confortable que j'aie pris. 5. C'était le plus haut poste (el cargo) de responsabilité. 6. Ce sont les grèves les plus longues qui aient eu lieu (ocurrir) dans cette branche (el ramo). 7. C'est la chose la plus insensée (disparatado) que j'aie jamais entendue. 8. la plus grande satisfaction

259 T : prononciation

1 *T* se prononce **comme en français.**

tapa   pato   tipo

2 *Ti* se prononce **toujours comme dans "tiers"** et **jamais comme dans "potion".**

patio [*patjo*]   *sitio* [*sitjo*]   *manantial* [*manantjal*]

260 Tal

1 *Tal* (pluriel : *tales*) : "tel".

Tal era la situación.
Telle était la situation.

*Decía **tales** disparates que todos se enfadaron.*
Il disait de telles sottises que tous se fâchèrent.

On n'emploie pas l'article indéfini devant *tal* (voir n° 38.2).

*Era inesperado **tal** resultado.*
Un tel résultat était inespéré.

Remarque

Tal a souvent une valeur d'adjectif démonstratif.

***Tal** solución no me gustaba.*
Cette solution ne me plaisait pas.

2 *El tal, la tal, los tales, las tales.*

Ils reprennent un élément précédemment nommé, et correspondent à un démonstratif.

*A pesar de mis esfuerzos, **el tal** no se dio por enterado.*
Malgré mes efforts, celui-ci fit la sourde oreille.

3 *Un(a) tal* + **nom propre : "un certain".**

***Un tal** Rodríguez preguntó por ti.*
Un certain Rodriguez t'a demandé.

4 ¿ Qué tal ?

Dans la langue courante ¿ *Qué tal* ? + verbe (exprimé ou ou sous-entendu) signifie "comment ?".

¿ **Qué tal** *(estás)* ?
Comment vas-tu ?

¿ **Qué tal** *has dormido* ?
Comment as-tu dormi ?

Notez

tal cual : de même, de la même façon

Miró cómo lo hacía su hermano y él lo hizo **tal cual**.
Il regarda comment faisait son frère et il fit de même.

de (tal) modo que : de (telle) sorte que

Dejaré la puerta abierta de (tal) modo que Vd. pueda entrar.
Je laisserai la porte ouverte de (telle) sorte que vous puissiez entrer.

Exercice

Traduisez en espagnol :
1. Une telle décision doit être annulée (cancelarse). 2. On ne peut pas se contenter de (con) cette éventualité. 3. Que penses-tu (opinar) d'un tel revirement (un viraje) ? 4. Qui peut donner une telle fête ? 5. Elle s'est mariée avec un certain García. 6. Comment s'est passé l'examen ?

261 *También* et *tampoco*

1 *También* : "aussi", "également".

yo **también**
moi aussi

También *nos hablaron.*
Ils nous parlèrent également.

2 *Tampoco* : "non plus".

Il se place, soit devant, soit derrière le verbe (voir n° 165.2). Le verbe peut également être sous-entendu et *tampoco* employé seul.

Eso, **no** *lo entiendo* **tampoco**.
Cela, je ne le comprends pas non plus.

Tampoco *era fácil convencerle.*
Il n'était pas facile non plus de le convaincre.

– ¿ *Te conviene eso ?* – **Tampoco**.
– Cela te convient-il ? – Non plus.

Exercices

1. *Employez* tampoco *dans les phrases suivantes en donnant les deux possibilités.*
Modèle : ¿ No vienes ? → ¿ No vienes tampoco ? *ou* ¿Tampoco vienes ?
1. No quiere venir conmigo. 2. No es culpa suya. 3. No se pararon delante del escaparate. 4. No tiene importancia lo que te dijo. 5. No vendrá hoy. 6. Este año, no iré a España.

2. *Employez* también *dans les phrases précédentes en supprimant la négation.*
Modèle : ¿ No vienes ? → ¿ También vienes ?

262 *Tant, tellement, si*

1 Dans l'expression de la conséquence.

tanto, -a, -os, -as + nom ... *que*
tan + adjectif ou adverbe ... *que*
tanto (invariable) + verbe ... *que*

*Transitan **tantos coches** por esta calle **que** es peligroso cruzarla.*
Tant de voitures circulent dans cette rue qu'il est dangereux de la traverser.

*El ciruelo están **tan cargado** de frutas **que** se doblan sus ramas.*
Le prunier est si chargé de fruits que ses branches ploient.

*Le gusta **tanto leer que** aprovecha cualquier momento para hacerlo.*
Il aime tellement lire qu'il met à profit le moindre moment pour le faire.

2 Dans l'expression de la cause.

● On utilise *tanto*.

de tanto, -a, -os, -as + nom ... *como*
de tan + adjectif ... *como*
de tanto (invariable) *como* + verbe

*Da gusto pescar aquí **de tantos** peces **como** hay.*
C'est un plaisir de pêcher ici tant il y a de poissons.

*Confío en él **de tan** simpático **como** me cae.*
J'ai confiance en lui tellement il m'est sympathique.

*La niña se sofocaba **de tanto como** lloraba.*
L'enfant suffoquait tant elle pleurait.

● On utilise *lo*.
Après *por* ou *con*, la valeur quantitative de l'article neutre *lo* suivi d'un adjectif (accordé) ou d'un adverbe peut également traduire "tant", "tellement".

por lo + adjectif ou adverbe ... *que*
con lo + adjectif ou adverbe ... *que*

*No me atrevo a hablarle **por (con) lo** furioso **que** está.*
Je n'ose pas lui parler tant il est en colère.

*Este traje casi no se nota **por (con) lo** ligero **que** es.*
Ce costume se sent à peine tellement il est léger.

*Encanta a todos **con (por) lo** bien **que** baila.*
Elle charme tout le monde tant elle danse bien.

Attention ! L'ordre des mots peut être différent du français.

Exercices

1. *Traduisez en espagnol :*
1. Il y a tant de monde dans la piscine qu'il est impossible de nager. 2. Ta valise est si lourde que tu ne peux pas la porter ! 3. J'ai eu si chaud que j'ai cru m'évanouir (desmayarse). 4. Ils protestèrent tellement que le gouvernement annonça un référendum populaire. 5. Tu m'en as parlé tant de fois que je ne vais pas l'oublier. 6. Il a lancé la balle si fort qu'il a cassé un carreau.

2. *Traduisez en espagnol en utilisant* de tanto ... como *:*
1. Ce modèle est épuisé tant il a eu de succès. 2. Il faisait peine à voir tant il paraissait découragé (desanimado). 3. Je suis enroué (ronco) tellement j'ai crié au match hier. 4. La rivière a débordé (desbordarse) tant il a plu dernièrement (últimamente). 5. Notre standard (la centralita) est encombré (saturado) tant nous recevons d'appels.

3. *Traduisez en espagnol en utilisant* por lo ... que *:*
1. L'immeuble fut démoli (derribar) tant il était vétuste (vetusto). 2. Nous ne pouvions pas parler tant nous étions émus. 3. Personne ne l'a remarqué tant il a agi rapidement. 4. Il n'a pas voulu attendre tellement il était impatient. 5. Je ne le reconnais pas tant il se comporte mal.

263 Temps composés : formation

1 Quel que soit le verbe considéré, **seul l'auxiliaire** *haber* **sert à former les temps composés.**

| **he** estudiado | **he** salido | me **he** aburrido |
| j'ai étudié | je suis sorti(e) | je me suis ennuyé(e) |

2 **Le participe passé est au masculin singulier et reste invariable.**

me he **aburrido**   nos hemos **aburrido**
je me suis ennuyé(e)   nous nous sommes ennuyés(es)

▶ Pour les irrégularités des participes passés, voir n° 188.2

3 **L'auxiliaire et le participe passé ne doivent pas être séparés.**

me he divertido **mucho**
je me suis beaucoup amusé(e)

▶ Pour la conjugaison des verbes, voir les tableaux p. 273 à 316.

Exercice

Traduisez en espagnol :
1. Je suis arrivé de bonne heure. 2. Nous étions déjà venus hier. 3. As-tu pris (sacar) les places (la entrada) ? 4. J'aurai fait mon (lo) possible. 5. Il aurait préféré le savoir. 6. Vous (Vd.) me l'aviez indiqué. 7. Je ne crois pas qu'il ait répondu. 8. Il vaudrait mieux (valer más) qu'il eût changé d'avis.

264 Tocar : a mí me toca, a ti te toca...

1 *A mí me toca* + infinitif.
Cette tournure a le sens de "c'est mon tour de...", "c'est à moi de...".

A mí me toca organizar el concurso.
C'est à moi d'organiser le concours.

La construction est identique quelles que soient les personnes et les temps ; il suffit d'employer les pronoms personnels qui conviennent (voir *gustar* n° 131).

A nosotros nos tocó estar de guardia.
Ce fut notre tour de monter la garde.

2 *A mí me toca* + nom sujet.
Tocar signifie alors "revenir", "échoir", "gagner".

Le tocó el apartamento de Rosas.
L'appartement de Rosas lui revint.

Le ha tocado el gordo de Navidad.
Il a gagné le gros lot de Noël.

Exercice

Traduisez en espagnol :
1. C'est mon tour de payer les consommations (la consumición). 2. C'est à nous de les inviter. 3. C'est à toi d'aller faire les courses (ir a la compra). 4. J'ai gagné le gros lot ! (el gordo). 5. Dans l'héritage (la herencia), les pâturages (los pastos) et les vignes (las viñas) lui revinrent. 6. Il lui revient d'ouvrir la séance (la sesión).

265 Todo

1 *Todo, todos, todas* sujets.
Son emploi est identique à celui de "tout" en français.

Todo ha de acabarse a las once.   *Todos* te lo han dicho.
Tout doit se terminer à onze heures.   Tous te l'ont dit.

2 *Todos, todas* compléments directs de personne.
Ils doivent être précédés de la préposition *a*.

Los he acompañado *a todos*.
Je les ai tous accompagnés.

3 *Todo* (pronom neutre) **complément direct.**
Il doit être accompagné de *lo*.

No sé nada de ti y quiero saber**lo todo**.
Je ne sais rien de toi et je veux tout savoir.

*Lo he preparado **todo**.*
J'ai tout préparé.

Exercice

Traduisez en espagnol :
1. Tout lui sembla clair. 2. Dis-moi tout ce que tu penses. 3. Elle veut tout faire. 4. Il les aime toutes ! 5. Ces places (el asiento), je les réserve toutes. 6. Elle disposa tout sur le plateau (la bandeja).

266 *Traer* et *llevar*

1 *Traer :* "apporter", "amener".

***Tráeme** esa carta en seguida.*
Apporte-moi cette lettre tout de suite.

*Hace falta que Vd. me **traiga** el contrato.*
Il faut que vous m'apportiez le contrat.

2 *Llevar et llevarse :* "emporter", "emmener".

Ces verbes traduisent le mouvement contraire à celui de *traer*.

***Llévame** de paseo contigo.*
Emmène-moi en promenade avec toi.

***Se llevó** todos los libros que ella le había prestado.*
Il emporta tous les livres qu'elle lui avait prêtés.

3 *Llevar :* "porter" (une charge, un vêtement...).

*Paco **lleva** el jersey que le regalaste.*
Paco porte le pull-over que tu lui as offert.

Exercice

Traduisez en espagnol :
1. Il m'apporta le jour même le bilan (el balance). 2. Il aimerait que tu l'emmènes avec toi au théâtre. 3. Si ce livre t'intéresse emporte-le chez toi. 4. Tu ne portes jamais la cravate (la corbata) que je t'ai offerte. 5. Apporte-moi de la monnaie (el cambio). 6. S'il vous plaît, apportez-nous (Vd.) une bouteille d'eau minérale.

267 *Tras, detrás de* et *atrás*

1 Pour situer dans l'espace.

• *Tras* et *detrás de* + nom : "derrière".

*Apareció la luna **tras** los montes.*
La lune apparut derrière les montagnes.

*El jardín está **detrás de** la casa.*
Le jardin est derrière la maison.

● **Detrás** peut s'employer sans *de* et avoir ainsi une valeur adverbiale.

*No te quedes **detrás**.*
Ne reste pas derrière.

● **Atrás** a une valeur adverbiale proche de celle de *detrás*.

*No te quedes **atrás**.* *Se dirigió hacia **atrás**.*
Ne reste pas en arrière. Il se dirigea vers l'arrière.

Notez

echarse hacia atrás : se pencher en arrière
echarse atrás : se dédire
dar marcha atrás : faire marche arrière

Pour situer dans l'espace.

● **Tras** + nom (ou infinitif) : "après".

tras esos acontecimientos...
après ces événements...

***Tras la última caída** de los cursos del azúcar, los expertos predicen una estabilización.*
Après la dernière chute des cours du sucre, les experts prévoient une stabilisation.

***Tras entrevistarse**, los ministros publicaron un comunicado.*
Après s'être réunis, les ministres publièrent un communiqué.

● **Atrás**, placé juste après l'expression d'une durée, signifie : "il y a", si l'on se situe par rapport au présent et : "avant" dans les autres cas.

***Quince días atrás** empezó a hacer novillos.*
Il y a quinze jours qu'il a commencé à "sécher" les cours.

***Dos años atrás** había restaurado la finca.*
Deux ans avant, il avait restauré la ferme.

Exercice

Traduisez en français :
1. Echó una mirada para atrás. 2. Se suele peinar con el pelo hacia atrás. 3. Se conocieron años atrás en el colegio. 4. No vio la moto que venía detrás del camión. 5. No se impaciente Vd., que viene otro taxi detrás. 6. Tras una larga travesía, los intrépidos viajeros abordaron.

268 *Un tel et une telle*

1 "Un tel" : *Fulano* et "une telle" : *Fulana*.

Me lo ha dicho **Fulana**.
Une telle me l'a dit.

2 "Un tel, un tel et un tel".

On emploie en espagnol des mots différents : *Fulano*, *Mengano*, *Zutano*, généralement dans cet orde, *Fulano* étant toujours en première position.

No te preocupes por lo que digan **Fulano** o **Mengano**.
Ne t'inquiète pas pour ce que peuvent dire un tel ou un tel.

Exercice

Traduisez en espagnol :
1. Il passe son temps à bavarder avec un tel, un tel ou un tel. 2. Il avait l'habitude de désigner (señalar) deux recrues (un recluta) : "Un tel et un tel, sortez des rangs (la fila) !" 3. Elle est toujours fâchée (reñido) avec les voisines : aujourd'hui avec une telle, demain avec une telle... 4. Tu es toujours en train de me demander si j'ai vu une telle ou si une telle m'a appelé...

269 Valiente et menudo exclamatifs

Les adjectifs *valiente* et *menudo* précédant un nom sans article avec lequel ils s'accordent ont une valeur exclamative le plus souvent ironique.
On les traduira par "quel... !" éventuellement accompagné d'un verbe ou d'un adjectif susceptibles de rendre le ton de l'exclamation.

¡ **Menudo** chasco se llevó !   ¡ **Valiente** mecánico !
Quelle déception elle a eue !   Quel drôle de mécanicien !

Exercice

Traduisez en français :
1. ¡ Menuda gente ! 2. ¡ Valientes hinchas (supporters) tienen ellos ! 3. ¡ Menudo windsurf has comprado ! 4. ¡ Menudo gandul (fainéant) es él ! 5. ¡ Valiente solución la tuya !

270 ¡ Vaya !

1 ¡ Vaya ! et ¡ vaya un ! (+ nom).
Ils introduisent une exclamation (*vaya* est invariable).

¡ **Vaya** un lío !   ¡ **Vaya** respuesta !
Quelle histoire !   Tu parles d'une réponse !

2 ¡ Vaya ! employé seul.
Il exprime la surprise, l'approbation, la désapprobation, l'indignation...

*Decirme eso a mí, ¡ **vaya** !*
Me dire ça à moi, allons donc !

Exercice

Traduisez en français :
1. ¡ Vaya un tío (type) ! 2. ¡ Vaya rollo ! (navet : mauvais film) 3. ¡ Vaya una pena ! 4. ¡ Vaya una facha (allure) que tiene ! 5. Creer a ese mentiroso, ¡ vaya ! 6. ¡ Vaya una bobada (sottise) !

Verbes (1) : constructions

1 Constructions prépositionnelles.
Verbes d'usage courant dont la construction prépositionnelle diffère de celle du français, pour les acceptions correspondantes. Les prépositions indiquées entre parenthèses sont également employées.

acercarse a	s'approcher de
afanarse por (en)	s'efforcer de
aficionarse a	prendre goût à, aimer
agarrar de (por)	saisir par
agradecerle algo a alguien	remercier qqn. de qqch.
alegrarse con (de, por)	se réjouir de
alternar con alguien	fréquenter qqn.
aproximarse a	s'approcher de
asir de	saisir par
ataviarse con (de)	se parer de
atreverse a	oser
bastar con	suffire de
brindar por	porter un toast à, boire à
colgar de	pendre à, suspendre à
compadecerse de	compatir à, plaindre
compensar con	compenser par
concluir con	terminer par (qqch.)
confiar en	faire confiance à
conformarse con	se contenter de
consentir en	consentir à
consistir en	consister à
contar con	compter sur
contentarse con	se contenter de
convertirse en	devenir
cuidar de	veiller à, faire attention à
cumplir con	satisfaire à, respecter
desconfiar de	se méfier de
desdecirse de	revenir sur, renier
desvivirse por	désirer ardemment, être fou de
disfrazarse de	se déguiser en
divertirse en	s'amuser à
dudar en	hésiter à
empeñarse en	s'obstiner à
esforzarse en (por)	s'efforcer de
favorecerse de	recourir à
fiarse de	se fier à
gozarse en	prendre plaisir à
gravar con	grever de
holgarse con	se réjouir de
interesarse por	s'intéresser à
morirse por	raffoler de
ocuparse en (con)	s'occuper à
oler a	avoir une odeur de
optar por	opter pour

participar en	participer à
pensar en	penser à
porfiar en	s'entêter à
preocuparse por	se préoccuper de
probar a	essayer de
rayar en	confiner à
reparar en	remarquer
resignarse con (a)	se résigner à
saber a	avoir un goût de
seguir con	continuer (une tâche)
sobresaltarse con (de, por)	s'effrayer de
soñar con	rêver de
sospechar de alguien	soupçonner qqn.
suspender de	suspendre à
tardar en	tarder à
teñir de	teindre en
topar con	tomber sur (qqn.), rencontrer
traducir al	traduire en (une langue)
vacilar en	hésiter à

Construction sans préposition.

Les verbes suivants construisent sans préposition leurs compléments de quantité.

avanzar, adelantar	avancer		*bajar*	abaisser
retroceder	reculer		*distar*	être éloigné de
atrasar	retarder		*adelgazar*	maigrir
acercar, aproximar	approcher		*engordar*	grossir
alejar, apartar	éloigner		*envejecer*	vieillir
alzar, elevar	élever			

Con discreción, **se apartó** unos pasos.
Discrètement, il s'écarta de quelques pas.

Este viejo reloj **atrasa** cinco minutos al día.
Cette vieille pendule retarde de cinq minutes par jour.

Exercices

1. *Complétez par la préposition qui convient :*
1. En el salón, una araña (lustre) de cristal colgaba ... el techo. 2. Tienes que conformarte ... tu suerte, le decían. 3. Todavía no he cumplido ... todos los requisitos (formalités). 4. Impasible, él seguía ... su lectura. 5. El colegio dista ... cien metros de la parada de autobús. 6. Ha traducido varios libros ... español. 7. Apareció Marta, disfrazada ... hada (fée). 8. ¡ No te acerques ... el barranco ! 9. Sueña ... vivir en un castillo. 10. Ramón se interesa ... todo. 11. Se pasa a la hora de verano adelantando ... una hora los relojes. 12. Dudo ... creerte. 13. Alberto se desvive ... tener una moto. 14. Te aconsejo que no te fíes mucho ... él.

2. *Traduisez en français les phrases de l'exercice précédent.*

272 Verbes (2) : généralités

▶ Pour les conjugaisons, voir les tableaux p. 273 à 316.

1 Les trois groupes.

Les verbes se répartissent en trois groupes selon la terminaison de l'infinitif : **-ar** (*cortar*), **-er** (*deber*), **-ir** (*vivir*).

Les verbes en *-er* et *-ir* ont les mêmes terminaisons sauf à **l'indicatif présent** (1re et 2e pers. du plur.) : *deb**emos**, viv**imos**, deb**éis**, viv**ís***, et à **l'impératif** (2e pers. du plur.) : *deb**ed**, viv**id***.

2 Formation des temps.

● À partir du radical, (*cort-, deb-, viv-*), on obtient tous les temps (sauf futur, conditionnel et imparfaits du subjonctif).

***cort**-o* (présent indicatif)
je coupe

***deb**-amos* (présent subjonctif)
que nous devions

***viv**-ías* (imparfait indicatif)
tu vivais

● À partir de l'infinitif, on obtient le futur et le conditionnel.

| *cortar* → ***cortar**é* | *deber* → ***deber**é* | *vivir* → ***vivir**é* |
| ***cortar**ía* | ***deber**ía* | ***vivir**ía* |

● À partir de la 3e personne du pluriel du passé simple on obtient les deux imparfaits du subjonctif.

***corta**ron* → ***corta**ra, **corta**se*
***debie**ron* → ***debie**ra, **debie**se*
***vivie**ron* → ***vivie**ra, **vivie**se*

> *Remarque*
> Les composés d'un verbe se conjuguent comme le verbe simple (*deshacer* comme *hacer*, *suponer* comme *poner*...). Il y a quelques exceptions. Par exemple, *pretender* est régulier alors que *tender* et ses autres composés diphtonguent. Attention à l'accent écrit au présent de l'indicatif de *entrever* et *prever* : *entrevés, entrevé, entrevén* et *prevés, prevé, prevén*.

3 Place de l'accent tonique.

L'accent tonique se trouve sur le radical ou sur la terminaison.

accent sur le radical (dernière syllabe)	
indicatif présent et subjonctif présent	
1e, 2e, 3e pers. du sing. 3e pers. du pluriel	*c**o**rto, d**e**bes, v**i**ve, c**o**rtan,... c**o**rte, d**e**bas, v**i**va, c**o**rten...*
impératif	
2e et 3e pers. du sing. 3e pers. du pluriel	*c**o**rta, c**o**rte, c**o**rten, d**e**be, d**e**ba, d**e**ban, v**i**ve, v**i**va, v**i**van*

accent sur la terminaison (première -ou seule- syllabe)
toutes les autres personnes
cortamos, cortad, debáis, debí, viviéramos, vivirán, cortar, debido, viviendo…

Remarques

• Seules quelques personnes de verbes très irréguliers (voir tableaux de conjugaison p. 273 à 316) ont une accentuation tonique irrégulière.

estoy   estés   puse

• La voyelle tonique est indiquée en caractère gras dans les tableaux de conjugaison.

273 Verbes (3) : verbes en -iar et -uar

1 Pour certains de ces verbes **le *i* ou le *u*** précédant la terminaison **portent l'accent tonique** aux présents de l'indicatif et du subjonctif (1re, 2e, 3e personnes du singulier et 3e personne du pluriel) à l'impératif (2e et 3e personnes du singulier, 3e personne du pluriel).

desafiar : desafío, desafías, desafía, desafiamos, desafiáis, desafían…
actuar : actúo, actúas, actúa, actuamos, actuáis, actúan…

● Principaux verbes concernés.

acentuar	: accentuer	desafiar	: défier	fiar	: confier
actuar	: agir	desviar	: dévier	fotografiar	: photographier
ampliar	: agrandir	efectuar	: effectuer	guiar	: guider
atenuar	: atténuer	enfriar	: refroidir	insinuar	: insinuer
confiar	: confier	enviar	: envoyer	liar	: attacher
continuar	: continuer	espiar	: épier	situar	: situer
contrariar	: contrarier	evaluar	: évaluer	variar	: varier
criar	: élever	extraviar	: égarer		

2 Pour les autres verbes, **le *i* ou le *u* ne sont jamais toniques** et c'est la syllabe précédente qui porte l'accent.

auxiliar	despreciar	estudiar	limpiar	odiar
aider	mépriser	étudier	nettoyer	haïr

et tous les verbes terminés par -*guar* et -*cuar*

limpiar : limpio, limpias, limpia, limpiamos, limpiáis, limpian…
apaciguar : apaciguo, apaciguas, apacigua, apaciguamos, apaciguáis, apaciguan…

▶ Pour la conjugaison, voir les tableaux p. 286 et 287.

Exercice

Traduisez en espagnol :
1. J'envoie un paquet. 2. Nous envoyons des lettres. 3. Ne te fie pas à (de) lui. 4. Où se situe-t-il ? 5. Qu'insinues-tu ? 6. Qu'ils continuent. 7. Continuons. 8. Nettoie les carreaux (el cristal). 9. Je l'atteste (atestiguar). 10. Ne vous (Vd.) égarez pas.

274 Verbes (4) : tableau récapitulatif des irrégularités classables

Type d'irrégularité	Personnes concernées	Verbes concernés
Diphtongaison E → IE	Personnes "toniques" : – indicatif présent : 1re, 2e, 3e sg., 3e pl. – subjonctif présent : 1re, 2e, 3e sg., 3e pl. – impératif : 2e, 3e sg., 3e pl.	certains verbes en -*ar* certains verbes en -*er* (voir liste n° 276) ***concernir, discernir, adquirir, inquirir*** (1)
O → UE	Personnes "toniques"	Certains verbes en -*ar* (2) Certains verbes en -*er* (voir liste n° 276)
Diphtongaison E → IE Alternance vocalique E → I	Personnes "toniques" Personnes pour lesquelles l'accent tonique est sur une autre voyelle que *i* : – subjonctif présent : 1re, 2e pl. – impératif : 1re pl. – passé simple : 3e sg., 3e pl. – subjonctif imparfait : les 6 pers. – gérondif	Verbes en -*entir*, -*erir*, -*ertir* + ***hervir***
Alternance vocalique E → I	Personnes "toniques" Personnes pour lesquelles l'accent tonique est sur une autre voyelle que *i*	Autres verbes en -*e...ir*
Diphtongaison O → UE Alternance vocalique O → U	Personnes "toniques" Personnes pour lesquelles l'accent tonique est sur une autre voyelle que *i*	***dormir*** et ***morir***
Ajout d'une consonne C → ZC	Devant *O* ou *A* : – indicatif présent : 1re sg. – subjonctif présent : les 6 personnes – impératif : 3e sg., 1re et 3e pl.	verbes en -*acer*, -*ecer*, -*ocer*, -*ucir* (3) sauf : ***mecer*** (régulier), ***cocer*** (diphtongue : *cuezo*), ***hacer*** (très irrégulier)
+ Y	Devant la terminaison quand elle ne commence pas par *i* : – indicatif présent : 1e, 2e, 3e sg., 3e pl. – subjonctif présent : les 6 personnes – impératif : 2e, 3e sg., 1e, 3e pl.	verbes en -*uir* (4)

(1) **Adquirir** et **inquirir** présentent l'irrégularité I → IE.
(2) **Jugar** présente l'irrégularité U → UE.
(3) De plus, le passé simple des verbes en -**ducir** est irrégulier (-DUJ-)
(4) Par ailleurs, le I de la terminaison s'écrit Y :
- au passé simple : 3ᵉ du singulier et 3ᵉ du pluriel
- aux 6 personnes des imparfaits du subjonctif
- au gérondif

275) Verbes (5) : verbes irréguliers en -acer, -ecer, -ocer, -ucir

Pour ces verbes, le **c** qui termine le radical devient **zc** devant **o** ou **a**. C'est-à-dire : à la 1ʳᵉ personne du singulier du présent de l'indicatif et en conséquence aux 6 personnes du présent du subjonctif, ainsi qu'à l'impératif : 3ᵉ personne du singulier, 1ʳᵉ et 3ᵉ personnes du pluriel (voir tableaux de conjugaison p. 295).

traducir : traduzco, traduces, traduce...
 traduzca, traduzcas, traduzca, traduzcamos,
 traduzcáis, traduzcan.

Exceptions :
hacer (faire) : tableau de conjugaison p. 303
cocer (cuire) : *cuezo, cueces, cuece...*
 cueza, cuezas, cueza...

mecer (bercer) : *mezo, meces, mece...*
 meza, mezas, meza...

▶ Pour les verbes en -*ducir*, voir également le passé simple n° 190. Pour la conjugaison, voir les tableaux p. 295 et 296.

Exercice

Complétez les phrases en mettant le verbe au subjonctif selon le modèle : ¿ Aparecerá ? Es posible que aparezca.
1. Le complace. 2. Lo reduciré. 3. ¿ Lo reconoceremos ? 4. Os lo mereceís. 5. ¿ Nos lo agradecerán ? 6. Lo satisfarás. 7. ¿ Permaneceremos ahí ? 8. Crecerán.

276) Verbes irréguliers (6) : verbes irréguliers à diphtongue

1 Irrégularités.
Cette irrégularité affecte certains verbes en -*ar* et en -*er* dont la **dernière voyelle du radical** est un **e** ou un **o**.

Ces deux voyelles se transforment respectivement en *ie* et *ue* (diphtongaison) **quand elle sont toniques**, c'est-à-dire uniquement aux temps suivants :

- **présent de l'indicatif et du subjonctif** : 1re, 2e, 3e du singulier et 3e du pluriel.

- **impératif** : 2e, 3e du singulier et 3e du pluriel.

PRÉSENT DE L'INDICATIF :
defender : def*ie*ndo, def*ie*ndes, def*ie*nde, defendemos, defendéis, def*ie*nden
encontrar : enc*ue*ntro, enc*ue*ntras, enc*ue*ntra, encontramos, encontráis, enc*ue*ntran

PRÉSENT DU SUBJONCTIF :
defender : def*ie*nda, def*ie*ndas, def*ie*nda, defendamos, defendáis, def*ie*ndan
encontrar : enc*ue*ntre, enc*ue*ntres, enc*ue*ntre, encontremos, encontréis, enc*ue*ntren

IMPÉRATIF :
defender : def*ie*nde, def*ie*nda, defendamos, defended, def*ie*ndan
encontrar : enc*ue*ntra, enc*ue*ntre, encontremos, encontrad, enc*ue*ntren

Remarques

- En début de mot, on écrit ces diphtongues ye- et hue-.
errar (se tromper) : **ye**rro, **ye**rras, **ye**rra, erramos, erráis, **ye**rran
oler (sentir) : **hue**lo, **hue**les, **hue**le, olemos, oléis, **hue**len

- Le verbe *jugar* (jouer) se conjugue comme s'il avait un *o* au radical.
jugar : j*ue*go, j*ue*gas, j*ue*ga, jugamos, jugáis, j*ue*gan

- Quatre verbes en -*ir* ont la même irrégularité : *concernir* (concerner), *discernir* (discerner), *adquirir* (acquérir) et *inquirir* (enquêter).
adquirir : adqu*ie*ro, adqu*ie*res, adqu*ie*re, adquirimos, adquirís, adqu*ie*ren

▶ Pour la conjugaison, voir les tableaux p. 288 à 291.

2 Liste des verbes courants à diphtongue.
Pour les traductions, le sens le plus courant a été retenu.

absolver	: absoudre	*aserrar*	: scier
acertar	: réussir	*atender a*	: s'occuper de
acordarse	: se souvenir	*atenerse a*	: s'en tenir à
acostarse	: se coucher	*atravesar*	: traverser
acrecentar	: augmenter	*avergonzar*	: faire honte
alentar	: encourager	*calentar*	: chauffer
almorzar	: déjeuner	*cegar*	: aveugler
apostar	: parier	*cernerse*	: planer, menacer (un danger)
apretar	: serrer		
aprobar	: approuver ; réussir (à un examen)	*cerrar*	: fermer
		cocer	: cuire
		colarse	: se faufiler
ascender	: monter, s'élever	*colgar*	: suspendre
asentar	: établir, asseoir (fig.)	*comenzar*	: commencer

comprobar	: constater	*mostrar*	: montrer
concertar	: concerter, arranger	*mover*	: bouger
concordar	: concorder	*negar*	: nier
confesar	: avouer, confesser	*nevar*	: neiger
conmover	: émouvoir	*oler*	: sentir
consolar	: consoler	*pensar*	: penser
contar	: compter ; raconter	*perder*	: perdre
costar	: coûter	*plegar*	: plier
defender	: défendre	*poblar*	: peupler
degollar	: égorger	*poder*	: pouvoir
desollar	: écorcher	*probar*	: prouver
demoler	: démolir	*promover*	: promouvoir
despertar	: réveiller	*quebrar*	: briser
demostrar	: démontrer	*querer*	: vouloir, aimer
denegar	: refuser, dénier	*recomendar*	: recommander
denostar	: insulter	*recordar*	: rappeler, se rappeler
desterrar	: exiler	*reforzar*	: renforcer
desacordar	: désaccorder	*regar*	: arroser
desalentar	: décourager	*renovar*	: rénover
descender	: descendre	*resollar*	: souffler
descollar	: surpasser	*resolver*	: résoudre
desplegar	: déplier	*resonar*	: résonner
despoblar	: dépeupler	*restregar*	: frotter
devolver	: rendre	*reventar*	: crever
disolver	: dissoudre	*revolcar*	: renverser
doler	: avoir mal, faire mal	*rodar*	: rouler
empezar	: commencer	*rogar*	: prier
encender	: allumer	*segar*	: faucher
encontrar	: trouver	*sembrar*	: semer
enmendar	: amender, corriger	*sentar*	: asseoir
enterrar	: enterrer	*serrar*	: scier
envolver	: envelopper	*soldar*	: souder
errar	: se tromper	*soler*	: avoir l'habitude de
escocer	: démanger	*soltar*	: lâcher
esforzarse	: s'efforcer	*sonar*	: sonner
forzar	: forcer	*soñar*	: rêver
fregar	: frotter	*sosegar*	: calmer
gobernar	: gouverner	*temblar*	: trembler
heder	: puer	*tender*	: étendre
helar	: geler	*tentar*	: tenter
hender	: fendre	*torcer*	: tordre
holgar	: se reposer	*tostar*	: griller, rôtir
hollar	: fouler	*trascender*	: transcender
jugar	: jouer	*trocar*	: échanger
llover	: pleuvoir	*tronar*	: tonner
manifestar	: manifester	*tropezar*	: buter, trébucher
mentar	: nommer	*verter*	: verser
merendar	: goûter	*volar*	: voler
moler	: moudre	*volcar*	: renverser
morder	: mordre	*volver*	: revenir

Exercice

1. *Mettez au présent de l'indicatif à la même personne les verbes suivants :*
1. cerré 2. despertaban 3. rodó 4. comenzó 5. apretábamos 6. colgarás 7. solías 8. volvieron 9. pensaréis

2. *Donnez l'infinitif des verbes suivants :*
1. compruebo 2. niegas 3. encienden 4. cuenta 5. pierdan 6. pruebo

---

277 Verbes (7) : verbes irréguliers en -ir

1 Tous les verbes en **-ir** dont la **dernière voyelle du radical** est un *e* sont irréguliers (voir tableaux de conjugaison p. 292 à 294).

SENTIR	PEDIR	temps	personnes
E→IE	E→I	indicatif présent	1re, 2e, 3e sing., 3e plur.
		subjonctif présent	1re, 2e, 3e sing., 3e plur.
		impératif	2e, 3e sing., 3e plur.
E→I	E→I	subjonctif présent	1re, 2e plur.
		impératif	1re plur.
		passé simple	3e sing., 3e plur.
		subjonctif imparfait	toutes les personnes
		gérondif	

Les uns se conjuguent comme *pedir*, les autres comme *sentir*, sauf *decir* et *venir* qui sont très irréguliers (voir tableaux de conjugaison p. 302 et 314).

● Modèle *sentir*.
Se conjuguent comme *sentir* **tous les verbes qui se terminent en -entir, -erir, -ertir, + hervir** (bouillir).

mentir (subj. prés.) : *mienta, mientas, mienta, mintamos, mintáis, mientan*

preferir (passé simple) : *preferí, preferiste, prefirió, preferimos, preferisteis, prefirieron*

● Modèle : *pedir*.
Tous les autres verbes se conjuguent comme *pedir*.

servir (subj. prés.) : *sirva, sirvas, sirva, sirvamos, sirváis, sirvan*

2 Dormir et morir.

Les irrégularités de *dormir* et *morir* sont analogues à celles de *sentir* (voir tableaux de conjugaison p. 294) : *O → UE* et *O → U* aux mêmes temps et aux mêmes personnes.

dormir (subj. prés.) : *duerma, duermas, duerma, durmamos, durmáis, duerman*

Exercices

1. *Mettez au présent de l'indicatif à la même personne les verbes suivants :*
1. diferías 2. preferí 3. serviré 4. elegías 5. mediré 6. despedíais 7. consintieron 8. divertíamos 9. dormían

2. *Reprenez les phrases suivantes en commençant par* hace falta que *:*
1. Se arrepienten. 2. Sigues escuchando. 3. Hierve el agua. 4. Dormimos. 5. Yo lo advierto. 6. Se lo impides. 7. Lo corregís. 8. Vd. se sirve.

3. *Reprenez les phrases suivantes en utilisant* estar + gérondif *:*
1. Lo elige. 2. Nos despedimos. 3. Sonríen. 4. La nieve se derrite. 5. ¿ A qué os referís ? 6. Me duermo.

278 Verbes (8) : verbes irréguliers en -uir

1 Ces verbes ajoutent un *y* devant la terminaison aux temps et personnes suivants :

- au présent de l'indicatif (1re, 2e, 3e du singulier et 3e du pluriel).
- aux 6 personnes du présent du subjonctif.
- à l'impératif (2e, 3e du singulier et 1re, 3e du pluriel).

Huir (fuir)
Présent de l'indicatif : *huyo, huyes, huye, huimos, huís, huyen*
Présent du subjonctif : *huya, huyas, huya, huyamos, huyáis, huyan*

2 Le *i* de la terminaison s'écrit *y* aux 3e personnes du singulier et du pluriel du passé simple, à toutes les personnes des deux imparfaits du subjonctif ainsi qu'au gérondif.

Passé simple : *huyó, huyeron*
Subjonctif imparfait : *huyera, huyese...*
Gérondif : *huyendo*

▶ Pour la conjugaison, voir tableaux p. 297.

Exercices

1. *Mettez le verbe au présent en conservant la même personne et en respectant, le cas échéant, la concordance des temps :*
1. Contribuí a hacerlo. 2. Influisteis en él. 3. Se obstruyó la alcantarilla. 4. Era posible que lo sustituyéramos. 5. Los precios incluían el I.V.A. 6. Me los atribuyeron.

2. *Mettez le verbe au passé simple en conservant la même personne et en respectant, le cas échéant, la concordance des temps :*
1. Así concluyo el discurso. 2. No creo que disminuyan. 3. Lo retribuimos. 4. La construyes. 5. Lo excluís. 6. Nos lo restituyen.

279 Vez

1 *Vez* (fois) sert à former de nombreuses locutions adverbiales.

a la vez	à la fois, en même temps
a mi vez	à mon tour, en échange
a veces	parfois
algunas veces	parfois
alguna que otra vez	de temps en temps, de loin en loin
cada vez (que)	chaque fois (que)
de una vez	une bonne fois, une fois pour toutes
de vez en cuando	de temps en temps
en vez de	au lieu de
érase una vez...	il était une fois...
muchas veces	souvent
otra vez	une autre fois, de nouveau
por primera vez, etc.	pour la première fois, etc.
rara vez	rarement
repetidas veces	souvent, à plusieurs reprises
una vez más	encore une fois
una vez... y otra (vez)	parfois... parfois
una y otra vez	à plusieurs reprises

Exercice

Traduisez en français :
1. No es aconsejable hacerlo todo a la vez. 2. En vez de enfadarte deberías escucharme. 3. ¡ Dilo de una vez ! 4. Le vi por última vez el domingo pasado. 5. Llamó una y otra vez, pero sólo el eco le contestó. 6. Rara vez vienen por aquí. 7. Una vez sí y otra no. 8. ¡ Basta por esta vez !

280 Voici, voilà

On utilise les adverbes de lieu *aquí*, *ahí*, plus rarement *allí* (voir n° 33) suivis de *estar, tener*, ou *ir,* selon la nuance que l'on désire exprimer, ou bien les pronoms démonstratifs *éste, ése*, etc. suivis de *ser*.

1 *Aquí está, ahí está, allí está...* **pour situer.**

Aquí está el diccionario.
Voici le dictionnaire.
No busques más, **ahí está** *el mapa.*
Ne cherche plus, voilà la carte.

Le verbe *estar* doit s'accorder avec son sujet.

Ahí están *tus amigos.*
Voilà tes amis.

2 *Aquí tienes, aquí tiene, ahí tienes, ahí tiene...* **pour tendre** un **objet** à un interlocuteur.

Aquí tienes el documento.
Voici le document.

3 *Ahí va* **pour annoncer** ou **accompagner** l'**action de lancer.**

¡ **Ahí van** *las llaves* !
Voilà les clés !

4 *Ahí viene* **pour annoncer** une **arrivée**.

¡ **Ahí vienen** *los vendimiadores* !
Voilà les vendangeurs !

▶ Pour l'emploi de *ya* dans ce sens, voir n° 285.

Remarques

• *He aquí, he ahí,* invariables, sont moins utilisés aujourd'hui.
He aquí *la foto de la que te hablé.*
Voici la photo dont je t'avais parlé.

• Si *he aquí* et *he ahí* introduisent un complément direct de personne, celui-ci devra être précédé de la préposition *a*.
He aquí **a** *uno de los más destacados críticos.*
Voici un des critiques les plus réputés.

5 *Éste es..., ése es...* si l'on veut **davantage désigner** que situer.

Éste es el número de teléfono de mi interlocutor.
Voici le numéro de téléphone de mon correspondant.

Attention ! Il faut accorder le verbe.

Éstas son *las bazas de nuestra empresa.*
Voici les atouts de notre entreprise.

Exercice

Traduisez en français :
1. Éste es el cuadro que acabamos de comprar. 2. Ahí están los resultados de tu obstinación. 3. Aquí tienes mi dirección. 4. Ésa es la mejor solución para ti. 5. He aquí les razones de mi disgusto.

281 *Volver* et *volverse*

1 *Volver* + COD : "tourner", "retourner".

Vuelve *la página.*
Tourne la page.

Volvían *las piedras buscando cangrejos.*
Ils retournaient les pierres en cherchant des crabes.

2 *Volver* (et *volverse*) + complément de lieu : "**revenir**", "**retourner**".

Volví *a Buenos Aires en el 93.*
Je suis retourné à Buenos Aires en 93.

Volvamos *a nuestro asunto.*
Revenons à notre affaire.

Vuelvo *de Cádiz.*
Je reviens de Cadix.

3 *Volverse :* "se retourner", "se tourner (vers)".

El actor ***se volvió*** *hacia los bastidores.*
L'acteur se tourna vers les coulisses.

▶ Pour *volver :* "devenir", "rendre", voir n° 89.
Pour exprimer la répétition, voir n° 235.

Exercice

Traduisez en français :
1. Después de decirle cuatro palabras le volvió la espalda (le dos). 2. Volvió la mirada hacia el recién llegado. 3. No pienso volver antes de octubre. 4. Al volverse dio con el revisor (le contrôleur). 5. Se volvió de Bogotá después de dos años. 6. No te preocupes, yo vuelvo en seguida. 7. Viendo que no volvía en sí, llamaron al médico.

282 *X : prononciation*

1 ***X* est prononcé [ks] entre deux voyelles.**
éxito [eksito]   *examen* [eksamen]

2 Devant une consonne, *X* se prononce normalement [s].
excursión [eskursjon]   *explicar* [esplicar]   *exterior* [esterior]

283 **Y** (pronom, adverbe)

1 "Y" = "à ce", "à cette" + nom.

"Y" se traduit par un pronom personnel de 3ᵉ personne ou un démonstratif neutre, précédés ou non d'une préposition selon la construction du verbe en espagnol.

*Me encantaba esa idea, pero tuve que renunciar **a ella**.*
Cette idée m'enchantait, mais je dus y renoncer.

*– Cuéntanos cómo terminó el asunto. – ¡ **A eso** voy !*
– Raconte-nous comment l'affaire s'est terminée – J'y viens !

*Ya no piensan **en ello**.*
Ils n'y pensent plus.

*¿ **Lo** conseguirás ?*
Y parviendras-tu ?

***Lo** hemos pensado mucho.*
Nous y avons beaucoup réfléchi.

2 "Y" désigne un lieu.

Il se traduit en général par l'adverbe de lieu approprié (voir n° 33).

***Aquí** estoy y **aquí** me quedo.*   *Te acompañaremos **allí**.*
J'y suis, j'y reste.   Nous t'y accompagnerons.

Remarque

On peut aussi employer un pronom personnel précédé d'une préposition, en particulier si le lieu est désigné avec précision.

*Es mi casa : vivo **en ella** desde siempre.*
C'est ma maison : j'y vis depuis toujours.

3 Si la référence précise au lieu est inutile, "y" n'est pas traduit.

No estoy para nadie.
Je n'y suis pour personne.

¿ Al cine ? pues voy cada semana.
Au cinéma ? Eh bien, j'y vais toutes les semaines.

Exercice

Traduisez en espagnol :
1. On l'y obligea. 2. N'y compte pas (contar con). 3. Les hivers y sont généralement (soler) très doux (suave). 4. Il alla au café du coin (la esquina) car tous avaient l'habitude de s'y réunir. 5. Si tu n'y vas pas, moi non plus.

284 Y et e

- Pour traduire "et" on emploie *y*.

Isabel y Pascual
Isabelle et Pascal

tú y yo
toi et moi

- Devant un mot commençant par *i* ou *hi* (sauf *hie* et *hia*), on emploie *e*.

Pascual e Isabel
Pascal et Isabelle

un mes de escarcha y hielo
un mois de givre et de gel

Exercice

Employez y *ou* e :
1. Tristán ... Iseo 2. un palacio con esculturas de piedra ... yeso 3. una fortaleza alta ... inexpugnable 4. un perfume de tomillo ... hierbabuena 5. un camino penoso ... incierto

---

285 Ya, ya no, ya que

1 *Ya* peut avoir **un sens temporel.**
Il est placé devant ou derrière le verbe, et il correspond, selon le contexte, à :

- "déjà".

Ya son las doce.
Il est déjà midi.

Nos conocíamos ya.
Nous nous connaissions déjà.

- "maintenant", "à présent".

Ya está jubilado.
À présent il est à la retraite.

Ya es hora de volver.
Maintenant il est l'heure de rentrer.

- "bientôt", "plus tard".

Ya te lo explicaré.
Je te l'expliquerai plus tard.

¿ Quieres el periódico ? Ya te lo traeré.
Veux-tu le journal ? Je te l'apporterai plus tard.

2 *Ya* peut signifier **"voici", "voilà".**
Il est placé devant le verbe (avec inversion du sujet).

Ya salen los corredores de la última curva.
Voici les coureurs qui sortent du dernier virage.

Ya empieza a clarear.
Voici qu'il commence à faire jour.

3 *Ya* peut marquer **l'insistance**.
Il est placé devant le verbe (avec inversion du sujet).

Ya verás. *Eso ya es otra cosa.*
Tu verras bien. Cela, c'est tout autre chose.

4 *Ya* : "**je vois**", "**c'est ça**".
Le verbe est sous-entendu (*ya veo, ya entiendo*...).

– ¿ *Te acuerdas ?* – ¡ *Ya* ! (= ya me acuerdo)
– T'en souviens-tu ? – Ça y est !

5 *Ya no* (+ verbe) ou *no* (+ verbe) + *ya* : "**ne ... plus**".

Ya no fumo. *Él no sale ya.*
Je ne fume plus. Il ne sort plus.

Remarques

• Cette tournure peut être renforcée par *más* s'il s'agit de quantité.

Lo siento, pero ya no me quedan más zapatos de ese número.
Je regrette, mais il ne me reste plus de chaussures de cette pointure.

• Dans cette tournure, *no* est parfois remplacé par un autre mot négatif.

Nada será ya como antes.
Rien ne sera plus comme avant.

6 *Ya... ya...* : "**soit... soit...**", "**tantôt... tantôt**".

Podéis volver ya por la autopista, ya por la carretera general.
Vous pouvez rentrer, soit par l'autoroute, soit par la route nationale.

7 *Ya que* : "**puisque**".

Ya que me lo preguntas, te contestaré sin rodeos.
Puisque tu me le demandes, je te répondrai sans détour.

Exercices

1. *Traduisez en français :*
1. Ya está abierta la nueva piscina. 2. Dejaron de tratarse (se fréquenter), ya por pereza, ya por descuido (négligence). 3. Ya ves que yo estaba en lo cierto. 4. – Ha sido un error.. – Ya, un error más... 5. Expresaba su mirada, ya la generosidad, ya el entusiasmo. 6. Yo ya no soy una niña.

2. *Traduisez en espagnol :*
1. J'ai déjà vu ce film il y a deux ans. 2. Ne vous impatientez pas : le patron (el dueño) arrive tout de suite. 3. Voilà que la nuit tombe. 4. Il n'y a plus autant de poissons dans cette rivière. 5. Prévenez-la, puisque vous (Vd.) la verrez d'abord.

286 Z : prononciation

1 Cette lettre ne se prononce jamais comme en français.

Le son qu'elle représente, appelé *zeta* [θ], n'existe pas en français.
Il s'obtient en plaçant la langue entre les dents.

zona   zorro   taza   loza   diez   andaluz   zigzag

2 Ce son ne doit pas être confondu avec le son [s].

Et cela particulièrement dans des mots contenant le son [s] et le son [θ].

cesto [θesto]   *suceso* [suθeso]   *seiscientos* [sejsθjentos]

Remarque

Dans une grande partie de l'Andalousie et en Amérique Latine, les deux sons [s] et [θ] sont confondus et se prononcent généralement [s].

Tableaux de conjugaison

Ces tableaux de conjugaison présentent les temps simples et composés pour les verbes modèles *(cortar, deber, vivir)*, pour la conjugaison pronominale *(levantarse)*, et pour la conjugaison passive *(ser amado)*.
Pour tous les autres verbes, seules les formes simples sont présentées.
Pour la formation des temps composés voir n° 263.

AUXILIAIRES

HABER

PRÉSENT DE L'INDICATIF	IMPÉRATIF	PRÉSENT DU SUBJONCTIF
he		haya
has	he	hayas
ha	haya	haya
hemos	hayamos	hayamos
habéis	habed	hayáis
han	hayan	hayan

PASSÉ SIMPLE	IMPARFAIT DU SUBJONCTIF 1	IMPARFAIT DU SUBJONCTIF 2
hube	hubiera	hubiese
hubiste	hubieras	hubieses
hubo	hubiera	hubiese
hubimos	hubiéramos	hubiésemos
hubisteis	hubierais	hubieseis
hubieron	hubieran	hubiesen

IMPARFAIT	FUTUR	CONDITIONNEL
había	habré	habría
habías	habrás	habrías
había	habrá	habría
habíamos	habremos	habríamos
habíais	habréis	habríais
habían	habrán	habrían

GÉRONDIF	PARTICIPE PASSÉ
habiendo	habido

ESTAR

PRÉSENT DE L'INDICATIF	IMPÉRATIF	PRÉSENT DU SUBJONCTIF
estoy		esté
estás	está	estés
está	esté	esté
estamos	estemos	estemos
estáis	estad	estéis
están	estén	estén

PASSÉ SIMPLE	IMPARFAIT DU SUBJONCTIF 1	IMPARFAIT DU SUBJONCTIF 2
estuve	estuviera	estuviese
estuviste	estuvieras	estuvieses
estuvo	estuviera	estuviese
estuvimos	estuviéramos	estuviésemos
estuvisteis	estuvierais	estuvieseis
estuvieron	estuvieran	estuviesen

IMPARFAIT	FUTUR	CONDITIONNEL
estaba	estaré	estaría
estabas	estarás	estarías
estaba	estará	estaría
estábamos	estaremos	estaríamos
estabais	estaréis	estaríais
estaban	estarán	estarían

GÉRONDIF	PARTICIPE PASSÉ
estando	estado

SER

PRÉSENT DE L'INDICATIF	IMPÉRATIF	PRÉSENT DU SUBJONCTIF
soy		sea
eres	sé	seas
es	sea	sea
somos	seamos	seamos
sois	sed	seáis
son	sean	sean

PASSÉ SIMPLE	IMPARFAIT DU SUBJONCTIF 1	IMPARFAIT DU SUBJONCTIF 2
fui	fuera	fuese
fuiste	fueras	fueses
fue	fuera	fuese
fuimos	fuéramos	fuésemos
fuisteis	fuerais	fueseis
fueron	fueran	fuesen

IMPARFAIT	FUTUR	CONDITIONNEL
era	seré	sería
eras	serás	serías
era	será	sería
éramos	seremos	seríamos
erais	seréis	seríais
eran	serán	serían

GÉRONDIF	PARTICIPE PASSÉ
siendo	sido

VERBES RÉGULIERS
CORTAR

PRÉSENT DE L'INDICATIF	IMPÉRATIF	PRÉSENT DU SUBJONCTIF
corto		corte
cortas	corta	cortes
corta	corte	corte
cortamos	cortemos	cortemos
cortáis	cortad	cortéis
cortan	corten	corten

PASSÉ SIMPLE	IMPARFAIT DU SUBJONCTIF 1	IMPARFAIT DU SUBJONCTIF 2
corté	cortara	cortase
cortaste	cortaras	cortases
cortó	cortara	cortase
cortamos	cortáramos	cortásemos
cortasteis	cortarais	cortaseis
cortaron	cortaran	cortasen

IMPARFAIT	FUTUR	CONDITIONNEL
cortaba	cortaré	cortaría
cortabas	cortarás	cortarías
cortaba	cortará	cortaría
cortábamos	cortaremos	cortaríamos
cortabais	cortaréis	cortaríais
cortaban	cortarán	cortarían

GÉRONDIF	PARTICIPE PASSÉ
cortando	cortado

HABER CORTADO

PASSÉ COMPOSÉ		PASSÉ ANTÉRIEUR		SUBJONCTIF PASSÉ	
he	cortado	hube	cortado	haya	cortado
has	cortado	hubiste	cortado	hayas	cortado
ha	cortado	hubo	cortado	haya	cortado
hemos	cortado	hubimos	cortado	hayamos	cortado
habéis	cortado	hubisteis	cortado	hayáis	cortado
han	cortado	hubieron	cortado	hayan	cortado

PLUS-QUE-PARFAIT		SUBJONCTIF PLUS-QUE-PARFAIT 1		SUBJONCTIF PLUS-QUE-PARFAIT 2	
había	cortado	hubiera	cortado	hubiese	cortado
habías	cortado	hubieras	cortado	hubieses	cortado
había	cortado	hubiera	cortado	hubiese	cortado
habíamos	cortado	hubiéramos	cortado	hubiésemos	cortado
habíais	cortado	hubierais	cortado	hubieseis	cortado
habían	cortado	hubieran	cortado	hubiesen	cortado

FUTUR ANTÉRIEUR		CONDITIONNEL PASSÉ		GÉRONDIF PASSÉ	
habré	cortado	habría	cortado	habiendo	cortado
habrás	cortado	habrías	cortado		
habrá	cortado	habría	cortado		
habremos	cortado	habríamos	cortado		
habréis	cortado	habríais	cortado		
habrán	cortado	habrían	cortado		

TABLEAUX DE CONJUGAISON

DEBER

PRÉSENT DE L'INDICATIF	IMPÉRATIF	PRÉSENT DU SUBJONCTIF
debo		deba
debes	debe	debas
debe	deba	deba
debemos	debamos	debamos
debéis	debed	debáis
deben	deban	deban

PASSÉ SIMPLE	IMPARFAIT DU SUBJONCTIF 1	IMPARFAIT DU SUBJONCTIF 2
debí	debiera	debiese
debiste	debieras	debieses
debió	debiera	debiese
debimos	debiéramos	debiésemos
debisteis	debierais	debieseis
debieron	debieran	debiesen

IMPARFAIT	FUTUR	CONDITIONNEL
debía	deberé	debería
debías	deberás	deberías
debía	deberá	debería
debíamos	deberemos	deberíamos
debíais	deberéis	deberíais
debían	deberán	deberían

GÉRONDIF	PARTICIPE PASSÉ
debiendo	debido

HABER DEBIDO

PASSÉ COMPOSÉ		PASSÉ ANTÉRIEUR		SUBJONCTIF PASSÉ	
he	debido	hube	debido	haya	debido
has	debido	hubiste	debido	hayas	debido
ha	debido	hubo	debido	haya	debido
hemos	debido	hubimos	debido	hayamos	debido
habéis	debido	hubisteis	debido	hayáis	debido
han	debido	hubieron	debido	hayan	debido

PLUS-QUE-PARFAIT		SUBJONCTIF PLUS-QUE-PARFAIT 1		SUBJONCTIF PLUS-QUE-PARFAIT 2	
había	debido	hubiera	debido	hubiese	debido
habías	debido	hubieras	debido	hubieses	debido
había	debido	hubiera	debido	hubiese	debido
habíamos	debido	hubiéramos	debido	hubiésemos	debido
habíais	debido	hubierais	debido	hubieseis	debido
habían	debido	hubieran	debido	hubiesen	debido

FUTUR ANTÉRIEUR		CONDITIONNEL PASSÉ		GÉRONDIF PASSÉ	
habré	debido	habría	debido	habiendo	debido
habrás	debido	habrías	debido		
habrá	debido	habría	debido		
habremos	debido	habríamos	debido		
habréis	debido	habríais	debido		
habrán	debido	habrían	debido		

VIVIR

PRÉSENT DE L'INDICATIF
vivo
vives
vive
vivimos
vivís
viven

IMPÉRATIF
vive
viva
vivamos
vivid
vivan

PRÉSENT DU SUBJONCTIF
viva
vivas
viva
vivamos
viváis
vivan

PASSÉ SIMPLE
viví
viviste
vivió
vivimos
vivisteis
vivieron

IMPARFAIT DU SUBJONCTIF 1
viviera
vivieras
viviera
viviéramos
vivierais
vivieran

IMPARFAIT DU SUBJONCTIF 2
viviese
vivieses
viviese
viviésemos
vivieseis
viviesen

IMPARFAIT
vivía
vivías
vivía
vivíamos
vivíais
vivían

FUTUR
viviré
vivirás
vivirá
viviremos
viviréis
vivirán

CONDITIONNEL
viviría
vivirías
viviría
viviríamos
viviríais
vivirían

GÉRONDIF
viviendo

PARTICIPE PASSÉ
vivido

HABER VIVIDO

PASSÉ COMPOSÉ	PASSÉ ANTÉRIEUR	SUBJONCTIF PASSÉ
he vivido	hube vivido	haya vivido
has vivido	hubiste vivido	hayas vivido
ha vivido	hubo vivido	haya vivido
hemos vivido	hubimos vivido	hayamos vivido
habéis vivido	hubisteis vivido	hayáis vivido
han vivido	hubieron vivido	hayan vivido

PLUS-QUE-PARFAIT	SUBJONCTIF PLUS-QUE-PARFAIT 1	SUBJONCTIF PLUS-QUE-PARFAIT 2
había vivido	hubiera vivido	hubiese vivido
habías vivido	hubieras vivido	hubieses vivido
había vivido	hubiera vivido	hubiese vivido
habíamos vivido	hubiéramos vivido	hubiésemos vivido
habíais vivido	hubierais vivido	hubieseis vivido
habían vivido	hubieran vivido	hubiesen vivido

FUTUR ANTÉRIEUR	CONDITIONNEL PASSÉ	GÉRONDIF PASSÉ
habré vivido	habría vivido	habiendo vivido
habrás vivido	habrías vivido	
habrá vivido	habría vivido	
habremos vivido	habríamos vivido	
habréis vivido	habríais vivido	
habrán vivido	habrían vivido	

VERBES PRONOMINAUX

LEVANTARSE

PRÉSENT DE L'INDICATIF	IMPÉRATIF	PRÉSENT DU SUBJONCTIF
me levanto		me levante
te levantas	levántate	te levantes
se levanta	levántese	se levante
nos levantamos	levantémonos	nos levantemos
os levantáis	levantaos	os levantéis
se levantan	levántense	se levanten

PASSÉ SIMPLE	IMPARFAIT DU SUBJONCTIF 1	IMPARFAIT DU SUBJONCTIF 2
me levanté	me levantara	me levantase
te levantaste	te levantaras	te levantases
se levantó	se levantara	se levantase
nos levantamos	nos levantáramos	nos levantásemos
os levantasteis	os levantarais	os levantaseis
se levantaron	se levantaran	se levantasen

IMPARFAIT	FUTUR	CONDITIONNEL
me levantaba	me levantaré	me levantaría
te levantabas	te levantarás	te levantarías
se levantaba	se levantará	se levantaría
nos levantábamos	nos levantaremos	nos levantaríamos
os levantabais	os levantaréis	os levantaríais
se levantaban	se levantarán	se levantarían

GÉRONDIF
levantándose

HABERSE LEVANTADO

PASSÉ COMPOSÉ		PASSÉ ANTÉRIEUR		SUBJONCTIF PASSÉ	
me he	levantado	me hube	levantado	me haya	levantado
te has	levantado	te hubiste	levantado	te hayas	levantado
se ha	levantado	se hubo	levantado	se haya	levantado
nos hemos	levantado	nos hubimos	levantado	nos hayamos	levantado
os habéis	levantado	os hubisteis	levantado	os hayáis	levantado
se han	levantado	se hubieron	levantado	se hayan	levantado

PLUS-QUE-PARFAIT		SUBJONCTIF PLUS-QUE-PARFAIT 1		SUBJONCTIF PLUS-QUE-PARFAIT 2	
me había	levantado	me hubiera	levantado	me hubiese	levantado
te habías	levantado	te hubieras	levantado	te hubieses	levantado
se había	levantado	se hubiera	levantado	se hubiese	levantado
nos habíamos	levantado	nos hubiéramos	levantado	nos hubiésemos	levantado
os habíais	levantado	os hubierais	levantado	os hubieseis	levantado
se habían	levantado	se hubieran	levantado	se hubiesen	levantado

FUTUR ANTÉRIEUR		CONDITIONNEL PASSÉ		GÉRONDIF PASSÉ
me habré	levantado	me habría	levantado	habiéndose levantado
te habrás	levantado	te habrías	levantado	
se habrá	levantado	se habría	levantado	
nos habremos	levantado	nos habríamos	levantado	
os habréis	levantado	os habríais	levantado	
se habrán	levantado	se habrían	levantado	

CONJUGAISON PASSIVE

SER AMADO

PRÉSENT DE L'INDICATIF	
soy	amado(-a)
eres	amado(-a)
es	amado(-a)
somos	amados(-as)
sois	amados(-as)
son	amados(-as)

IMPÉRATIF	
sé	amado(-a)
sea	amado(-a)
seamos	amados(-as)
sed	amados(-as)
sean	amados(-as)

PRÉSENT DU SUBJONCTIF	
sea	amado(-a)
seas	amado(-a)
sea	amado(-a)
seamos	amados(-as)
seáis	amados(-as)
sean	amados(-as)

PASSÉ SIMPLE	
fui	amado(-a)
fuiste	amado(-a)
fue	amado(-a)
fuimos	amados(-as)
fuisteis	amados(-as)
fueron	amados(-as)

IMPARFAIT DU SUBJONCTIF 1	
fuera	amado(-a)
fueras	amado(-a)
fuera	amado(-a)
fuéramos	amados(-as)
fuerais	amados(-as)
fueran	amados(-as)

IMPARFAIT DU SUBJONCTIF 2	
fuese	amado(-a)
fueses	amado(-a)
fuese	amado(-a)
fuésemos	amados(-as)
fueseis	amados(-as)
fuesen	amados(-as)

IMPARFAIT	
era	amado(-a)
eras	amado(-a)
era	amado(-a)
éramos	amados(-as)
erais	amados(-as)
eran	amados(-as)

FUTUR	
seré	amado(-a)
serás	amado(-a)
será	amado(-a)
seremos	amados(-as)
seréis	amados(-as)
serán	amados(-as)

CONDITIONNEL	
sería	amado(-a)
serías	amado(-a)
sería	amado(-a)
seríamos	amados(-as)
seríais	amados(-as)
serían	amados(-as)

GÉRONDIF
siendo amado (-a, -os, -as)

PARTICIPE PASSÉ
sido amado(-a, -os, -as)

HABER SIDO AMADO

PASSÉ COMPOSÉ

he sido amado(-a)
has sido amado(-a)
ha sido amado(-a)
hemos sido amados(-as)
habéis sido amados(-as)
han sido amados(-as)

PASSÉ ANTÉRIEUR

hube sido amado(-a)
hubiste sido amado(-a)
hubo sido amado(-a)
hubimos sido amados(-as)
hubisteis sido amados(-as)
hubieron sido amados(-as)

SUBJONCTIF PASSÉ

haya sido amado(-a)
hayas sido amado(-a)
haya sido amado(-a)
hayamos sido amados(-as)
hayáis sido amados(-as)
hayan sido amados(-as)

PLUS-QUE-PARFAIT

había sido amado(-a)
habías sido amado(-a)
había sido amado(-a)
habíamos sido amados(-as)
habíais sido amados(-as)
habían sido amados(-as)

SUBJONCTIF PLUS-QUE-PARFAIT 1

hubiera sido amado(-a)
hubieras sido amado(-a)
hubiera sido amado(-a)
hubiéramos sido amados(-as)
hubierais sido amados(-as)
hubieran sido amados(-as)

SUBJONCTIF PLUS-QUE-PARFAIT 2

hubiese sido amado(-a)
hubieses sido amado(-a)
hubiese sido amado(-a)
hubiésemos sido amados(-as)
hubieseis sido amados(-as)
hubiesen sido amados(-as)

FUTUR ANTÉRIEUR

habré sido amado(-a)
habrás sido amado(-a)
habrá sido amado(-a)
habremos sido amados(-as)
habréis sido amados(-as)
habrán sido amados(-as)

CONDITIONNEL PASSÉ

habría sido amado(-a)
habrías sido amado(-a)
habría sido amado(-a)
habríamos sido amados(-as)
habríais sido amados(-as)
habrían sido amados(-as)

GÉRONDIF PASSÉ

habiendo sido amado(-a, -os, -as)

TABLEAUX DE CONJUGAISON

VERBES EN -IAR ET -UAR
GUIAR

PRÉSENT DE L'INDICATIF
guío
guías
guía
guiamos
guiáis
guían

IMPÉRATIF
guía
guíe
guiemos
guiad
guíen

PRÉSENT DU SUBJONCTIF
guíe
guíes
guíe
guiemos
guiéis
guíen

PASSÉ SIMPLE
guié
guiaste
guió
guiamos
guiasteis
guiaron

IMPARFAIT DU SUBJONCTIF 1
guiara
guiaras
guiara
guiáramos
guiarais
guiaran

IMPARFAIT DU SUBJONCTIF 2
guiase
guiases
guiase
guiásemos
guiaseis
guiasen

IMPARFAIT
guiaba
guiabas
guiaba
guiábamos
guiabais
guiaban

FUTUR
guiaré
guiarás
guiará
guiaremos
guiaréis
guiarán

CONDITIONNEL
guiaría
guiarías
guiaría
guiaríamos
guiaríais
guiarían

GÉRONDIF
guiando

PARTICIPE PASSÉ
guiado

ACTUAR

PRÉSENT DE L'INDICATIF	IMPÉRATIF	PRÉSENT DU SUBJONCTIF
actúo		actúe
actúas	actúa	actúes
actúa	actúe	actúe
actuamos	actuemos	actuemos
actuáis	actuad	actuéis
actúan	actúen	actúen

PASSÉ SIMPLE	IMPARFAIT DU SUBJONCTIF 1	IMPARFAIT DU SUBJONCTIF 2
actué	actuara	actuase
actuaste	actuaras	actuases
actuó	actuara	actuase
actuamos	actuáramos	actuásemos
actuasteis	actuarais	actuaseis
actuaron	actuaran	actuasen

IMPARFAIT	FUTUR	CONDITIONNEL
actuaba	actuaré	actuaría
actuabas	actuarás	actuarías
actuaba	actuará	actuaría
actuábamos	actuaremos	actuaríamos
actuabais	actuaréis	actuaríais
actuaban	actuarán	actuarían

GÉRONDIF	PARTICIPE PASSÉ
actuando	actuado

VERBES IRRÉGULIERS : VERBES À DIPHTONGUE

EMPEZAR

PRÉSENT DE L'INDICATIF	IMPÉRATIF	PRÉSENT DU SUBJONCTIF
empiezo		empiece
empiezas	empieza	empieces
empieza	empiece	empiece
empezamos	empecemos	empecemos
empezáis	empezad	empecéis
empiezan	empiecen	empiecen

PASSÉ SIMPLE	IMPARFAIT DU SUBJONCTIF 1	IMPARFAIT DU SUBJONCTIF 2
empecé	empezara	empezase
empezaste	empezaras	empezases
empezó	empezara	empezase
empezamos	empezáramos	empezásemos
empezasteis	empezarais	empezaseis
empezaron	empezaran	empezasen

IMPARFAIT	FUTUR	CONDITIONNEL
empezaba	empezaré	empezaría
empezabas	empezarás	empezarías
empezaba	empezará	empezaría
empezábamos	empezaremos	empezaríamos
empezabais	empezaréis	empezaríais
empezaban	empezarán	empezarían

GÉRONDIF	PARTICIPE PASSÉ
empezando	empezado

DEFENDER

PRÉSENT DE L'INDICATIF	IMPÉRATIF	PRÉSENT DU SUBJONCTIF
defiendo		defienda
defiendes	defiende	defiendas
defiende	defienda	defienda
defendemos	defendamos	defendamos
defendéis	defended	defendáis
defienden	defiendan	defiendan

PASSÉ SIMPLE	IMPARFAIT DU SUBJONCTIF 1	IMPARFAIT DU SUBJONCTIF 2
defendí	defendiera	defendiese
defendiste	defendieras	defendieses
defendió	defendiera	defendiese
defendimos	defendiéramos	defendiésemos
defendisteis	defendierais	defendieseis
defendieron	defendieran	defendiesen

IMPARFAIT	FUTUR	CONDITIONNEL
defendía	defenderé	defendería
defendías	defenderás	defenderías
defendía	defenderá	defendería
defendíamos	defenderemos	defenderíamos
defendíais	defenderéis	defenderíais
defendían	defenderán	defenderían

GÉRONDIF	PARTICIPE PASSÉ
defendiendo	defendido

ENCONTRAR

PRÉSENT DE L'INDICATIF

encuentro
encuentras
encuentra
encontramos
encontráis
encuentran

IMPÉRATIF

encuentra
encuentre
encontremos
encontrad
encuentren

PRÉSENT DU SUBJONCTIF

encuentre
encuentres
encuentre
encontremos
encontréis
encuentren

PASSÉ SIMPLE

encontré
encontraste
encontró
encontramos
encontrasteis
encontraron

IMPARFAIT DU SUBJONCTIF 1

encontrara
encontraras
encontrara
encontráramos
encontrarais
encontraran

IMPARFAIT DU SUBJONCTIF 2

encontrase
encontrases
encontrase
encontrásemos
encontraseis
encontrasen

IMPARFAIT

encontraba
encontrabas
encontraba
encontrábamos
encontrabais
encontraban

FUTUR

encontraré
encontrarás
encontrará
encontraremos
encontraréis
encontrarán

CONDITIONNEL

encontraría
encontrarías
encontraría
encontraríamos
encontraríais
encontrarían

GÉRONDIF

encontrando

PARTICIPE PASSÉ

encontrado

MOVER

PRÉSENT DE L'INDICATIF

muevo
mueves
mueve
movemos
movéis
mueven

IMPÉRATIF

mueve
mueva
movamos
moved
muevan

PRÉSENT DU SUBJONCTIF

mueva
muevas
mueva
movamos
mováis
muevan

PASSÉ SIMPLE

moví
moviste
movió
movimos
movisteis
movieron

IMPARFAIT DU SUBJONCTIF 1

moviera
movieras
moviera
moviéramos
movierais
movieran

IMPARFAIT DU SUBJONCTIF 2

moviese
movieses
moviese
moviésemos
movieseis
moviesen

IMPARFAIT

movía
movías
movía
movíamos
movíais
movían

FUTUR

moveré
moverás
moverá
moveremos
moveréis
moverán

CONDITIONNEL

movería
moverías
movería
moveríamos
moveríais
moverían

GÉRONDIF

moviendo

PARTICIPE PASSÉ

movido

VERBES IRRÉGULIERS : VERBES EN –IR

SENTIR

PRÉSENT DE L'INDICATIF	IMPÉRATIF	PRÉSENT DU SUBJONCTIF
siento		sienta
sientes	siente	sientas
siente	sienta	sienta
sentimos	sintamos	sintamos
sentís	sentid	sintáis
sienten	sientan	sientan

PASSÉ SIMPLE	IMPARFAIT DU SUBJONCTIF 1	IMPARFAIT DU SUBJONCTIF 2
sentí	sintiera	sintiese
sentiste	sintieras	sintieses
sintió	sintiera	sintiese
sentimos	sintiéramos	sintiésemos
sentisteis	sintierais	sintieseis
sintieron	sintieran	sintiesen

IMPARFAIT	FUTUR	CONDITIONNEL
sentía	sentiré	sentiría
sentías	sentirás	sentirías
sentía	sentirá	sentiría
sentíamos	sentiremos	sentiríamos
sentíais	sentiréis	sentiríais
sentían	sentirán	sentirían

GÉRONDIF	PARTICIPE PASSÉ
sintiendo	sentido

PEDIR

PRÉSENT DE L'INDICATIF	IMPÉRATIF	PRÉSENT DU SUBJONCTIF
pido		pida
pides	pide	pidas
pide	pida	pida
pedimos	pidamos	pidamos
pedís	pedid	pidáis
piden	pidan	pidan

PASSÉ SIMPLE	IMPARFAIT DU SUBJONCTIF 1	IMPARFAIT DU SUBJONCTIF 2
pedí	pidiera	pidiese
pediste	pidieras	pidieses
pidió	pidiera	pidiese
pedimos	pidiéramos	pidiésemos
pedisteis	pidierais	pidieseis
pidieron	pidieran	pidiesen

IMPARFAIT	FUTUR	CONDITIONNEL
pedía	pediré	pediría
pedías	pedirás	pedirías
pedía	pedirá	pediría
pedíamos	pediremos	pediríamos
pedíais	pediréis	pediríais
pedían	pedirán	pedirían

GÉRONDIF	PARTICIPE PASSÉ
pidiendo	pedido

DORMIR

PRÉSENT DE L'INDICATIF	IMPÉRATIF	PRÉSENT DU SUBJONCTIF
duermo		duerma
duermes	duerme	duermas
duerme	duerma	duerma
dormimos	durmamos	durmamos
dormís	dormid	durmáis
duermen	duerman	duerman

PASSÉ SIMPLE	IMPARFAIT DU SUBJONCTIF 1	IMPARFAIT DU SUBJONCTIF 2
dormí	durmiera	durmiese
dormiste	durmieras	durmieses
durmió	durmiera	durmiese
dormimos	durmiéramos	durmiésemos
dormisteis	durmierais	durmieseis
durmieron	durmieran	durmiesen

IMPARFAIT	FUTUR	CONDITIONNEL
dormía	dormiré	dormiría
dormías	dormirás	dormirías
dormía	dormirá	dormiría
dormíamos	dormiremos	dormiríamos
dormíais	dormiréis	dormiríais
dormían	dormirán	dormirían

GÉRONDIF	PARTICIPE PASSÉ
durmiendo	dormido

VERBES IRRÉGULIERS EN -ACER, -ECER, -OCER, -UCIR

PARECER

PRÉSENT DE L'INDICATIF	IMPÉRATIF	PRÉSENT DU SUBJONCTIF
parezco		parezca
pareces	parece	parezcas
parece	parezca	parezca
parecemos	parezcamos	parezcamos
parecéis	pareced	parezcáis
parecen	parezcan	parezcan

PASSÉ SIMPLE	IMPARFAIT DU SUBJONCTIF 1	IMPARFAIT DU SUBJONCTIF 2
parecí	pareciera	pareciese
pareciste	parecieras	parecieses
pareció	pareciera	pareciese
parecimos	pareciéramos	pareciésemos
parecisteis	parecierais	parecieseis
parecieron	parecieran	pareciesen

IMPARFAIT	FUTUR	CONDITIONNEL
parecía	pareceré	parecería
parecías	parecerás	parecerías
parecía	parecerá	parecería
parecíamos	pareceremos	pareceríamos
parecíais	pareceréis	pareceríais
parecían	parecerán	parecerían

GÉRONDIF	PARTICIPE PASSÉ
pareciendo	parecido

VERBES IRRÉGULIERS : VERBES EN -DUCIR

PRODUCIR

PRÉSENT DE L'INDICATIF	IMPÉRATIF	PRÉSENT DU SUBJONCTIF
produzco		produzca
produces	produce	produzcas
produce	produzca	produzca
producimos	produzcamos	produzcamos
producís	producid	produzcáis
producen	produzcan	produzcan

PASSÉ SIMPLE	IMPARFAIT DU SUBJONCTIF 1	IMPARFAIT DU SUBJONCTIF 2
produje	produjera	produjese
produjiste	produjeras	produjeses
produjo	produjera	produjese
produjimos	produjéramos	produjésemos
produjisteis	produjerais	produjeseis
produjeron	produjeran	produjesen

IMPARFAIT	FUTUR	CONDITIONNEL
producía	produciré	produciría
producías	producirás	producirías
producía	producirá	produciría
producíamos	produciremos	produciríamos
producíais	produciréis	produciríais
producían	producirán	producirían

GÉRONDIF	PARTICIPE PASSÉ
produciendo	producido

VERBES IRRÉGULIERS : VERBES EN -UIR
INFLUIR

PRÉSENT DE L'INDICATIF	IMPÉRATIF	PRÉSENT DU SUBJONCTIF
influyo		influya
influyes	influye	influyas
influye	influya	influya
influimos	influyamos	influyamos
influís	influid	influyáis
influyen	influyan	influyan

PASSÉ SIMPLE	IMPARFAIT DU SUBJONCTIF 1	IMPARFAIT DU SUBJONCTIF 2
influí	influyera	influyese
influiste	influyeras	influyeses
influyó	influyera	influyese
influimos	influyéramos	influyésemos
influisteis	influyerais	influyeseis
influyeron	influyeran	influyesen

IMPARFAIT	FUTUR	CONDITIONNEL
influía	influiré	influiría
influías	influirás	influirías
influía	influirá	influiría
influíamos	influiremos	influiríamos
influíais	influiréis	influiríais
influían	influirán	influirían

GÉRONDIF	PARTICIPE PASSÉ
influyendo	influido

VERBES IRRÉGULIERS ISOLÉS

ANDAR

PRÉSENT DE L'INDICATIF	IMPÉRATIF	PRÉSENT DU SUBJONCTIF
ando		ande
andas	anda	andes
anda	ande	ande
andamos	andemos	andemos
andáis	andad	andéis
andan	anden	anden

PASSÉ SIMPLE	IMPARFAIT DU SUBJONCTIF 1	IMPARFAIT DU SUBJONCTIF 2
anduve	anduviera	anduviese
anduviste	anduvieras	anduvieses
anduvo	anduviera	anduviese
anduvimos	anduviéramos	anduviésemos
anduvisteis	anduvierais	anduvieseis
anduvieron	anduvieran	anduviesen

IMPARFAIT	FUTUR	CONDITIONNEL
andaba	andaré	andaría
andabas	andarás	andarías
andaba	andará	andaría
andábamos	andaremos	andaríamos
andabais	andaréis	andaríais
andaban	andarán	andarían

GÉRONDIF	PARTICIPE PASSÉ
andando	andado

CABER

PRÉSENT DE L'INDICATIF	IMPÉRATIF	PRÉSENT DU SUBJONCTIF
quepo		quepa
cabes	cabe	quepas
cabe	quepa	quepa
cabemos	quepamos	quepamos
cabéis	cabed	quepáis
caben	quepan	quepan

PASSÉ SIMPLE	IMPARFAIT DU SUBJONCTIF 1	IMPARFAIT DU SUBJONCTIF 2
cupe	cupiera	cupiese
cupiste	cupieras	cupieses
cupo	cupiera	cupiese
cupimos	cupiéramos	cupiésemos
cupisteis	cupierais	cupieseis
cupieron	cupieran	cupiesen

IMPARFAIT	FUTUR	CONDITIONNEL
cabía	cabré	cabría
cabías	cabrás	cabrías
cabía	cabrá	cabría
cabíamos	cabremos	cabríamos
cabíais	cabréis	cabríais
cabían	cabrán	cabrían

GÉRONDIF	PARTICIPE PASSÉ
cabiendo	cabido

CAER

PRÉSENT DE L'INDICATIF	IMPÉRATIF	PRÉSENT DU SUBJONCTIF
caigo		caiga
caes	cae	caigas
cae	caiga	caiga
caemos	caigamos	caigamos
caéis	caed	caigáis
caen	caigan	caigan

PASSÉ SIMPLE	IMPARFAIT DU SUBJONCTIF 1	IMPARFAIT DU SUBJONCTIF 2
caí	cayera	cayese
caíste	cayeras	cayeses
cayó	cayera	cayese
caímos	cayéramos	cayésemos
caísteis	cayerais	cayeseis
cayeron	cayeran	cayesen

IMPARFAIT	FUTUR	CONDITIONNEL
caía	caeré	caería
caías	caerás	caerías
caía	caerá	caería
caíamos	caeremos	caeríamos
caíais	caeréis	caeríais
caían	caerán	caerían

GÉRONDIF	PARTICIPE PASSÉ
cayendo	caído

DAR

PRÉSENT DE L'INDICATIF	IMPÉRATIF	PRÉSENT DU SUBJONCTIF
doy		dé
das	da	des
da	dé	dé
damos	demos	demos
dais	dad	deis
dan	den	den

PASSÉ SIMPLE	IMPARFAIT DU SUBJONCTIF 1	IMPARFAIT DU SUBJONCTIF 2
di	diera	diese
diste	dieras	dieses
dio	diera	diese
dimos	diéramos	diésemos
disteis	dierais	dieseis
dieron	dieran	diesen

IMPARFAIT	FUTUR	CONDITIONNEL
daba	daré	daría
dabas	darás	darías
daba	dará	daría
dábamos	daremos	daríamos
dabais	daréis	daríais
daban	darán	darían

GÉRONDIF	PARTICIPE PASSÉ
dando	dado

DECIR

PRÉSENT DE L'INDICATIF	IMPÉRATIF	PRÉSENT DU SUBJONCTIF
digo		diga
dices	di	digas
dice	diga	diga
decimos	digamos	digamos
decís	decid	digáis
dicen	digan	digan

PASSÉ SIMPLE	IMPARFAIT DU SUBJONCTIF 1	IMPARFAIT DU SUBJONCTIF 2
dije	dijera	dijese
dijiste	dijeras	dijeses
dijo	dijera	dijese
dijimos	dijéramos	dijésemos
dijisteis	dijerais	dijeseis
dijeron	dijeran	dijesen

IMPARFAIT	FUTUR	CONDITIONNEL
decía	diré	diría
decías	dirás	dirías
decía	dirá	diría
decíamos	diremos	diríamos
decíais	diréis	diríais
decían	dirán	dirían

GÉRONDIF	PARTICIPE PASSÉ
diciendo	dicho

HACER

PRÉSENT DE L'INDICATIF

hago
haces
hace
hacemos
hacéis
hacen

IMPÉRATIF

haz
haga
hagamos
haced
hagan

PRÉSENT DU SUBJONCTIF

haga
hagas
haga
hagamos
hagáis
hagan

PASSÉ SIMPLE

hice
hiciste
hizo
hicimos
hicisteis
hicieron

IMPARFAIT DU SUBJONCTIF 1

hiciera
hicieras
hiciera
hiciéramos
hicierais
hicieran

IMPARFAIT DU SUBJONCTIF 2

hiciese
hicieses
hiciese
hiciésemos
hicieseis
hiciesen

IMPARFAIT

hacía
hacías
hacía
hacíamos
hacíais
hacían

FUTUR

haré
harás
hará
haremos
haréis
harán

CONDITIONNEL

haría
harías
haría
haríamos
haríais
harían

GÉRONDIF

haciendo

PARTICIPE PASSÉ

hecho

IR

PRÉSENT DE L'INDICATIF

voy
vas
va
vamos
vais
van

IMPÉRATIF

ve
vaya
vamos
id
vayan

PRÉSENT DU SUBJONCTIF

vaya
vayas
vaya
vayamos
vayáis
vayan

PASSÉ SIMPLE

fui
fuiste
fue
fuimos
fuisteis
fueron

IMPARFAIT DU SUBJONCTIF 1

fuera
fueras
fuera
fuéramos
fuerais
fueran

IMPARFAIT DU SUBJONCTIF 2

fuese
fueses
fuese
fuésemos
fueseis
fuesen

IMPARFAIT

iba
ibas
iba
íbamos
ibais
iban

FUTUR

iré
irás
irá
iremos
iréis
irán

CONDITIONNEL

iría
irías
iría
iríamos
iríais
irían

GÉRONDIF

yendo

PARTICIPE PASSÉ

ido

OÍR

PRÉSENT DE L'INDICATIF	IMPÉRATIF	PRÉSENT DU SUBJONCTIF
oigo		oiga
oyes	oye	oigas
oye	oiga	oiga
oímos	oigamos	oigamos
oís	oíd	oigáis
oyen	oigan	oigan

PASSÉ SIMPLE	IMPARFAIT DU SUBJONCTIF 1	IMPARFAIT DU SUBJONCTIF 2
oí	oyera	oyese
oíste	oyeras	oyeses
oyó	oyera	oyese
oímos	oyéramos	oyésemos
oísteis	oyerais	oyeseis
oyeron	oyeran	oyesen

IMPARFAIT	FUTUR	CONDITIONNEL
oía	oiré	oiría
oías	oirás	oirías
oía	oirá	oiría
oíamos	oiremos	oiríamos
oíais	oiréis	oiríais
oían	oirán	oirían

GÉRONDIF	PARTICIPE PASSÉ
oyendo	oído

PODER

PRÉSENT DE L'INDICATIF	IMPÉRATIF	PRÉSENT DU SUBJONCTIF
puedo		pueda
puedes	puede	puedas
puede	pueda	pueda
podemos	podamos	podamos
podéis	poded	podáis
pueden	puedan	puedan

PASSÉ SIMPLE	IMPARFAIT DU SUBJONCTIF 1	IMPARFAIT DU SUBJONCTIF 2
pude	pudiera	pudiese
pudiste	pudieras	pudieses
pudo	pudiera	pudiese
pudimos	pudiéramos	pudiésemos
pudisteis	pudierais	pudieseis
pudieron	pudieran	pudiesen

IMPARFAIT	FUTUR	CONDITIONNEL
podía	podré	podría
podías	podrás	podrías
podía	podrá	podría
podíamos	podremos	podríamos
podíais	podréis	podríais
podían	podrán	podrían

GÉRONDIF	PARTICIPE PASSÉ
pudiendo	podido

PONER

PRÉSENT DE L'INDICATIF

pongo
pones
pone
ponemos
ponéis
ponen

IMPÉRATIF

pon
ponga
pongamos
poned
pongan

PRÉSENT DU SUBJONCTIF

ponga
pongas
ponga
pongamos
pongáis
pongan

PASSÉ SIMPLE

puse
pusiste
puso
pusimos
pusisteis
pusieron

IMPARFAIT DU SUBJONCTIF 1

pusiera
pusieras
pusiera
pusiéramos
pusierais
pusieran

IMPARFAIT DU SUBJONCTIF 2

pusiese
pusieses
pusiese
pusiésemos
pusieseis
pusiesen

IMPARFAIT

ponía
ponías
ponía
poníamos
poníais
ponían

FUTUR

pondré
pondrás
pondrá
pondremos
pondréis
pondrán

CONDITIONNEL

pondría
pondrías
pondría
pondríamos
pondríais
pondrían

GÉRONDIF

poniendo

PARTICIPE PASSÉ

puesto

QUERER

PRÉSENT DE L'INDICATIF	IMPÉRATIF	PRÉSENT DU SUBJONCTIF
quiero		quiera
quieres	quiere	quieras
quiere	quiera	quiera
queremos	queramos	queramos
queréis	quered	queráis
quieren	quieran	quieran

PASSÉ SIMPLE	IMPARFAIT DU SUBJONCTIF 1	IMPARFAIT DU SUBJONCTIF 2
quise	quisiera	quisiese
quisiste	quisieras	quisieses
quiso	quisiera	quisiese
quisimos	quisiéramos	quisiésemos
quisisteis	quisierais	quisieseis
quisieron	quisieran	quisiesen

IMPARFAIT	FUTUR	CONDITIONNEL
quería	querré	querría
querías	querrás	querrías
quería	querrá	querría
queríamos	querremos	querríamos
queríais	querréis	querríais
querían	querrán	querrían

GÉRONDIF	PARTICIPE PASSÉ
queriendo	querido

SABER

PRÉSENT DE L'INDICATIF	IMPÉRATIF	PRÉSENT DU SUBJONCTIF
sé		sepa
sabes	sabe	sepas
sabe	sepa	sepa
sabemos	sepamos	sepamos
sabéis	sabed	sepáis
saben	sepan	sepan

PASSÉ SIMPLE	IMPARFAIT DU SUBJONCTIF 1	IMPARFAIT DU SUBJONCTIF 2
supe	supiera	supiese
supiste	supieras	supieses
supo	supiera	supiese
supimos	supiéramos	supiésemos
supisteis	supierais	supieseis
supieron	supieran	supiesen

IMPARFAIT	FUTUR	CONDITIONNEL
sabía	sabré	sabría
sabías	sabrás	sabrías
sabía	sabrá	sabría
sabíamos	sabremos	sabríamos
sabíais	sabréis	sabríais
sabían	sabrán	sabrían

GÉRONDIF	PARTICIPE PASSÉ
sabiendo	sabido

SALIR

PRÉSENT DE L'INDICATIF	IMPÉRATIF	PRÉSENT DU SUBJONCTIF
salgo		salga
sales	sal	salgas
sale	salga	salga
salimos	salgamos	salgamos
salís	salid	salgáis
salen	salgan	salgan

PASSÉ SIMPLE	IMPARFAIT DU SUBJONCTIF 1	IMPARFAIT DU SUBJONCTIF 2
salí	saliera	saliese
saliste	salieras	salieses
salió	saliera	saliese
salimos	saliéramos	saliésemos
salisteis	salierais	salieseis
salieron	salieran	saliesen

IMPARFAIT	FUTUR	CONDITIONNEL
salía	saldré	saldría
salías	saldrás	saldrías
salía	saldrá	saldría
salíamos	saldremos	saldríamos
salíais	saldréis	saldríais
salían	saldrán	saldrían

GÉRONDIF	PARTICIPE PASSÉ
saliendo	salido

TENER

PRÉSENT DE L'INDICATIF

tengo
tienes
tiene
tenemos
tenéis
tienen

IMPÉRATIF

ten
tenga
tengamos
tened
tengan

PRÉSENT DU SUBJONCTIF

tenga
tengas
tenga
tengamos
tengáis
tengan

PASSÉ SIMPLE

tuve
tuviste
tuvo
tuvimos
tuvisteis
tuvieron

IMPARFAIT DU SUBJONCTIF 1

tuviera
tuvieras
tuviera
tuviéramos
tuvierais
tuvieran

IMPARFAIT DU SUBJONCTIF 2

tuviese
tuvieses
tuviese
tuviésemos
tuvieseis
tuviesen

IMPARFAIT

tenía
tenías
tenía
teníamos
teníais
tenían

FUTUR

tendré
tendrás
tendrá
tendremos
tendréis
tendrán

CONDITIONNEL

tendría
tendrías
tendría
tendríamos
tendríais
tendrían

GÉRONDIF

teniendo

PARTICIPE PASSÉ

tenido

TRAER

PRÉSENT DE L'INDICATIF	IMPÉRATIF	PRÉSENT DU SUBJONCTIF
traigo		traiga
traes	trae	traigas
trae	traiga	traiga
traemos	traigamos	traigamos
traéis	traed	traigáis
traen	traigan	traigan

PASSÉ SIMPLE	IMPARFAIT DU SUBJONCTIF 1	IMPARFAIT DU SUBJONCTIF 2
traje	trajera	trajese
trajiste	trajeras	trajeses
trajo	trajera	trajese
trajimos	trajéramos	trajésemos
trajisteis	trajerais	trajeseis
trajeron	trajeran	trajesen

IMPARFAIT	FUTUR	CONDITIONNEL
traía	traeré	traería
traías	traerás	traerías
traía	traerá	traería
traíamos	traeremos	traeríamos
traíais	traeréis	traeríais
traían	traerán	traerían

GÉRONDIF	PARTICIPE PASSÉ
trayendo	traído

VALER

PRÉSENT DE L'INDICATIF	IMPÉRATIF	PRÉSENT DU SUBJONCTIF
valgo		valga
vales	vale	valgas
vale	valga	valga
valemos	valgamos	valgamos
valéis	valed	valgáis
valen	valgan	valgan

PASSÉ SIMPLE	IMPARFAIT DU SUBJONCTIF 1	IMPARFAIT DU SUBJONCTIF 2
valí	valiera	valiese
valiste	valieras	valieses
valió	valiera	valiese
valimos	valiéramos	valiésemos
valisteis	valierais	valieseis
valieron	valieran	valiesen

IMPARFAIT	FUTUR	CONDITIONNEL
valía	valdré	valdría
valías	valdrás	valdrías
valía	valdrá	valdría
valíamos	valdremos	valdríamos
valíais	valdréis	valdríais
valían	valdrán	valdrían

GÉRONDIF	PARTICIPE PASSÉ
valiendo	valido

VENIR

PRÉSENT DE L'INDICATIF	IMPÉRATIF	PRÉSENT DU SUBJONCTIF
vengo		venga
vienes	ven	vengas
viene	venga	venga
venimos	vengamos	vengamos
venís	venid	vengáis
vienen	vengan	vengan

PASSÉ SIMPLE	IMPARFAIT DU SUBJONCTIF 1	IMPARFAIT DU SUBJONCTIF 2
vine	viniera	viniese
viniste	vinieras	vinieses
vino	viniera	viniese
vinimos	viniéramos	viniésemos
vinisteis	vinierais	vinieseis
vinieron	vinieran	viniesen

IMPARFAIT	FUTUR	CONDITIONNEL
venía	vendré	vendría
venías	vendrás	vendrías
venía	vendrá	vendría
veníamos	vendremos	vendríamos
veníais	vendréis	vendríais
venían	vendrán	vendrían

GÉRONDIF	PARTICIPE PASSÉ
viniendo	venido

VER

PRÉSENT DE L'INDICATIF

veo
ves
ve
vemos
veis
ven

IMPÉRATIF

ve
vea
veamos
ved
vean

PRÉSENT DU SUBJONCTIF

vea
veas
vea
veamos
veáis
vean

PASSÉ SIMPLE

vi
viste
vio
vimos
visteis
vieron

IMPARFAIT DU SUBJONCTIF 1

viera
vieras
viera
viéramos
vierais
vieran

IMPARFAIT DU SUBJONCTIF 2

viese
vieses
viese
viésemos
vieseis
viesen

IMPARFAIT

veía
veías
veía
veíamos
veíais
veían

FUTUR

veré
verás
verá
veremos
veréis
verán

CONDITIONNEL

vería
verías
vería
veríamos
veríais
verían

GÉRONDIF

viendo

PARTICIPE PASSÉ

visto

VOLVER (et verbes en –olver)

PRÉSENT DE L'INDICATIF

vuelvo
vuelves
vuelve
volvemos
volvéis
vuelven

IMPÉRATIF

vuelve
vuelva
volvamos
volved
vuelvan

PRÉSENT DU SUBJONCTIF

vuelva
vuelvas
vuelva
volvamos
volváis
vuelvan

PASSÉ SIMPLE

volví
volviste
volvió
volvimos
volvisteis
volvieron

IMPARFAIT DU SUBJONCTIF 1

volviera
volvieras
volviera
volviéramos
volvierais
volvieran

IMPARFAIT DU SUBJONCTIF 2

volviese
volvieses
volviese
volviésemos
volvieseis
volviesen

IMPARFAIT

volvía
volvías
volvía
volvíamos
volvíais
volvían

FUTUR

volveré
volverás
volverá
volveremos
volveréis
volverán

CONDITIONNEL

volvería
volverías
volvería
volveríamos
volveríais
volverían

GÉRONDIF

volviendo

PARTICIPE PASSÉ

vuelto

Lexique espagnol-français

(limité au vocabulaire des exercercices)
* signale les verbes irréguliers

a

a menudo : souvent
abastecer* : approvisionner
abierto, -a : ouvert, -e
abogado (m.) : avocat (m.)
abrigo (m.) :
  pardessus (m.) ; manteau (m.)
abrir : ouvrir
aburrido, -a : ennuyeux, -se
aburrirse : s'ennuyer
acabar : terminer
acabar de : venir de
acariciar : caresser
aceptar : accepter
acero (m.) : acier (m.)
acompañar : accompagner
aconsejar : conseiller
acontecimiento (m.) : événement
acosar : traquer
acto (m.) : cérémonie (f.)
actuación (f.) : rôle (m.)
actuar : agir
acuerdo (m.) : accord (m.)
adivinar : deviner
admitir : admettre
aduana (f.) : douane (f.)
aduanero (m.) : douanier (m.)
advertencia (f.) : remarque (f.)
afanarse : se donner du mal
agarrar : saisir
agotar : épuiser
agradable : agréable
ajedrez (m.) : jeu d'échecs (m.)
alcalde (m.) : maire (m.)
alcanzar : atteindre
alegrarse : se réjouir
alejarse : s'éloigner
aliviar : soulager
almacén (m.) : magasin (m.)
alusión (f.) : allusion (f.)
ancho, -a : large
andar* : marcher

antena (f.) : antenne (f.)
añadir : ajouter
apagar : éteindre
apagón (m.) :
  coupure (f.) (de courant)
aparato (m.) : appareil (m.)
aparcar : (se) garer
apartar : écarter
apiñarse : s'entasser
aplaudir : applaudir
aplazar : reporter (une décision…)
apoyo (m.) : appui (m.)
apresurarse : se presser
apuntar : noter
arca (f.) : coffre (m.)
arisco, -a : revêche
arquitectónico, -a : architectural, -e
arrancar : démarrer
arreglar : arranger
arroyo (m.) : ruisseau (m.)
asegurar : assurer
asiento (m.) :
  siège (m.) ; place (f.)
asomarse : se pencher
asombroso, -a : étonnant -e
asunto (m.) : affaire (f.)
asustar : effrayer
atasco (m.) : embouteillage (m.)
atender* a un cliente :
  servir un client
atender* una petición :
  satisfaire à une demande
atormentarse : se tourmenter
atraer* : attirer
aula (f.) : salle de cours (f.)
autopista (f.) : autoroute (f.)
autoservicio (m.) : libre-service (m.)
avería (f.) : panne (f.)
averiado, -a : panne (en)
averiguar : vérifier
avisar : prévenir
ayudar : aider
azahar (m.) : fleur d'oranger (f.)
azotea (f.) : terrasse (f.)
azul : bleu

b

bahía (f.) : baie (f.)
baile (m.) : bal (m.)
bajar : descendre
balance (m.) : bilan (m.)
baloncesto (m.) : basket-ball (m.)
balonvolea (m.) : volley-ball (m.)
banco (m.) : banque (f.)
banda (f.) : fanfare (f.)
bañarse : se baigner
barato, -a : bon marché
barco (m.) : bateau (m.)
barranco (m.) : ravin (m.)
barrio (m.) : quartier (m.)
baúl (m.) : malle (f.)
bebida (f.) : boisson (f.)
bolsillo (m.) : poche (f.)
bolso (m.) : sac (m.)
bombero (m.) : pompier (m.)
borrar : effacer
bóveda (f.) : voûte (f.)
broma (f.) : plaisanterie (f.)
brotar : pousser (intransitif)
buque (m.) : navire (m.)
burlarse : se moquer
burlón, -a : moqueur, -euse
buscar : chercher

c

cabra (f.) : chèvre (f.)
caer* : tomber
cajón (m.) : tiroir (m.)
calculadora (f.) : calculette (f.)
callarse : se taire
calma (f.) : calme (m.)
caluroso, -a : chaud, -e
camarada (m. et f.) : camarade (m. et f.)
camarero (m.) : garçon de café (m.)
cambiar : changer ; échanger
campanario (m.) : clocher (m.)
campante : fringant, -e
cansar : fatiguer

cariño (m.) : affection (f.)
carretera (f.) : route (f.)
carta (f.) : lettre (f.)
cartel (m.) : affiche (f.)
cartero (m.) : facteur (m.)
casarse : se marier
catálogo (m.) : catalogue (m.)
cazador (m.) : chasseur (m.)
cenar : dîner
cenicero (m.) : cendrier (m.)
centellear : scintiller
cerrar* : fermer
cerveza (f.) : bière (f.)
cesar : cesser
chamusquina (f.) : roussi (m.)
chaqueta (f.) : veste (f.)
charlar : bavarder
charlatán, -a : bavard, -e
cigarrillo (m.) : cigarette (f.)
circunstancia (f.) : circonstance (f.)
ciruela (f.) : prune (f.)
cirujano (m.) : chirurgien (m.)
cobrar : toucher (de l'argent)
coche (m.) : voiture (f.)
cohete (m.) : fusée (f.)
comedor (m.) : salle à manger (f.)
comer : manger
compartir : partager
competidor (m.) : concurrent (m.)
comprar : acheter
comprobar* : constater
comprometerse : s'engager
concebir* : concevoir
concierto (m.) : concert (m.)
conflicto (m.) : conflit (m.)
conmover* : émouvoir
consumidor (m.) : consommateur (m.)
contagioso, -a : contagieux, -se
contaminar : polluer
contener* : contenir ; retenir
contestar : répondre
contratar : embaucher
convencer : convaincre
convenio (m.) : accord (m.)
copa (f.) : verre (m.) (de vin…)
corbata (f.) : cravate (f.)
corredor (m.) : coureur (m.)
correo (m.) : courrier (m.)
cortado (m.) : café crème (m.)
cortar : couper
cortina (f.) : rideau (m.)

cosechar : récolter
costa (f.) : côte (f.) (maritime)
costar* : coûter
crecer* : augmenter
creer : croire
criar : élever
cruce (m.) : carrefour (m.)
cruzar : traverser
cuadro (m.) : tableau (m.)
cuarto (m.) : pièce (f.)
cucharada (f.) : cuillerée (f.)
cuenta (f.) : note (f.) (= l'addition)
cuero (m.) : cuir (m.)
cuesta (f.) : côte (f.) (= montée)
culpable : coupable
cumbre (f.) : sommet (m.)
cumpleaños (m. sing.) :
  anniversaire (m.)
curar : soigner
curarse : guérir
cursillo (m.) : stage (m.)

d

daño (hacer*) : mal (faire du)
dar* : donner
dar* a : donner sur
dar* con : tomber sur (figuré)
darse* cuenta de :
  se rendre compte de
darse* prisa : se hâter
dejar : laisser
deporte (m.) : sport (m.)
desarrollarse : se développer
desayuno (m.) : petit déjeuner (m.)
descargar : décharger
desconocido, -a : inconnu, -e
descontar : faire un rabais
desembarcar : débarquer
desenlace (m.) : dénouement (m.)
desfile (m.) : défilé (m.)
desmantelar : démanteler
desorden (m.) : désordre (m.)
despertarse* : se réveiller
desprenderse : se détacher
desviar : dévier
detenerse* : s'arrêter
dibujo (m.) : dessin (m.)

diferir* : différer
dimitir : démissionner
dirección (f.) : adresse (f.)
dirigirse a : s'adresser à
disfrazarse : se déguiser
disgustar : déplaire
disgusto (m.) : ennui (m.)
divertido, -a : amusant, -e
divisar : apercevoir
dudar : hésiter

e

echar de menos : regretter
edificar : bâtir
edificio (m.) : immeuble (m.)
eficaz : efficace
ejecutivo (m.) :
  cadre (m.) (d'entreprise)
electricista (m.) : électricien (m.)
elegir* : choisir ; élire
embajador (m.) : ambassadeur (m.)
embustero, -a : menteur, -euse
emitir : émettre
empeñarse : s'entêter
empezar* : commencer
empleado, -a : employé, -e
empresa (f.) : entreprise (f.)
encargar : charger
encender* : allumer
encontrar* : trouver
enfadarse : se fâcher
enfermero, -a : infirmier, -ère
enojo (m.) : colère (f.)
entender* : comprendre
enterarse de :
  apprendre (une nouvelle…)
entregar : remettre
envidiar : envier
equilibrio (m.) : équilibre (m.)
equipo (m.) : équipe (f.)
equivocado (estar) :
  erreur (être dans l')
equivocarse : se tromper
escalera (f.) : escalier (m.)
escaparate (m.) : vitrine (f.)
escoger : choisir
escuchar : écouter

escurridizo, -a : fuyant, -e
esfuerzo (m.) : effort (m.)
espantoso, -a : épouvantable
espectador, -a (m. et f.) : spectateur, -trice (m. et f.)
espera (f.) : attente (f.)
esperanza (f.) : espoir (m.)
esperar : attendre ; espérer
esquiador (m.) : skieur (m.)
estación (f.) : gare (f.)
estallar : éclater
estante (m.) : étagère (f.)
estilo (m.) : style (m.)
estrafalario, -a : extravagant, -e
éxito (m.) : succès (m.)
experimentar : éprouver

falda (f.) : jupe (f.)
farmacia (f.) : pharmacie (f.)
felicidad (f.) : bonheur (m.)
feliz : heureux, -euse
fiel : fidèle
finca (f.) : ferme (f.)
firma (f.) : signature (f.)
firmar : signer
fortaleza (f.) : forteresse (f.)
fracasar : échouer
fregar* : frotter
fresco, -a : frais, fraîche

g

garantizar : garantir
garganta (f.) : gorge (f.)
gastar : dépenser
generoso, -a : généreux, -se
giro (m.) : virement (m.)
goloso, -a : gourmand, -e
gobierno (m.) : gouvernement (m.)
guardar : ranger
guardarropa (m.) : vestiaire (m.)
guía (m.) : guide (m.)
guión (m.) : scénario (m.)
guitarrista (m.) : guitariste (m.)

h

hacer* caso : faire attention
hecho (m.) : fait (m.)
herida (f.) : blessure (f.)
herir* : blesser
hierbabuena (f.) : menthe (f.)
hombro (m.) : épaule (f.)
huelga (f.) : grève (f.)
huerto (m.) : jardin potager (m.)
huir* : fuir

idioma (m.) : langue (f.)
impedir* : empêcher
incrementarse : augmenter
información (f.) : renseignement (m.)
informe (m.) : rapport (m.)
intelectual : intellectuel, -le
interés (m.) : intérêt (m.)
intervenir* : opérer (chirurgie)
invernadero (m.) : serre (f.)
invertir* : investir
investigación (f.) : recherche (f.)
invierno (m.) : hiver (m.)
irrumpir : faire irruption

j

juego (m.) : jeu (m.)
jugar* : jouer
justificarse : se justifier
juzgar : juger

ladera (f.) : coteau (m.)
lágrima (f.) : larme (f.)
lanzar : lancer

largo, -a : long, -ue
laurel (m.) : laurier (m.)
leche (f.) : lait (m.)
leer : lire
ley (f.) : loi (f.)
liebre (f.) : lièvre (m.)
limpiar : nettoyer
lío (m.) : imbroglio (m.)
litera (f.) : couchette (f.)
llamada (f.) : appel (m.)
llamar : appeler
llave (f.) : clef (f.)
llegar : arriver
llenar : remplir
llorar : pleurer
llover* : pleuvoir
localidad (f.) :
  place (f.) (au spectacle)
lucido, -a : brillant, -e

m

maduro, -a : mûr, -e
maleta (f.) : valise (f.)
maletero (m.) :
  coffre (m.) (de voiture)
mandar : envoyer
manual : manuel, -le
marchar(se) : partir
marisma (f.) : marais (m.)
matar : tuer
mayordomo (m.) : majordome (m.)
medianoche (f.) : minuit (m.)
mediodía (m.) : midi (m.)
mejorarse : s'améliorer
mensajero (m.) : coursier (m.)
mentira (f.) : mensonge (m.)
mentiroso, -a : menteur, -euse
mes (m.) : mois (m.)
mesa (f.) : table (f.)
miedo (m.) : peur (f.)
mirada (f.) : regard (m.)
modelo (m.) : modèle (m.)
modista (f.) : couturière (f.)
mojar : mouiller
molestar : gêner
molesto, -a :
  fâcheux, -euse ; gênant, -e

mordaz : mordant, -e
moverse* : bouger
murmullo (m.) : murmure (m.)

n

nadar : nager
navegar : naviguer
necesitar : avoir besoin de
nevar* : neiger
notar : remarquer
noticia (f.) : nouvelle (f.)
novela (f.) : roman (m.)
nublado, -a : nuageux, -se
nuevo, -a : nouveau, nouvelle
numeroso, -a : nombreux, -se

o

obedecer* : obéir
ocultar : cacher
odio (m.) : haine (f.)
oficina (f.) : bureau (m.)
ofrecer* : offrir
oír* : entendre
oler* a : sentir (odorat)
olvido (m.) : oubli (m.)
opinión (f.) : avis (m.)
ordenador (m.) : ordinateur (m.)
orilla (f.) : rive (f.)
orquesta (f.) : orchestre (m.)
oyente (m. et f.) :
  auditeur, -trice (m. et f.)

p

pagar : payer
palabra (f.) : mot (m.)
panadería (f.) : boulangerie (f.)
papel (m.) : rôle (m.)
pararse : s'arrêter
partido (m.) :
 parti (m.) (politique) ; partie (f.), match
parvulario (m.) : école maternelle (f.)
pasaporte (m.) : passeport (m.)
paseo (m.) : promenade (f.)
paseo (de) : promenade (en)
pastel (m.) : gâteau (m.)
patrocinar : patronner
payaso (m.) : clown (m.)
pegar : frapper
pelear : se disputer
película (f.) : film (m.)
peligro (m.) : danger (m.)
pelo (m. sing.) : cheveux (m. plur.)
peluquero (m.) : coiffeur (m.)
pendiente (f.) : pente (f.)
pendiente (m.) : pendentif (m.)
penoso, -a : pénible
periódico (m.) : journal (m.)
período (m.) : période (f.)
permanecer* : demeurer, rester
perro (m.) : chien (m.)
pesado, -a : lourd, -e
pescado (m.) : poisson (m.)
petición (f.) : demande (f.)
pintar : peindre
piso (m.) :
 appartement (m.) ; étage (m.)
pitar : siffler
plato (m.) : assiette (f.)
plazo (m.) : délai (m.)
poder* : pouvoir
pollo (m.) : poulet (m.)
portarse : se comporter
portavoz (m.) : porte-parole (m.)
practicar : pratiquer
prado (m.) : pré (m.)
precio de coste (m.) :
 prix de revient (m.)
preferir* : préférer
preguntar :
 demander (poser une question)

prensa (f.) : presse (f.)
prescindir de : se passer de
prestaciones (f. plur.) :
 performances (f. plur.)
préstamo (m.) : prêt (m.)
prestar : prêter
presumir : se vanter
prever* : prévoir
primero : d'abord
primo, -a (m. et f.) :
 cousin, -e (m. et f.)
programa (m.) : programme (m.)
prohibir : interdire
prometer : promettre
pronunciar : prononcer
proponer* : proposer
protagonista (m. et f.) :
 protagoniste (m. et f.)
protestar : protester
proyectar : projeter
proyecto (m.) : projet (m.)
prueba (f.) : essai (m.)
publicar : publier
publicidad (f.) : publicité (f.)
público (m.) : public (m.)
puñetazo (m.) : coup de poing (m.)

q

quedar : rester
quejarse : se plaindre
quemar : brûler
quieto, -a : tranquille

r

realizar : réaliser
rebaja (f.) : rabais (m.)
recobrar : récupérer
recomendar* : recommander
reconocer* : reconnaître
recordar* algo : se rappeler qqch.
red (f.) : réseau (m.)
referirse* a : se rapporter à
regalar : offrir

regatear : marchander
registrar : enregistrer
reglamentación (f.) : réglementation (f.)
reinar : régner
relato (m.) : récit (m.)
rellenar : remplir
rencor (m.) : rancœur (f.)
reñir* con : se disputer avec
repasar : réviser
repetir* : répéter
rescatado (m.) : rescapé (m.)
resolver* : résoudre
retraso (m.) : retard (m.)
reunirse : se réunir
revista (m.) : revue (f.)
riesgo (m.) : risque (m.)
robar : voler, dérober
rodar* : rouler
rodear : entourer
rogar* : prier (demander instamment)
romper : casser
roto, -a : cassé, -ée
ruido (m.) : bruit (m.)

s

saber* : savoir
saber* a : avoir le goût de
sabor (m.) : saveur (f.)
salir* : partir ; sortir
salirse* con la suya : avoir gain de cause
salud (f.) : santé (f.)
saludar : saluer
satisfacer* : satisfaire
satisfecho, -a : satisfait, -e
sed (f.) : soif (f.)
seguro, -a : sûr, -e
sello (m.) : timbre (m.)
sendero (m.) : sentier (m.)
sentarse* : s'asseoir
sentir* : sentir, ressentir, regretter
serial (m.) : feuilleton (m.)
serio, -a : sérieux, -se
silla (f.) : chaise (f.)
sitio (m.) : endroit (m.)

sobre (m.) : enveloppe (f.)
sobrepasar : dépasser
sobrino, -a (m. et f.) : neveu, nièce (m. et f.)
solfeo (m.) : solfège (m.)
sombrero (m.) : chapeau (m.)
soplo (m.) : souffle (m.)
sordo, -a : sourd, -e
sorpresa (f.) : surprise (f.)
sospecha (f.) : soupçon (m.)
subir : monter
suceder : se produire ; arriver
sueldo (m.) : salaire (m.)
suerte (f.) : chance (f.)
suplicar : supplier
suponer* : supposer
sustituir* : remplacer
sutileza (f.) : subtilité (f.)

t

taquilla (f.) : guichet (m.)
tarea (f.) : tâche (f.)
tasa (f.) : taux (m.)
telediario (m.) : journal télévisé (m.)
telefonear : téléphoner
temer : craindre
temprano : tôt
tener calor : avoir chaud
ternura (f.) : tendresse (f.)
terremoto (m.) : tremblement de terre (m.)
testimonio (m.) : témoignage (m.)
tienda (f.) : boutique (f.)
tiesto (m.) : pot de fleurs (m.)
tijeras (f. plur.) : ciseaux (m. plur.)
tiovivo (m.) : manège (m.)
tipo de interés (m.) : taux d'intérêt (m.)
tomar : prendre
tomillo (m.) : thym (m.)
tontería (f.) : sottise (f.)
tostada (f.) : tartine grillée (f.)
trabajador, -a : travailleur, -se
traer* : apporter
tráfico (m.) : circulation (f.)
traje (m.) : costume (m.)

t

transcurrir : s'écouler (le temps)
trasladar : transférer
tratar a uno : fréquenter qqn.
travesía (f.) : traversée (f.)
tren (m.) : train (m.)
tripulación (f.) : équipage (m.)
turista (m. et f.) : touriste (m. et f.)

v

vacilar : hésiter
valorar : évaluer
vecino, -a : voisin, -e
vencer : vaincre ; expirer (un délai)
vendedor, -a (m. et f.) :
  vendeur, -euse (m. et f.)
vender : vendre
ventana (f.) : fenêtre (f.)
ver* : voir
verdad (f.) : vérité (f.)
de verdad : vraiment
verduras (f. plur.) : légumes (m. plur.)
vergüenza (tener) : honte (avoir)

verosímil : vraisemblable
vestido (m.) : robe (f.)
viaje (m.) : voyage (m.)
vídeo (m.) : magnétoscope (m.)
visitante (m.) : visiteur (m.)
visitar : rendre visite
vivienda (f.) : logement (m.)
votación (f.) : vote (m.)
voz (f.) : voix (f.)
vuelta (f.) :
  retour (m.) ; tour (m.)

y

yeso (m.) : plâtre (m.)

z

zapato (m.) : chaussure (f.)

Lexique français-espagnol

a

accepter : *aceptar*
accompagner : *acompañar*
accord (m.) : *acuerdo (m.)*
— commercial : *convenio (m.)*
acheter : *comprar*
acier (m.) : *acero (m.)*
admettre : *admitir*
adresse (f.) : *dirección (f.)*
s'adresser à : *dirigirse a*
affaire (f.) : *asunto (m.)*
affection (f.) : *cariño (m.)*
affiche (f.) : *cartel (m.)*
agir : *actuar*
agréable : *agradable*
aider : *ayudar*
ajouter : *añadir*
allumer : *encender**
allusion (f.) : *alusión (f.)*
ambassadeur (m.) : *embajador (m.)*
s'améliorer : *mejorarse*
amusant, -e : *divertido, -a*
anniversaire (m.) :
 cumpleaños (m. sing.)
antenne (f.) : *antena (f.)*
apercevoir : *divisar*
appareil (m.) : *aparato (m.)*
appartement (m.) : *piso (m.)*
appel (m.) : *llamada (f.)*
appeler : *llamar*
applaudir : *aplaudir*
apporter : *traer**
apprendre (une nouvelle…) :
 enterarse de
approvisionner : *abastecer**
appui (m.) : *apoyo (m.)*
architectural, -e : *arquitectónico, -a*
arranger : *arreglar*
s'arrêter : *parar(se)*
arriver : *llegar*
— (se produire) : *suceder*
s'asseoir : *sentarse**
assiette (f.) : *plato (m.)*
assurer : *asegurar*
atteindre : *alcanzar*
attendre : *esperar*
attente (f.) : *espera (f.)*
attirer : *atraer**

auditeur, -trice (m. et f.) :
 oyente (m. et f.)
augmenter : *crecer**
autoroute (f.) : *autopista (f.)*
avis (m.) : *opinión (f.)*
avocat (m.) : *abogado (m.)*
avoir besoin de : *necesitar*
avoir chaud : *tener calor*
avoir gain de cause :
 salirse* con la suya
avoir le goût de : *saber* a*

b

baie (f.) : *bahía (f.)*
se baigner : *bañarse*
bal (m.) : *baile (m.)*
banque (f.) : *banco (m.)*
basket-ball (m.) : *baloncesto (m.)*
bateau (m.) : *barco (m.)*
bâtir : *edificar*
bavard, -e : *charlatán, -a*
bavarder : *charlar*
bière (f.) : *cerveza (f.)*
bilan (m.) : *balance (m.)*
blesser : *herir**
blessure (f.) : *herida (f.)*
bleu : *azul*
boisson (f.) : *bebida (f.)*
bon marché : *barato, a*
bonheur (m.) : *felicidad (f.)*
bouger : *moverse**
boulangerie (f.) : *panadería (f.)*
boutique (f.) : *tienda (f.)*
brillant, e : *lucido, a*
bruit (m.) : *ruido (m.)*
brûler : *quemar*
bureau (m.) : *oficina (f.)*

c

cacher : *ocultar*
cadre (m.) (d'entreprise) :
 ejecutivo (m.)
café crème (m.) : *cortado (m.)*

c

calculette (f.) : *calculadora (f.)*
calme (m.) : *calma (f.)*
camarade (m. et f.) : *camarada (m. et f.)*
caresser : *acariciar*
carrefour (m.) : *cruce (m.)*
cassé, -ée : *roto, -a*
casser : *romper*
catalogue (m.) : *catálogo (m.)*
cendrier (m.) : *cenicero (m.)*
cérémonie (f.) : *acto (m.)*
cesser : *cesar*
chaise (f.) : *silla (f.)*
chance (f.) : *suerte (f.)*
changer : *cambiar*
chapeau (m.) : *sombrero (m.)*
charger : *encargar*
chasseur (m.) : *cazador (m.)*
chaussure (f.) : *zapato (m.)*
chercher : *buscar*
cheveux (m. plur.) : *pelo (m. sing.)*
chèvre (f.) : *cabra (f.)*
chien (m.) : *perro (m.)*
chirurgien (m.) : *cirujano (m.)*
choisir : *elegir* ; escoger*
cigarette (f.) : *cigarrillo (m.)*
circonstance (f.) : *circunstancia (f.)*
circulation (f.) : *tráfico (m.)*
ciseaux (m. plur.) : *tijeras (f. plur.)*
clef (f.) : *llave (f.)*
clocher (m.) : *campanario (m.)*
clown (m.) : *payaso (m.)*
coffre (m.) : *arca (f.)*
— de voiture : *maletero (m.)*
coiffeur (m.) : *peluquero (m.)*
colère (f.) : *enojo (m.)*
commencer : *empezar**
se comporter : *portarse*
comprendre : *entender**
concert (m.) : *concierto (m.)*
concevoir : *concebir**
concurrent (m.) : *competidor (m.)*
conflit (m.) : *conflicto (m.)*
conseiller : aconsejar
consommateur (m.) : *consumidor (m.)*
constater : *comprobar**
contagieux, -se : *contagioso, -a*
contenir : *contener**
convaincre : *convencer*
costume (m.) : *traje (m.)*
côte (f.) (montée) : *cuesta (f.)*

— (maritime) : *costa (f.)*
coteau (m.) : *ladera (f.)*
couchette (f.) : *litera (f.)*
coup de poing (m.) : *puñetazo (m.)*
coupable : *culpable*
couper : *cortar*
coupure (f.) (de courant) : *apagón (m.)*
coureur (m.) : *corredor (m.)*
courrier (m.) : *correo (m.)*
coursier (m.) : *mensajero (m.)*
cousin, -e (m. et f.) : *primo, -a (m. et f.)*
coûter : *costar**
couturière (f.) : *modista (f.)*
craindre : *temer*
cravate (f.) : *corbata (f.)*
croire : *creer*
cuillerée (f.) : *cucharada (f.)*
cuir (m.) : *cuero (m.)*

d

d'abord : *primero*
danger (m.) : *peligro (m.)*
débarquer : *desembarcar*
décharger : *descargar*
se décider : *animarse*
défilé (m.) : *desfile (m.)*
se déguiser : *disfrazarse*
délai (m.) : *plazo (m.)*
demande (f.) : *petición (f.)*
demander (poser une question) : *preguntar*
démanteler : *desmantelar*
démarrer : *arrancar*
demeurer : *permanecer**
démissionner : *dimitir*
dénouement (m.) : *desenlace (m.)*
dépasser : *sobrepasar*
dépenser : *gastar*
déplaire : *disgustar*
dérober : *robar*
descendre : *bajar*
désordre (m.) : *desorden (m.)*
dessin (m.) : *dibujo (m.)*
se détacher : *desprenderse*
se développer : *desarrollarse*

dévier : *desviar*
deviner : *adivinar*
différer : *diferir**
dîner : *cenar*
se disputer : *pelear ; reñir**
donner : *dar**
se donner du mal : *afanarse*
donner sur : *dar* a*
douane (f.) : *aduana (f.)*
douanier (m.) : *aduanero (m.)*

e

écarter : *apartar*
échanger : *cambiar*
échouer : *fracasar*
éclater : *estallar*
école maternelle (f.) : *parvulario (m.)*
s'écouler (le temps) : *transcurrir*
écouter : *escuchar*
effacer : *borrar*
efficace : *eficaz*
effort (m.) : *esfuerzo (m.)*
effrayer : *asustar*
électricien (m.) : *electricista (m.)*
élever (un enfant) : *criar*
élire : *elegir**
s'éloigner : *alejarse*
embaucher : *contratar*
embouteillage (m.) : *atasco (m.)*
émettre : *emitir*
émouvoir : *conmover**
empêcher : *impedir**
employé (m.) : *empleado (m.)*
endroit (m.) : *sitio (m.)*
s'engager : *comprometerse*
s'ennuyer : *aburrirse*
ennuyeux, -se : *aburrido, -a*
enregistrer : *registrar*
s'entasser : *apiñarse*
entendre : *oír**
s'entêter : *empeñarse*
entourer : *rodear*
entreprise (f.) : *empresa (f.)*
enveloppe (f.) : *sobre (m.)*
envier : *envidiar*
envoyer : *mandar*
épaule (f.) : *hombro (m.)*

épouvantable : *espantoso, -a*
éprouver : *experimentar*
épuiser : *agotar*
équilibre (m.) : *equilibrio (m.)*
équipage (m.) : *tripulación (f.)*
équipe (f.) : *equipo (m.)*
erreur (être dans l') :
 equivocado (estar)
escalier (m.) : *escalera (f.)*
espérer : *esperar*
espoir (m.) : *esperanza (f.)*
essai (m.) : *prueba (f.)*
étage (m.) : *piso (m.)*
étagère (f.) : *estante (m.)*
éteindre : *apagar*
étonnant, -e : *asombroso, -a*
évaluer : *valorar*
événement (m.) : *acontecimiento (m.)*
excuser : *disculpar*
exiger : *exigir*
expirer (un délai) : *vencer*
extravagant, -e : *estrafalario, -a*

f

se fâcher : *enfadarse*
fâcheux, -euse : *molesto, -a*
facteur (m.) : *cartero (m.)*
fait (m.) : *hecho (m.)*
fanfare (f.) : *banda (f.)*
fatiguer : *cansar*
fenêtre (f.) : *ventana (f.)*
ferme (f.) : *finca (f.)*
fermer : *cerrar**
feuilleton (m.) : *serial (m.)*
fidèle : *fiel*
film (m.) : *película (f.)*
fleur d'oranger (f.) : *azahar (m.)*
forteresse (f.) : *fortaleza (f.)*
frais, fraîche : *fresco, -a*
frapper : *pegar*
fréquenter qqn. : *tratar a alguien*
fringant, -e : *campante*
frotter : *fregar**
fuir : *huir**
fusée (f.) : *cohete (m.)*
fuyant, -e : *escurridizo, -a*

g

garantir : *garantizar*
garçon de café (m.) : *camarero (m.)*
gare (f.) : *estación (f.)*
se garer : *aparcar*
gâteau (m.) : *pastel (m.)*
gênant, -e : *molesto, -a*
gêner : *molestar*
généreux, -se : *generoso, -a*
gorge (f.) : *garganta (f.)*
gourmand, -e : *goloso, -a*
gouvernement (m.) : *gobierno (m.)*
grève (f.) : *huelga (f.)*
guichet (m.) : *taquilla (f.)*
guide (m.) : *guía (m.)*
guitariste (m.) : *guitarrista (m.)*
guérir : *curarse*

h

haine (f.) : *odio (m.)*
se hâter : *darse* prisa*
hésiter : *vacilar*
heureux, -euse : *feliz*
hiver (m.) : *invierno (m.)*
honte (avoir) : *vergüenza (tener*)*

i

imbroglio (m.) : *lío (m.)*
immeuble (m.) : *edificio (m.)*
inconnu, -e : *desconocido, -a*
infirmier, -ère (m. et f.) :
  enfermero, -a (m. et f.)
intellectuel, -le : *intelectual*
interdire : *prohibir*
intérêt (m.) : *interés (m.)*
investir : *invertir**
inviter : *invitar*
irruption (faire) : *irrumpir*

j

jardin potager (m.) : *huerto (m.)*
jeu d'échecs (m.) : *ajedrez (m.)*
jouer : *jugar**
journal (m.) : *periódico (m.)*
journal télévisé (m.) : *telediario (m.)*
juger : *juzgar*
jupe (f.) : *falda (f.)*
se justifier : *justificarse*

l

laisser : *dejar*
lait (m.) : *leche (f.)*
lancer : *lanzar*
langue (f.) : *idioma (m.)*
large : *ancho, -a*
larme (f.) : *lágrima (f.)*
laurier (m.) : *laurel (m.)*
légumes (m. plur.) :
  verduras (f. plur.)
lettre (f.) : *carta (f.)*
libre-service (m.) : *autoservicio (m.)*
lièvre (m.) : *liebre (f.)*
lire : *leer*
logement (m.) : *vivienda (f.)*
loi (f.) : *ley (f.)*
long, -ue : *largo, -a*
lourd, -e : *pesado, -a*

m

magasin (m.) : *almacén (m.)*
magnétoscope (m.) : *vídeo (m.)*
maire (m.) : *alcalde (m.)*
majordome (m.) : *mayordomo (m.)*
mal (faire du) : *daño (hacer*)*
malle (f.) : *baúl (m.)*
manège (m.) : *tiovivo (m.)*
manger : *comer*
manteau (m.) : *abrigo (m.)*
manuel, -le : *manual*

marais (m.) : *marisma (f.)*
marchander : *regatear*
marcher : *andar**
se marier : *casarse*
match (m.) : *partido (m.)*
mensonge (m.) : *mentira (f.)*
menteur, -euse :
 mentiroso, -a, embustero, -a
menthe (f.) : *hierbabuena (f.)*
mesure (f.) : *medida (f.)*
midi (m.) : *mediodía (m.)*
minuit (m.) : *medianoche (f.)*
modèle (m.) : *modelo (m.)*
mois (m.) : *mes (m.)*
monter : *subir*
se moquer : *burlarse*
moqueur, -euse : *burlón, -a*
mordant, -e : *mordaz*
mot (m.) : *palabra (f.)*
mouiller : *mojar*
mûr, -e : *maduro, -a*
murmure (m.) : *murmullo (m.)*

n

nager : *nadar*
naviguer : *navegar*
navire (m.) : *buque (m.)*
neiger : *nevar**
nettoyer : *limpiar*
neveu, nièce : *sobrino, -a*
nombreux, -euse : *numeroso, -a*
note (f.) (= l'addition) : *cuenta (f.)*
noter : *apuntar*
nouveau, nouvelle : *nuevo, -a*
nouvelle (f.) : *noticia (f.)*
nuageux, -se : *nublado, -a*

o

obéir : *obedecer**
offrir : *ofrecer* ; regalar*
opérer (chirurgie) : *intervenir**
orchestre (m.) : *orquesta (f.)*

ordinateur (m.) : *ordenador (m.)*
oubli (m.) : *olvido (m.)*
ouvert, -e : *abierto, -a*
ouvrir : *abrir*

p

panne (f.) : *avería (f.)*
panne (en) : *averiado, -a*
pardessus (m.) : *abrigo (m.)*
partager : *compartir*
parti (m.) (politique) : *partido (m.)*
partie (f.) (de football…) :
 partido (m.)
partir : *salir* ; marchar(se)*
passeport (m.) : *pasaporte (m.)*
se passer de : *prescindir de*
patronner : *patrocinar*
payer : *pagar*
peindre : *pintar*
se pencher : *asomarse*
pendentif (m.) : *pendiente (m.)*
pénible : *penoso, -a*
pente (f.) : *pendiente (f.)*
performances (f. plur.) :
 prestaciones (f. plur.)
période (f.) : *período (m.)*
petit déjeuner (m.) : *desayuno (m.)*
peur (f.) : *miedo (m.)*
pharmacie (f.) : *farmacia (f.)*
pièce (f.) : *cuarto (m.)*
piscine (f.) : *piscina (f.)*
place (f.) (= siège) : *asiento (m.)*
— (au spectacle) : *localidad (f.)*
se plaindre : *quejarse*
plaisanterie (f.) : *broma (f.)*
plâtre (m.) : *yeso (m.)*
pleurer : *llorar*
pleuvoir : *llover**
poche (f.) : *bolsillo (m.)*
poisson (m.) : *pescado (m.)*
polluer : *contaminar*
pompier (m.) : *bombero (m.)*
porte-parole (m.) : *portavoz (m.)*
pot de fleurs (m.) : *tiesto (m.)*
poulet (m.) : *pollo (m.)*
pousser (plantes) : *brotar*
pouvoir : *poder**

p

pratiquer : *practicar*
pré (m.) : *prado (m.)*
préférer : *preferir**
prendre : *tomar*
presse (f.) : *prensa (f.)*
se presser : *apresurarse*
prêt (m.) : *préstamo (m.)*
prêter : *prestar*
prévenir : *avisar*
prévoir : *prever**
prier (demander instamment) : *rogar**
prix de revient (m.) : *precio de coste (m.)*
se produire : *suceder*
programme (m.) : *programa (m.)*
projet (m.) : *proyecto (m.)*
projeter : *proyectar*
promenade (f.) : *paseo (m.)*
promenade (en) : *paseo (de)*
promettre : *prometer*
prononcer : *pronunciar*
proposer : *proponer**
protagoniste (m. et f.) : *protagonista (m. et f.)*
protester : *protestar*
prune (f.) : *ciruela (f.)*
public (m.) : *público (m.)*
publicité (f.) : *publicidad (f.)*
publier : *publicar*

q

quartier (m.) : *barrio (m.)*

r

rabais (m.) : *rebaja (f.)*
rancœur (f.) : *rencor (m.)*
ranger : *guardar*
se rappeler qqch. : *recordar* algo*
rapport (m.) : *informe (m.)*
se rapporter à : *referirse* a*
ravin (m.) : *barranco (m.)*
réaliser : *realizar*
recherche (f.) : *investigación (f.)*
récit (m.) : *relato (m.)*
récolter : *cosechar*
recommander : *recomendar**
reconnaître : *reconocer**
récupérer : *recobrar*
réglementation (f.) : *reglamentación (f.)*
régler : *arreglar*
régner : *reinar*
regretter : *echar de menos ; sentir**
se réjouir : *alegrarse*
remarque (f.) : *advertencia (f.)*
remarquer : *notar*
remettre : *entregar*
remplacer : *sustituir**
remplir : *llenar*
— (un formulaire) : *rellenar*
se rendre compte de : *darse* cuenta de*
rendre visite : *visitar*
renseignement (m.) : *información (f.)*
répéter : *repetir**
répondre : *contestar*
reporter (une décision…) : *aplazar*
rescapé (m.) : *rescatado (m.)*
réseau (m.) : *red (f.)*
résoudre : *resolver**
rester : *quedar ; permanecer**
retard (m.) : *retraso (m.)*
retour (m.) : *vuelta (f.)*
se réunir : *reunirse*
revêche : *arisco, -a*
se réveiller : *despertarse**
réviser : *repasar*
revue (f.) : *revista (f.)*
rideau (m.) : *cortina (f.)*
risque (m.) : *riesgo (m.)*
rive (f.) : *orilla (f.)*
robe (f.) : *vestido (m.)*
rôle (m.) : *actuación (f.), papel (m.)*
roman (m.) : *novela (f.)*
rouler : *rodar**
roussi (m.) : *chamusquina (f.)*
route (f.) : *carretera (f.)*
ruisseau (m.) : *arroyo (m.)*

sac (m.) : *bolso (m.)*
saisir : *agarrar*
salaire (m.) : *sueldo (m.)*
salle à manger (f.) : *comedor (m.)*
salle de cours (f.) : *aula (f.)*
saluer : *saludar*
santé (f.) : *salud (f.)*
satisfaire : *satisfacer**
satisfaire (à une demande) :
 atender una petición*
satisfait, -e : *satisfecho, -a*
saveur (f.) : *sabor (m.)*
savoir : *saber**
scénario (m.) : *guión (m.)*
scintiller : *centellear*
séance (f.) : *sesión (f.)*
sentier (m.) : *sendero (m.)*
sentir (odorat) : *oler* a*
sentir, ressentir : *sentir**
sérieux, -se : *serio, -a*
servir (un client) :
 atender (a un cliente)*
siège (m.) : *asiento (m.)*
siffler : *pitar*
signature (f.) : *firma (f.)*
signer : *firmar*
skieur (m.) : *esquiador (m.)*
soif (f.) : *sed (f.)*
soigner : *curar*
solfège (m.) : *solfeo (m.)*
sommet (m.) : *cumbre (f.)*
sortir : *salir* ; sacar*
sottise (f.) : *tontería (f.)*
souffle (m.) : *soplo (m.)*
soulager : *aliviar*
soupçon (m.) : *sospecha (f.)*
sourd, -e : *sordo, -a*
souvent : *a menudo*
spectateur, -rice (m. et f.) :
 espectador, -a (m. et f.)
sport (m.) : *deporte (m.)*
stage (m.) : *cursillo (m.)*
style (m.) : *estilo (m.)*
subtilité (f.) : *sutileza (f.)*
succès (m.) : *éxito (m.)*
supplier : *suplicar*
supposer : *suponer**

sûr, -e : *seguro, -a*
surprise (f.) : *sorpresa (f.)*

table (f.) : *mesa (f.)*
tableau (m.) : *cuadro (m.)*
tâche (f.) : *tarea (f.)*
se taire : *callarse*
tartine grillée (f.) : *tostada (f.)*
taux (m.) : *tasa (f.)*
taux d'intérêt (m.) :
 tipo de interés (m.)
téléphoner : *telefonear*
témoignage (m.) : *testimonio (m.)*
tendresse (f.) : *ternura (f.)*
terminer : *acabar*
terrasse (f.) : *azotea (f.)*
thym (m.) : *tomillo (m.)*
timbre (m.) : *sello (m.)*
tiroir (m.) : *cajón (m.)*
tomber : *caer**
tomber sur (figuré) : *dar* con*
tôt : *temprano*
toucher (de l'argent) : *cobrar*
tour (m.) : *vuelta (f.)*
touriste (m. et f.) : *turista (m. et f.)*
se tourmenter : *atormentarse*
train (m.) : *tren (m.)*
tranquille : *quieto, -a*
transférer : *trasladar*
traquer : *acosar*
travailleur, -euse : *trabajador, -a*
traversée (f.) : *travesía (f.)*
traverser : *cruzar*
tremblement de terre (m.) :
 terremoto (m.)
se tromper : *equivocarse*
trouver : *encontrar**
tuer : *matar*

vaincre : *vencer*
valise (f.) : *maleta (f.)*

331

se vanter : *presumir*
vendeur, -euse (m. et f.) : *vendedor, -a (m. et f.)*
vendre : *vender*
venir de : *acabar de*
vérifier : *averiguar*
vérité (f.) : *verdad (f.)*
verre (m.) (de vin…) : *copa (f.)*
veste (f.) : *chaqueta (f.)*
vestiaire (m.) : *guardarropa (m.)*
virement (m.) : *giro (m.)*

visiteur (m.) : *visitante (m.)*
vitrine (f.) : *escaparate (m.)*
voir : *ver**
voisin, -e : *vecino, -a*
voiture (f.) : *coche (m.)*
voix (f.) : *voz (f.)*
voler : *robar*
volley-ball (m.) : *balonvolea (m.)*
vote (m.) : *votación (f.)*
voûte (f.) : *bóveda (f.)*
voyage (m.) : *viaje (m.)*

1 1. a. 2. – 3. – 4. a 5. a 6. a 7. a 8. a 9. – 10. a 11. al 12. – 13. a 14. al 15. a 16. a

2 1. a – en 2. a 3. en 4. en 5. en 6. a 7. a 8. a – en 9. a

3 1. Felipe n'a pas peur du danger. 2. Je ne comprends pas ta haine de ce sport. 3. Ça sent le roussi. 4. Nous sommes le 12 décembre. 5. Ici, presque tous les magasins ferment à midi. 6. Viens chez moi au milieu de l'après-midi. 7. Ils revinrent au bout de trois jours. 8. Cette revue paraît quatre fois par an. 9. Il aspira ce parfum de fleur d'oranger. 10. Ces pommes de terre ont un goût de brûlé. 11. début janvier 12. Elle trouva le bouton électrique à tâtons.

4 1. De tanto (a fuerza de) trabajar el domingo, ya no ve a su primo. 2. De tanto (a fuerza de) trasnochar, duerme toda la tarde. 3. A fuerza de cuidado, logró salvar al gatito. 4. De tanto (a fuerza de) quejarse, ya nadie le escucha.

5 1. Prête-moi la calculette, à moins que tu n'en aies besoin. 2. Il n'y a pas d'attente à la douane, à moins que vous n'ayez quelque chose à déclarer. 3. Tu peux venir avec moi, à moins que tu ne préfères m'attendre ici. 4. Il continuera à pleuvoir, à moins que le vent ne se lève.

6 1. Apenas estoy despierto (cuando) desayuno. 2. Apenas pronunció esas palabras (cuando) aplaudió el público. 3. Apenas llegó el buque (cuando) empezaron a descargarlo. 4. Apenas se hayan marchado (cuando) lo sentirán. 5. Apenas acaba un cigarillo, (cuando) empieza otro.

7 1. Malgré son impatience, il (elle) parvint à se calmer. 2. Malgré mes efforts, je n'ai pas pu le convaincre. 3. Il n'est pas très satisfait bien qu'il l'affirme. 4. Malgré ses idées extravagantes, je l'aime beaucoup. 5. Bien qu'il me l'ait promis, il n'est pas venu. 6. Malgré le grand désordre qui régnait, je m'y plaisais.

8 1. Le skieur dévala la pente. 2. Teresa monte l'escalier en courant. 3. Il est impossible de remonter le fleuve sans moteur. 4. On apercevait déjà le clocher au bout de la route. 5. Il s'en alla dans la rue d'un pas lent. 6. Le rocher se détacha et roula dans le ravin. 7. Les chèvres s'éloignèrent vers les sommets.

9 1. Nieves no está : acaba de salir. 2. Cuando llegamos, acababa de empezar la película. 3. Las calles están mojadas ; acaba de llover. 4. El circo acaba de llegar. 5. Acaban de encender las farolas. 6. Acaban Vds. de escuchar una retransmisión de la Ópera. 7. Nos acabamos de enterar. Acabamos de enterarnos.

10 1. Acabarás sabiéndolo todo/Acabarás por saberlo todo. 2. Acabarán comprándose un vídeo/Acabarán por comprarse un vídeo. 3. Acabará estando harta/Acabará por estar harta. 4. Acabaréis haciéndoos daño/Acabaréis por haceros daño. 5. Acabará por no prestarte atención. 6. Acabó convenciéndonos/Acabó por convencernos.

11 1. Aún no ha vuelto Pepa. 2. Si es así, te contesto que sí. 3. Él lo quiere todo para sí. 4. Ya sé que tú te aburres. 5. Aquellos años eran más felices que éstos. 6. Dígame dónde está. 7. Dime cuánto te ha costado. 8. Me pregunto qué habrá pasado.

12 **1** 1. problema 2. crisis 3. mitin 4. reloj 5. jersey 6. disimular 7. interés 8. levanten 9. déficit 10. magnífico

2 1. paella (3) 2. cumpleaños (4) 3. línea (3) 4. deuda (2) 5. veinte (2) 6. heroico (3) 7. vario (2) 8. varío (3) 9. egoísta (4) 10. país (2) 11. anciano (3) 12. fuente (2) 13. igual (2) 14. sangría (3) 15. período (4) 16. juicio (2) 17. triunfo (2) 18. reías (3) 19. reíais (3) 20. incauto (3)

3 1. años 2. cafés 3. jóvenes 4. paredes 5. compases 6. canciones 7. fértiles 8. espectáculos 9. manantiales 10. baúles 11. policías 12. regímenes

13 1. una vecina charlatana 2. una niña respondona 3. una antena emisora 4. una estación receptora 5. la costa española 6. la industria barcelonesa 7. el piso superior 8. una perra fiel 9. una camisa azul claro 10. unas corbatas violeta 11. una cerveza de calidad superior 12. mayores dificultades

14 1. una pobre mujer 2. una mujer pobre 3. mi mejor amiga 4. mi nueva raqueta 5. un coche nuevo 6. el claro sol de la mañana 7. las peores soluciones 8. la calle mayor

15 1. Ils sortirent rapidement. 2. Parlez plus fort ! 3. Les enfants jouent gaiement. 4. Elles écoutèrent silencieusement le récit. 5. Tu parles étrangement. 6. Ils nous regardaient attentivement. 7. Les cygnes nagent majestueusement.

16 1. largamente 2. erróneamente 3. hábilmente 4. descortésmente

17 1. noble y generosamente 2. lenta pero seguramente 3. tanto intelectual como manualmente 4. local o generalmente 5. breve, fácil y sencillamente 6. colectiva y mayoritariamente

18 1. A los 17 años vino a París. 2. Tienes 40 años pero pareces 30. 3. Aquí vivimos desde que tengo 6 años. 4. Entre los 20 y los 22 años dio la vuelta al mundo. 5. Le llevo 10 años. 6. En el parvulario se admiten los niños a partir de los 4 años. 7. Publicó su primera novela a los 28 años.

19 1. Je respecte l'opinion d'autrui. 2. Pourquoi envier le bonheur des autres ? 3. N'aimerais-tu pas avoir une maison à toi ? 4. Il a des idées bien à lui. 5. Sa propre mère me l'a dit.

20 **1** 1. Fais attention en traversant la rue. 2. En entendant ces mots, il pâlit. 3. En le disant, il donna un coup de poing sur la table. 4. Lorsqu'elle se retourna, Pablo la reconnut.

2 1. Al pasar por Córdoba saludaremos a Pepe. 2. Al volver a casa, llámame. 3. Al salir el sol me marcharé. 4. El público se calló al empezar la película.

21 1. Les deux protagonistes étaient un peu fatigués de leur prestation. 2. Je vois quelque chose qui ne me plaît pas. 3. Rafael n'était pas du tout satisfait. 4. Il pensa que rien ne serait plus ennuyeux. 5. Il voulait dire quelque chose et il ne pouvait pas. 6. Toute cette histoire ne me plaît pas du tout. 7. Ce travail n'est pas simple du tout. 8. Cette affaire ne m'intéresse en rien. 9. Quand j'étais jeune, j'ai un peu étudié le dessin. 10. Quelque chose de grave lui était arrivé. 11. J'espère qu'il ne se produira rien de fâcheux. 12. Il ne me reste plus rien à lire.

22 1. alguien 2. alguien 3. alguna 4. alguno 5. alguno 6. alguno

23 1. On n'entendait aucun bruit. 2. Ce melon n'a aucun goût. 3. Il ne restait aucune possibilité d'accord. 4. sans aucun doute 5. Il y avait dans la lettre quelques mots dont je ne me souviens pas. 6. Aucun argument n'arrivait à le convaincre. 7. Il partit avec quelques camarades. 8. Nous n'irons nulle part. 9. Jaime n'est nullement spécialiste.

25 1. Hier, à l'aube, le ciel était nuageux. 2. J'aime me lever à l'aube. 3. Au lever du jour, nous étions à Malaga. 4. La nuit tombait et elle devait rentrer chez elle. 5. C'est une journée très chaude qui commence. 6. J'attendrai jusqu'à ce que le jour se lève.

26 1. Il saisit la poignée à deux mains. 2. Dans les deux cas, tu te trompes. 3. J'ai deux cousins : tous deux sont avocats. 4. Toutes les deux levèrent la main en même temps. 5. Toutes deux me plaisent. 6. La ville s'étend sur les deux rives du fleuve. 7. La circulation est interdite dans les deux sens. 8. Les deux fenêtres donnent sur la mer.

28 1. El autobús para delante del (ante el) ayuntamiento. 2. Huye ante el peligro. 3. Tuvo que inclinarse ante la decisión de la mayoría.

4. El monumento estaba ante (delante de) él. 5. Ante tal espectáculo no pudo contener las lágrimas. 6. En el desfile los bomberos iban delante de la banda. 7. Decidieron seguir adelante a pesar del mal tiempo.

29 1. La tienda no abre antes de las 9.30. 2. Después del 15 de agosto no hay tantos turistas. 3. Antes, no se quejaba. 4. Después, todo será distinto. 5. Después de estudiar dos años, lo abandonó todo. 6. Cerraré la ventana antes de marcharme. 7. La batalla tuvo lugar en el siglo I después de Jesucristo. 8. Empezó a preparar el examen dos semanas antes.

30 1. No quiero decir nada antes (de) que lo sepa. 2. Después (de) que te fuiste, todo cambió. 3. Antes (de) que estallase ese conflicto, todo parecía tranquilo. 4. Todos le ayudaron después (de) que hubo decidido intervenir. 5. Tres meses pasaron antes (de) que lo localizaran. 6. Lo sabrás antes que nosotros.

31 1. un buen compañero 2. un hombre bueno 3. el primer o el tercer día 4. Es el primero. 5. en cualquier circunstancia 6. en una situación cualquiera 7. Eso no tiene ningún interés. 8. un gran almacén 9. una gran satisfacción 10. Santa Cecilia 11. San Miguel 12. Santo Tomás 13. los Cien Días 14. ciento un habitantes 15. el veintiuno por ciento 16. tan buena como hermosa 17. ¡ Cuán difícil es satisfacer a todos ! 18. una casa recién construida

32 1. Enséñame el solfeo. 2. No te gusta aprender de memoria. 3. Prefiero que no se entere de la noticia ahora. 4. Aprendió el español en Venezuela. 5. Enseñó el español a sus hijos. 6. Si Vd. se entera de algo, escríbame.

33 **1** 1. Regarde les fleurs sur ce balcon, là en face. 2. Au-delà du fleuve commencent les marais. 3. Ils ne veulent pas venir avec nous ? Tant pis pour eux. 4. Voilà (vous avez là) la salle de bains.

2 1. Aquí estamos. 2. Siéntate ahí, en el sofá. 3. Allá en América, también se habla español. 4. Se divisa la cumbre allá arriba. 5. No busque más, ahí está la taquilla, cerquita.

34 1. el gato 2. la gata 3. las paredes 4. los ratones 5. el hacha 6. las armas 7. el ama de casa 8. la verde haya 9. la aritmética 10. la hija del alcalde 11. Asómate al balcón. 12. Se acercó al arca.

35 1. los 2. Ø 3. la 4. los 5. el 6. los 7. Ø *ou* el 8. Ø *ou* el

36 1. Ø 2. el 3. Ø 4. el 5. Ø 6. las 7. Ø 8. Ø

37 1. On entendait des pas. 2. Apporte-moi des ciseaux. 3. Prenez des prunes : elles sont mûres. 4. Il lui offrit des boucles d'oreilles en or. 5. Elle revint des mois et des mois après. 6. Des gourmands ont mangé la tarte.

38 **1** 1. Il porte généralement un chapeau. 2. Nous sommes restés une demi-heure à attendre. 3. Elle me parla d'une voix douce. 4. Si tu as une meilleure solution…

2 1. Comemos pescado dos veces a la semana. 2. He comprado higos. 3. ¿ No tiene Vd. suelto ? 4. También se venden zapatos en el supermercado. 5. Jorge se ha comprado unas botas de cuero negro. 6. Experimento cierta inquietud.

39 1. Très bien, c'est comme ça qu'on fait ! 2. Cela se produit ainsi parfois. 3. Dès que tu le sauras, préviens-moi. 4. Alors tu es revenu par ici ? 5. J'ai pris une truite longue comme ça. 6. Je n'accepterai pas, même s'ils me supplient.

40 **1** 1. Bien que je lui aie dit que je n'en avais aucun, il me demanda quels étaient mes plans. 2. Nous nous comprenons bien que nous parlions très peu. 3. Je le ferai même si tu t'y opposes. 4. Même s'il n'y a pas beaucoup de circulation, faites attention. 5. Bien qu'il ne se souvînt pas de son prénom, il la connaissait.

2 1. Aunque es tarde, ven a tomar una copa conmigo. 2. Aunque sea tarde, llámame cuando vuelvas. 3. Salimos de paseo aunque llueve. 4. Aunque pueda, no querrá venir. 5. Aunque quisiéramos, no podríamos hacer eso. 6. No es lo que Vds. esperaban, aunque han tenido suerte.

41 1. Antes Rosario no trabajaba tanto. 2. Yo no había tenido nunca tantas dificultades. 3. Os bañaréis tanto como queráis. 4. No tienes tantos vestidos como ella. 5. No hace tanto viento como ayer.

42 1. tanto más… cuanto que 2. tanto más… cuanto que 3. tanto más que 4. tanto más… cuanto que 5. tanto más… cuantos más 6. tanto menos… cuanto que

43 1. Ayer vimos dos películas ; hoy veremos otras tantas. 2. No puedes decir otro tanto. 3. Muestras, tiene tantas como quiere. 4. ¿ Informaciones ? Le daré tantas como me pida. 5. Si te interesan esos carteles, te traeré tantos como quieras.

44 1. Mañana será otro día. 2. Si has leído esta novela, escoge otra. 3. Otros muchos han preferido quedarse en casa. 4. Otras tres personas resultaron heridas en al accidente de ayer. 5. Unas hablaban, otras callaban. 6. Ven al estadio esta tarde, allí estarán los demás. 7. Tu opinión me interesa, no la de los demás.

8. ¿ Necesitan Vds. otros (/más) documentos ? 9. Lo siento pero no tengo más. 10. Vivía sin más compañía que la de un perro.

45

1 1. Por más (por mucho) que proteste, nadie le creerá. 2. Por más (por mucho) que preguntes, no te contestarán. 3. Por más (por mucho) que se empeñe, no se saldrá con la suya. 4. Por (muy), numerosos que eran, siempre estaban de acuerdo. 5. Por (muy) evidente que parezca el asunto, no nos demos prisa. 6. Por más (por mucho) que miraba, no veía nada. 7. Por más (por muchos) problemas que tuviera, los resolvería.

2 1. Vous aurez beau protester, personne ne vous croira. 2. Tu auras beau demander, ils ne te répondront pas. 3. Il aura beau s'acharner, il n'aura pas gain de cause. 4. Ils avaient beau être nombreux, ils étaient toujours d'accord. 5. Pour évidente que paraisse l'affaire, ne nous pressons pas. 6. Il avait beau regarder, il ne voyait rien. 7. Il avait beau avoir des problèmes, il les résoudrait.

46

1. Te hará falta mucha suerte. (Necesitarás...) 2. ¿ Te hacen falta más explicaciones ? (¿ Necesitas... ?) 3. ¿ Le hace falta que le ayude ? (¿ Necesita Vd.... ?) 4. Antes que te contraten te harán falta unas prácticas. (Necesitarás...) 5. No me hacen falta consejos. (No necesito...) 6. Nos hacen mucha falta unas vacaciones.

48

1. bajo 2. debajo de / bajo 3. abajo 4. abajo 5. bajo 6. bajo

49

1 1. ¿ Crees tú que basta con decirlo para creerlo ? 2. Bastaba con decírmelo antes. 3. Basta de consejos, venid a ayudarme. 4. Basta, lo arreglaremos después. 5. Basta con que salgas temprano.

2 1. Le faltaba el manual de instrucciones. 2. No te faltan amigos. 3. Falta un mes para mi cumpleaños. 4. Siempre te falta algo.

3. 1. Il y aura de la nourriture en trop. 2. Je crois que les motifs de protester abondent. 3. Malgré ce que tu dis, tu n'as pas trop de temps pour finir ce travail. 4. Nous devrons nous contenter de ce qui restera.

50

1. Es muy mal educado. 2. Faltan por lo menos tres kilos. 3. Bien te había avisado. 4. He comido bien. 5. Es muy delicado. 6. Bien iría yo el domingo. 7. Bien te lo vendería. 8. Tienes mucha suerte.

52

1. Il convient de se demander si c'est vrai. 2. Il incomba au directeur d'expliquer la politique de l'entreprise. 3. Il semble incroyable qu'autant de paquets tiennent dans le coffre. 4. Cette armoire est très grande, je ne crois pas qu'elle tienne dans la chambre. 5. La malle ne tient pas dans l'ascenseur. 6. Il n'y avait pas le moindre doute que la réunion serait reportée.

53 1. En el fútbol, cada tiempo dura 45 minutos. 2. Aquí, cada vez que nieva, tienen que cortar el tráfico. 3. Se organizan elecciones cada 5 años. 4. Los Presupuestos del Estado son cada vez más importantes. 5. Entre los rescatados uno de cada dos fue atendido en el dispensario. 6. Esta exposición atrae cada vez más visitantes.

54 **1** 1. Eran dos discos los que traía en el bolso. 2. Es su egoísmo lo que temo. 3. Fue a dos niños a quienes pregunté el camino. 4. Fue a Alfredo a quien encontré en el parque. 5. Es de las circunstancias de lo que depende.

2 1. es donde 2. era donde 3. es por donde 4. fue cuando 5. es como 6. es por lo que

55 1. Será María quien (la que) salga conmigo. 2. Fui yo quien (el que) cerró (cerré) esta puerta. 3. Es este traje el que es de lana. 4. Seremos nosotros los que (quienes) vayamos a cenar con él. 5. Es el café lo que me ha puesto tan nervioso.

57 1. Rentrons chez nous. 2. Viens chez moi demain après-midi. 3. Je ne veux pas m'installer une semaine chez toi. 4. Il adore rester chez lui à lire. 5. Va chez le boulanger et achète une baguette.

58 1. Personne ne joue de la guitare comme lui. 2. Si jamais vous me réveillez, vous allez m'entendre ! 3. Faites comme bon vous semblera. 4. Les policiers le traitent comme si c'était le coupable. 5. C'est comme s'il était de la famille. 6. Si vous ne nous répondez pas par retour du courrier, nous ne pourrons pas satisfaire votre demande. 7. Si jamais je gagne à la loterie…

59 **1** 1. Ce n'est pas aussi facile qu'on te l'avait dit. 2. Cet ordinateur est moins puissant qu'on ne l'avait annoncé. 3. Ce problème était plus compliqué que l'autre. 4. Il n'y a pire sourd que celui qui ne veut pas entendre. 5. Jaime est moins loquace qu'avant.

2 1. ¿ Es más eficaz la publicidad en la televisión que en la prensa ? 2. Señor, su catálogo no es tan completo como el de su competidor. 3. Los resultados de este año han sido mejores que los anteriores. 4. Los daños son mayores de lo que se pensaba. 5. Son tan numerosos que no caben en el aula. 6. El accidente resultó más serio de lo que se había creído primero.

60 1. Cuanto menos invierta Vd., menos competitiva será su empresa. 2. Cuantos menos suscriptores tiene un periódico, más precario es su equilibrio. 3. En ese sector, cuanto más se desarrolla la investigación, mejores son los resultados. 4. Cuanto más largo es un préstamo, más elevado es el tipo de interés. 5. Cuanto más viejo es un aparato, menos rentable es arreglarlo.

CORRIGÉS DES EXERCICES

61
1 1. La Méditerranée est de plus en plus polluée. 2. Cette justification me semble de moins en moins vraisemblable. 3. L'organisation du tourisme se développe de plus en plus. 4. Ce pianiste joue de mieux en mieux. 5. L'espérance de vie est de plus en plus grande. 6. On pratique de moins en moins ce sport.

2 1. Pide cada vez más. (más y más) 2. Es cada vez menos interesante. 3. Me parece más y más desengañada. (cada vez más) 4. Tendrás cada vez menos dificultades.

62
1 1. Monte dîner avec nous. 2. C'était une grande maison avec des toiles d'araignées partout. 3. J'ai l'habitude de commander du café au lait. 4. Bien qu'il se soit préparé pendant un mois, il a fini par échouer dans sa tentative.

2 1. Con llegar temprano, tendréis los mejores asientos. 2. Andaba con la chaqueta al hombro. 3. Conmigo no tienes nada que temer. 4. Entró en la oficina con el cigarrillo en la boca. 5. El escaparate está cerrado con llave.

63
1. Conque 2. con que 3. con que 4. Conque 5. Con que 6. Con que 7. Conque

64
1. Poco le importa con tal (de) que le dejen en paz. 2. Se quedará con tal (de) que insistas. 3. Podrás ver la tele con tal (de) que no sea hasta medianoche. 4. Tráigame una cerveza con tal (de) que esté fresca.

66
1 1. No toleró que se le tomara el pelo. (tomase) 2. Esperamos a que trasladaran los fondos. (trasladasen) 3. Temieron que el carnaval estuviera poco animado. (estuviese) 4. Su padre me encargó que la visitara en el hospital. (visitase) 5. Impidió que su hijo fuera a verle. (fuese) 6. Sentí que no nos hubieras acompañado. (hubieses)

2 1. Me temo que te olvides del recado. 2. Les mando varias muestras para que puedan escoger. 3. Yo no creo que sea tan grave. 4. Es inexplicable que hayan permanecido tantos años en aquel sitio. 5. Podrás averiguarlo aunque no lo creas.

67
1 1. Si mejora la situación realizaré mi proyecto. 2. Si hubieras olvidado esa riña, te habrías ahorrado disgustos. 3. ¿ Qué ocurriría si ese banco de datos no fuera controlado ? 4. Habías dicho que si te provocaba le llevarías la contraria. 5. Si me fuese ahora, ya sería tarde. 6. Si él estuviera aquí, podría decírtelo. 7. Si yo tuviese tiempo, miraría la película en la tele.

2 1. De mejorar la situación… 2. De haber olvidado esa riña… 3. … de no ser controlado ese banco… 4. Habías dicho que de provocarte él… 5. De irme ahora… 6. De estar él aquí… 7. De tener yo tiempo…

68
1. Ils dirent qu'ils ravitailleraient l'avion à Lima. 2. Ils se chargèrent de prévenir qu'il n'y aurait pas de surprise. 3. Quelle mauvaise nou-

velle pouvait-il apporter pour la bouleverser autant ? 4. Elle ne savait pas s'il viendrait mercredi.

69 1. Es-tu d'accord avec le salaire qu'on te propose ? 2. Au fur et à mesure que je perdais mon calme, il semblait retrouver le sien. 3. Il racontait tout à mesure que cela lui venait à l'esprit. 4. Conformément aux dispositions de l'article 43…

70 1. Je suis sûr que cette montre est une contrefaçon. 2. Le poème se compose d'un seul vers. 3. Sachez que je ne lis jamais l'horoscope. 4. Ce que tu cherches figure dans l'index. 5. Je suis sûr qu'elle assistera à la réunion.

71 1. En voilà un qui compte pour deux ! 2. J'aurais aimé compter sur vous. 3. Ne compte pas sur moi. 4. Il ne dispose pas de moyens économiques suffisants. 5. Il faut compter les présents. 6. Tu t'es trompé : tu ne sais pas compter ! 7. On raconte qu'il a fait fortune en Argentine. 8. Comptez que nous arriverons en retard.

72 1. No corresponde al cariño que le tienes. 2. Le he prometido corresponderme con ella. 3. El color del papel no corresponde a lo que había pedido. 4. No pienso que te corresponda cortar por lo sano. 5. Me dijeron que esa reparación le correspondía al vendedor.

73 1. Il lui était difficile de décider lequel des jouets il prendrait. 2. Ils n'arrivaient pas à savoir quelle était son opinion. 3. Lequel de ces petits chats préfères-tu ? 4. Quels sont les résultats du vote ? 5. Quelles sont ses intentions ? 6. Auquel d'entre vous est-ce le tour ? 7. Je ne sais pas lequel (laquelle) choisir.

74 1. Cualquier 2. cualquiera 3. Cualquier 4. Cualesquiera

75 1. Il a cru tout ce que cette dame lui a dit. 2. C'étaient les personnes les plus riches parmi toutes celles qui vivaient là. 3. Elle savait inspirer de la sympathie à tous ceux qui la fréquentaient. 4. Quant au petit, il est parti se baigner. 5. Apportez-moi la note le plus vite possible. 6. Il a appris tout ce qu'on peut apprendre. 7. Achète le journal dès que sortira la dernière édition. 8. En tant que spécialiste, je peux l'affirmer.

76 1. cuánto 2. cuántas 3. cuánto 4. cuántos 5. cuántos

77 1. ¡ Cuánto me alegro de esta noticia ! 2. ¡ Cuántas veces lo he comprobado ! 3. ¡ Si supiera cuán agradable es esta música ! 4. ¡ Cuántas negligencias en el servicio ! 5. ¡ Cuán romántico es este paisaje ! 6. ¡ Cuánta pasión !

79 1. Pascual nació el 26 de marzo de 1965. 2. El Tratado de París fue firmado el 24 de octubre de 1898. 3. la constitución del 78 4. Estamos a 9 de octubre. 5. Valencia, 4 de agosto de 1974. 6. Me marcharé el día 17. 7. Ocurrió el 2 de enero. 8. Nació anoche.

80 **1** 1. Il lui fut difficile de reconnaître l'erreur. 2. Il était essentiel d'attendre le résultat de l'examen avec calme. 3. Nous avons décidé de passer nos vacances en Galice. 4. Cela t'empêche de voir la réalité.

2 1. Es peligroso asomarse. 2. Su proyecto era poner una tienda. 3. Es fundamental conocer esta ley. 4. ¡ Prohibido fijar carteles !

81 1. Il sortit déguisé en Arlequin. 2. Juanita, habillée en princesse, ouvrit le bal. 3. Il fut trois ans administrateur dans une agence immobilière. 4. C'est un fruit facile à récolter. 5. C'est un journaliste à la plume mordante. 6. un store en toile 7. Dans sa jeunesse, il vécut à Huelva.

82 1. Laisse-moi tranquille ! 2. Ne manque pas de me le rappeler. 3. Aujourd'hui, il n'a pas arrêté de pleuvoir. 4. Laisse-le attendre ! 5. Il est parti à Caracas en laissant tout. 6. Je ne manque jamais de le saluer. 7. Cela ne manque pas de me surprendre.

83 1. pregunto 2. pides 3. pide 4. preguntar 5. pregunta 6. pidió

85 1. esta 2. aquel 3. este… aquél 4. aquel 5. ese

86 1. ésta… aquélla 2. esas 3. Eso 4. por eso

87 1. desde hacía 2. desde 3. desde 4. desde hacía 5. desde hace

88 1. Nous sommes tous allés à Barajas dire au revoir à Vicente. 2. Maintenant, je prends congé parce qu'il est tard. 3. Aujourd'hui nous nous quittons jusqu'au début de septembre. 4. Ne pars pas sans dire au revoir. 5. Les ventes diminuaient et ils durent licencier deux vendeurs.

89 **1** 1. Emilio est devenu expert en informatique. 2. Cette musique ne te rend-elle pas joyeux ? 3. L'explosion les rendit sourds. 4. Tu es devenu(e) une étoile du cinéma ! 5. Il est devenu célèbre dans les années 70. 6. Avec les pluies, le chemin devint un bourbier.

2 1. Al leer la carta se puso furioso. 2. La edad y los disgustos le han vuelto melancólico. 3. Su insistencia se hace molesta (se vuelve). 4. El dolor llegó a ser (se volvió) insoportable. 5. Tal espera le ponía nervioso. 6. ¡ Hágase socio de nuestro club !

90 1. Je crois que ce rapport doit être publié d'ici deux mois. 2. Ici, il est interdit de stationner : vous devez aller plus loin. 3. La loi a été votée et maintenant tout le monde doit la respecter. 4. Je dois envoyer cette lettre tout de suite pour qu'elle arrive demain. 5. Maintenant le thé doit être froid. 6. Tu dois seulement te soucier du résultat. 7. Ces réseaux de trafic de drogue doivent être démantelés. 8. Ce livre doit être à la bibliothèque municipale. 9. Les passagers doivent avoir débarqué.

91 **1** 1. bosquecito 2. trocito 3. horita 4. fuentecita 5. pastorcito 6. quietecita 7. delgadito 8. vocecita 9. papelito 10. bajito 11. estrechito 12. cerquita

2 1. pajarillo 2. ojillos 3. panecillo 4. avecilla 5. cancioncilla 6. mesilla 7. banquillo 8. trotecillo 9. duendecillo 10. pastorcillos

3. 1. des paperasses 2. une grande maison 3. de grands yeux 4. douceâtre 5. maigrelet 6. un village perdu

94 1. ¿ Dónde guardas los vasos ? 2. El cuarto (en) donde escribo es agradable. 3. No diré adónde vamos. 4. Pregúntale de dónde viene esa costumbre. 5. ¿ Adónde vas de vacaciones ?

95 **1** 1. cuyo 2. cuyo 3. cuyas 4. de quien, del que, del cual 5. de quien, del que, del cual 6. de lo cuales 7. de los cuales 8. cuyo 9. entre las cuales

2 1. Hay que arreglar la silla cuya pata está rota. 2. No es una persona de quien (de la que, de la cual) puedes burlarte. 3. Ana, a cuya madre conoces, trabaja conmigo. 4. Tienen dos coches, uno de los cuales es nuevo. 5. Son vacaciones de las que me acuerdo todavía.

96 1. Ça suffit, ne lui verse plus de vin. 2. Après avoir hésité un peu, il se mit à marcher avec nous. 3. Elle lui lança au visage tout ce qu'elle pensait de lui. 4. Lui, il se prenait pour un champion. 5. Il se mit à courir et il arriva à temps.

97 1. Ces étudiants sont ceux de Médecine. 2. Les deux pyramides que tu vois sur la carte postale sont celle du Soleil et celle de la Lune. 3. Regarde les photos et choisis celle que tu voudras. 4. Celui qui l'affirmera devra le démontrer. 5. Ce souvenir est celui qu'ils m'ont rapporté de Grenade.

98 1. Certains semblent avoir intérêt à cela. 2. Pour ça, je n'ai pas besoin d'aide. 3. Ce n'est pas pour cela qu'il lui garde rancune. 4. Ne m'ennuie pas davantage avec ça. 5. Il n'y a rien à opposer à cela.

99 1. Yo tenía 20 años y él tenía 18. 2. ¿ Disgustos ? ¿ Quién no los tiene ? 3. ¿ Plumas ?, sí, las hay. 4. Aquí, hay quien piensa (los hay que piensan) como yo. 5. Vuelves de allí. 6. Cómprame sobres : los necesito.

100 1. Les spécialistes se montrèrent fuyants dans leurs jugements. 2. Le pouvoir d'achat pourrait augmenter de 2 %. 3. Le diamant fut évalué à un million de pesetas. 4. On estime à cent mille le nombre des visiteurs. 5. Hier j'ai passé l'après-midi à la plage. 6. À l'époque dont tu parles, les communications n'étaient pas rapides.

101 1. Nous voyagerons par le train de trois heures. 2. Le décret sortira d'ici peu. 3. Cela s'arrange en quelques minutes. 4. J'ai laissé mes papiers dans la voiture. 5. Mets le film dans l'appareil. 6. Ne cherche pas de jouets dans ce tiroir : il n'y a rien dedans.

102 1. Les retraites les plus basses augmenteront plus que l'inflation (= au-dessus de). 2. Il y avait des rochers par-dessus lesquels nous devions sauter. 3. Il monta sur une chaise pour atteindre les livres. 4. Avant de servir le gâteau aux pommes, mettez dessus deux cuillerées de sucre. 5. Note-le sur le bloc qui est au-dessus du téléphone. 6. En arrivant en haut, il s'arrêta pour se reposer. 7. Je ne crois pas que ça vaille plus de 2 000 pesetas.

103 1. Necesito dos sellos, dame uno más. 2. – ¿ Has leído el último Premio Cervantes ? – Todavía no (aún no). 3. No hay bastantes sillas, trae tres más. 4. Voy a sacar algunas fotos más. 5. Aún (todavía) no se ha disipado la bruma. 6. Te lo aseguro una vez más.

104 1. En fin, sea lo que sea, hay que arreglar eso. 2. Por fin he encontrado la respuesta después de buscar mucho. 3. En fin, no puedo creerte. 4. Al cabo de quince días, por fin pudo levantarse. 5. ¡ Al fin solos ! 6. ¿ Ha venido por fin el fontanero a arreglar la ducha ? 7. Por fin iba a conocerla.

105 1. Il avait entre cinquante et soixante ans. 2. À nous deux, nous peindrons la maison. 3. Elle me regardait mi-moqueuse, mi-sérieuse. 4. Au milieu de tant de voitures on doit faire attention. 5. Parmi tous ceux que j'ai lus dernièrement, c'est le roman qui me plaît le plus. 6. L'industrie touristique est parmi celles qui ont le meilleur rendement.

106 1. L'État investira près de 2 milliards de pesetas dans le projet. 2. Le trafic des voyageurs a augmenté d'environ 11 %. 3. Nous sommes allés dîner ensemble vers onze heures. 4. Dis-moi combien ça coûte, même si c'est approximativement. 5. Environ 3 000 coureurs participèrent au marathon.

107 1. Nous partagions son maigre repas. 2. De telles mesures ont généralement une faible efficacité. 3. Elle vivait avec de faibles ressources. 4. On enregistra peu de progrès dans la production. 5. L'équipe marqua trois petits points.

108 1. Le coiffeur attend les clients en lisant le journal. 2. J'espère la voir mercredi prochain. 3. J'espère que tu trouveras du travail. 4. Attends que nous te donnions l'autorisation de le faire. 5. Nous attendons un virement postal. 6. Tu dois attendre qu'un taxi passe. 7. Il fallait s'attendre à ce que le conflit ait cette évolution.

109 1. Trata de convencerlo. (procura, intenta) 2. Procuró arreglarlo todo por sí mismo. (trató de, intentó) 3. El portero intentó desviar el balón. (trató de, procuró) 4. Trato de ordenar estas fotos. (intento, procuro) 5. No he intentado justificarme. (no he procurado, no he tratado de) 6. Prefiero probar este material antes de comprarlo. 7. Prueba esta falda.

111 1. Emilia es enfermera. 2. Es eurodiputado desde 1992. 3. Esta piedra es granito. 4. Este paraguas no es mío. 5. Eran numerosos los espectadores. 6. ¿ De dónde es Vd. ? 7. Esa finca es de su abuelo. 8. Esas botas son de goma.

112 **1** 1. Éramos nosotros. 2. Será Vd. 3. Fue ella. 4. ¿ Serías tú ? 5. ¡ Si fuéramos nosotros ! 6. Serán ellos.

2 1. Es ahora. 2. – ¿ Dónde está el hotel ? – Es por ahí. 3. – ¿ Cuándo fue el último terremoto ? – Fue el año pasado. 4. – Oye, ¿ eres tú ? – Sí, soy yo.

113 1. Las revistas de informática están en el estante. 2. Mañana estaré en casa. 3. Este cuadro está en El Prado. 4. No estaré allí antes de las diez. 5. Dentro de dos meses estaremos en invierno. 6. Estaba de bruces. 7. Las dificultades están en la reglamentación. 8. Estás en lo cierto.

114 1. está 2. es 3. estar 4. es 5. estás 6. está 7. es... es 8. está 9. está 10. es

115 1. está 2. es 3. está 4. está 5. está 6. está 7. sea 8. es

116 1. Tous les passagers furent indemnes. 2. Il était ennuyeux d'attendre autant. 3. Je suis très fatigué. 4. Il était très pensif. 5. Il était fringant dans son habit de lumière. 6. Les conclusions de l'expert étaient incroyables. 7. Il fut stupéfait en apprenant ce qui était arrivé.

117 **1** 1. La même chose a failli m'arriver. 2. Tu as failli renverser le lait. 3. On a failli me voler ma bicyclette. 4. Ils ont failli lui proposer un contrat.

2 1. Por poco acepto ese empleo. 2. Quiso nadar hasta la roca y por poco se ahoga. 3. Por poco gana la copa nuestro equipo. 4. Por poco nos encontramos.

118 1. Il faut faire cuire les légumes avant. 2. La municipalité a fait arranger la place. 3. Il a fait installer une cheminée dans la salle à manger. 4. Il le fait apporter chaque jour du marché. 5. Elle appela la couturière pour se faire faire une robe. 6. J'ai fait tomber le cendrier. 7. Ils firent faire un rapport.

119 1. Ça te fait de la peine ? 2. Il a mis deux ans à faire le tour du monde. 3. Ça fait plaisir de la voir si contente. 4. Cela me faisait pitié de te voir si affligé. 5. Ça ne lui fait pas peur de se lancer dans cette aventure.

120 1. Il faut étudier de longues années pour être chirurgien. 2. Il faut laisser son manteau au vestiaire. 3. Il faudra me répondre avant le 30. 4. Je ne pensais pas qu'il faille ajouter ces détails. 5. Il faut que vous vous dépêchiez. 6. Ne me dis pas qu'il te faut des chaussures neuves !

122 1. Dehors, le soleil brillait. 2. En dehors de quelques pages, cet hebdomadaire ne m'intéresse pas. 3. Que se passe-t-il dehors ? 4. Dans le public beaucoup crièrent : « Dehors ! » 5. Cela semblait hors de propos.

123 1. Me lo dará. 2. Vendrás mañana. 3. Lo recomendaré a mis amigos. 4. ¿ Vendréis ? 5. Recuperarán el tiempo perdido. 6. Diremos la verdad.

124 1. – No hay remedio – Bien habrá uno... 2. Serán las doce. 3. Habrá mucha gente en la autopista. 4. Habrá pasado el cartero. 5. Vd. tendrá sed. 6. Ya te habré hablado de eso. 7. Estarán contentos.

126 1. Les gens arrivaient de partout à la fête. 2. Il n'y a pas beaucoup de monde aujourd'hui. 3. Il n'est pas facile de se comprendre avec les gens d'une autre génération. 4. Il s'entend bien avec les gens de son entourage.

128 **1** 1. volviendo 2. tomando 3. saliendo 4. saltando 5. friendo 6. cambiando 7. viniendo 8. quejándose 9. valiéndose 10. atañendo 11. bruñendo

2 1. habiendo vuelto 2. habiendo tomado 3. habiendo salido 4. habiendo saltado 5. habiendo freído/frito 6. habiendo cambiado 7. habiendo venido 8. habiéndose quejado 9. habiéndose valido 10. habiendo atañido 11. habiendo bruñido

129 **1** 1. Il partit en me laissant en plan. 2. Ils bavardaient en changeant de place à chaque instant. 3. L'arbitre ayant expulsé un joueur, la partie continua sans incident. 4. Il observait attentivement le mécanicien en train d'arranger la moto.

2 1. los decretos que se refieren a Salud Pública 2. Buscamos un empleado que hable español. 3. Grandes guitarristas participan en el concurso que se celebra en Córdoba. 4. Los espectadores que se presenten con retraso no podrán entrar. 5. La radio local que emite en la cuidad tiene muchos oyentes. 6. En entrando, se dio cuenta de lo que pasaba.

130
1. Il est impossible de continuer à lire avec ce bruit. 2. Je ne peux pas rester à attendre. 3. Nous comptions combien de fois il nous l'avait dit. 4. Il s'éloigna sans se retourner vers nous. 5. Pablo a dormi toute la matinée. 6. J'ai fait des études pendant deux ans à Barcelone. 7. En ce moment, on est en train d'installer un manège sur la place. 8. Elle resta à attendre ses amis.

131
1 1. Ce poisson ne me faisait pas envie. 2. Il n'a pas honte de dire des mensonges. 3. Moi, j'aime le tango. 4. Cela lui déplut de devoir se lever à cinq heures. 5. Demandez ce qui vous fera envie.

2 1. No le gusta que la aconsejen (que se la aconseje). 2. Nos gusta reunirnos. 3. Me apetece este pastel. 4. Creía que este abrigo me sentaría mejor. 5. A mí me gustan los viajes organizados. 6. Me saben mal esas alusiones.

133
1 1. Este almacén tiene un aparcamiento. 2. Has dicho la verdad. 3. He perdido mis cheques de viaje. 4. El hotel tiene una piscina. 5. Ha ido a buscarla hace un rato. 6. Se habían visto dos días antes.

2 1. El Parlamento tiene decidido aprobar la ley. 2. Tengo puestas mis esperanzas en ese proyecto. 3. Lo tienen dicho desde hace mucho tiempo. 4. Tenemos firmado un acuerdo muy ventajoso.

3 1. Tengo algo que añadir. 2. No tenemos nada que reprocharle. 3. Tiene algo que explicarnos. 4. ¿ Qué tiene Vd. que declarar ?

134
1. Le sentier monte jusqu'au refuge. 2. vers le nord 3. On a envoyé une fusée vers Mars. 4. Elle marcha jusqu'au phare. 5. L'enfant pleura jusqu'a ce qu'enfin il s'endorme.

135
1. Je revins à Madrid, bien que passablement changé dans mes goûts. 2. J'étais assez satisfait du résultat de l'entrevue. 3. Combien de fois devrai-je te répéter la même chose ? J'en ai assez ! 4. On ne pouvait attendre que bon nombre de complications. 5. J'ai de nombreux motifs de me plaindre. 6. Ne donne pas davantage de nourriture à ce chien, il est repu.

136
1. Son las siete y diez. 2. a las dos menos cuarto 3. Son las doce de la noche. 4. Eran las cinco en punto. 5. Este programa se acabará a las cero horas treinta minutos. 6. Acaban de dar las ocho. 7. Me acosté a las cuatro de la madrugada. 8. Irá al mercado a las nueve de la mañana.

137 1. Hace 2. Hay 3. Hacía 4. hay 5. hará 6. Hubo

138 1. bailaba 2. unía 3. charlaba 4. encendía 5. encontraba 6. pensaba 7. leíamos 8. salían 9. decían 10. respondíamos 11. coleccionábais 12. había 13. llovía 14. íbamos 15. erais 16. existían

139 **1** 1. buscara 2. tomaras 3. cogiera 4. añadiéramos 5. trajerais 6. pudieran 7. aceptara 8. dispusieras 9. consintiera 10. satisficiéramos 11. redujerais 12. comprobaran

2 1. buscase 2. tomases 3. cogiese 4. añadiésemos 5. trajeseis 6. pudiesen 7. aceptase 8. dispusieses 9. consintiese 10. satisficiésemos 11. redujeseis 12. comprobasen

140 1. ¿ Quisiera Vd. indicarme la Oficina de Turismo ? 2. Esto hubiera sido más cómodo. 3. Modificó el programa que concibiera años antes. 4. Pudieran cumplir sus promesas. 5. Quisiera un bocadillo de chorizo.

141 1. imagina 2. coja Vd. 3. caminemos 4. ven 5. tengan Vds. 6. prohíba Vd. 7. esperad 8. decidid 9. construyamos 10. haz 11. pon 12. ve 13. no vengas 14. no ocultes 15. no digáis 16. no vayamos 17. no leáis 18. no suban

142 **1** 1. tráemelo 2. no lo diga Vd. 3. explícanoslo 4. no os vayáis 5. figúrese Vd. 6. póntelo 7. decídanse Vds. 8. imaginaos 9. volveos 10. reunámonos 11. prepárate 12. cuéntalo

2 1. no lo utilices 2. no se oponga Vd. 3. no le invites 4. no se lo vendas 5. no lo supliques 6. no os defendáis

143 1. À quoi va te servir de passer la journée à pleurer ? 2. Le fait de tout prendre à cœur lui cause beaucoup d'ennuis. 3. La marche dans le sable est très fatigante. 4. Voyons ce que tu me racontes ! 5. Voyons si tu te décides ! 6. Et maintenant, chantons tous ! (chantez tous !)

144 1. Señores, les ruego que no se impacienten. 2. El aduanero nos pidió que le presentásemos el pasaporte. 3. Me impides que actúe a mi antojo (me impides actuar). 4. Me encargó que la (le) visitara. 5. Señor, le pido que me conteste. 6. Está prohibido pisar el césped. 7. Su padre le impide que salga (le impide salir).

145 **1** 1. ¿ Cuándo llegará ? 2. ¿ Cuánto duró la huelga ? (¿ Cuántos días... ?) 3. ¿ Qué disco prefieres ? 4. ¿ Cuál de las dos camisas es de mejor calidad ? 5. ¿ Dónde has dejado las llaves ? 6. ¿ Con quién estuviste hablando ?

2 1. Puedo decirte cuándo llega. 2. Me pregunto dónde se habrá metido. 3. No entiendo cómo pudiste conseguirlo. 4. No sabemos cuánto tiempo duró.

147 1. Niños, no juguéis con el balón aquí dentro. 2. La actriz representa muy bien el papel principal. 3. Javier toca la batería en un grupo de rock. 4. Vuelven a representar ese drama tras años de olvido. 5. Creo que para el estreno de la obra el mismo compositor tocará. 6. Suelo jugar al tenis cada sábado. 7. Desempeña un papel importante en el sector de las ventas. 8. Este actor trabajó (actuó) mucho en Méjico.

149 1. Llevaba dos horas esperando. 2. Lleva seis meses en la mili (= el servicio militar). 3. Llevaba tres años sin verle. 4. Llevo una semana preparando este informe. 5. ¿ Por qué llevas tanto tiempo sin venir ? 6. ¿ Cuántos días llevas sin limpiar esa habitación ? 7. La empresa lleva un mes sin pagar a sus obreros.

150 1. J'ai écrit cinq lettres. 2. Il avait tout préparé avec soin. 3. J'ai fait de nombreux essais et je ne trouve pas ce qui ne marche pas. 4. J'ai révisé la leçon. 5. J'ai souvent parcouru ce chemin.

151 **1** 1. Là, le problème de l'eau est préoccupant. 2. Rappelle-toi comme nous étions amis durant notre enfance. 3. Il y eut une assemblée pour savoir ce qu'on devait faire. 4. La presse n'a pas pu rendre compte de ce qui s'était passé : la nouvelle était arrivée trop tard aux rédactions. 5. Que chacun s'occupe de ses affaires.

2 1. Lo del ruido le inquietaba. 2. Mira lo barato que venden. 3. Verás lo rápido que es. 4. ¿ Recuerdas lo del domingo ? 5. Te olvidaste de lo esencial.

152 1. Nous avons perdu un tel temps avec les embouteillages qu'ensuite nous sommes arrivés en retard. 2. En ce moment il est occupé, il vous recevra ensuite. 3. Ne vous impatientez pas : je m'occupe de vous tout de suite. 4. Dès que le chanteur apparut, les spectateurs applaudirent. 5. J'avais beaucoup à faire, je n'ai donc pas pu lui écrire. 6. Après avoir traversé la place, il prit la grand-rue.

153 1. sino que 2. pero 3. pero 4. sino que 5. sino 6. sino

154 1. Eso me interesa más. 2. Tengo menos tiempo para trabajar. 3. Lo vi hace menos de tres días. 4. Hay dos personas de más en el ascensor. 5. Esperarás una hora a lo más (cuando más). 6. Vd. tendrá dos alumnos más. 7. No me quedaré más de cinco minutos.

155 1. Il est plus de dix heures. 2. Il n'y a que six mois que je vis ici. 3. Il restera plus de deux jours avec nous. 4. La traversée ne durera pas plus de huit heures. 5. Il ne reste qu'une table de libre. 6. Nous ne pouvons pas dépenser plus de 80 000 pesetas pendant nos vacances.

156 1. Se proyecta unir la isla al continente mediante un puente. 2. La torre fue derribada mediante una explosión controlada. 3. Se determinarán las motivaciones de los consumidores mediante una encuesta.

157 1. un demi-poulet rôti 2. La coupure de courant dura une heure et demie. 3. la classe moyenne 4. Ne fais pas les choses à moitié ! 5. Il se retrouva seul avec deux filles à moitié élevées. 6. La capitale fut à moitié détruite à la suite du tremblement de terre. 7. un pré à moitié fauché 8. Je suis à moitié malade. 9. Il est à moitié ivre.

158 1. incluso 2. incluso 3. mismo 4. mismos 5. incluso 6. mismo (-a) 7. misma

159 1. Pendant qu'ils se battaient les gens les entouraient. 2. Ils jouèrent aux cartes tant que dura le voyage. 3. Tant que je vivrai, je ne l'oublierai pas. 4. Sur la plage il fait chaud, tandis qu'ici on est bien. 5. Le taux de nuptialité baisse tandis que progresse l'union libre.

160 1. Ne te regarde pas tant dans la glace ! 2. Surveille le petit, il va tomber ! 3. On la regardait : elle rougit. 4. Écoute, Gregorio, laisse-moi tranquille. 5. Il passait des heures à regarder par la fenêtre.

161 1. Tienes mucha suerte. 2. Lo que propuso nos pareció mucho peor. 3. Habrá muchas más dificultades a partir de ahora. 4. La sesión fue mucho menos larga. 5. Ten mucho cuidado con esa curva. 6. No tengo mucha hambre.

163 **1** 1. Je ne pus obtenir de lui que des monosyllabes. 2. Je ne sais que par de vagues indices ce qui s'est passé. 3. L'électricien ne viendra que mercredi. 4. La visite ne dura qu'une demi-heure. 5. Je ne m'en rendis compte qu'en arrivant chez moi. 6. Cette question ne peut être que polémique.

2 1. No compro el periódico más que dos veces por semana. 2. No veo más que algunos inconvenientes en eso. 3. No habla más que de las próximas vacaciones. 4. No quieren más que captar el voto de las clases medias. 5. No haremos escala más que en Valencia y Mahón. 6. No añadió más que unos detalles a su explicación.

3 1. Sólo compro… 2. Sólo veo… 3. Sólo habla… 4. Sólo quieren captar… 5. Sólo haremos escala… 6. Sólo añadió…

164 1. Il se refuse à reconnaître ses erreurs. 2. J'ai entièrement raison, ne le nie pas. 3. L'administration refusa de ratifier le document.

4. Les accusés nièrent tout. 5. Vous ne pouvez pas me refuser cette faveur. 6. Ils refusèrent que nous entrions.

165

1 1. Nadie lo sabe. 2. Nunca la (lo) ayuda. 3. Nada te pide. 4. Ninguno de ellos lo exige. 5. Tampoco lo creo. 6. Nunca me lo has dicho.

2 1. No lo sabe nadie. 2. No la (lo) ayuda nunca. 3. No te pide nada. 4. No lo exige ninguno de ellos. 5. No lo creo tampoco. 6. No me lo has dicho nunca.

166

1. En cela, je ne perds ni ne gagne. 2. Qu'est-ce qu'il croit celui-là ? Comme s'il était le maître ! 3. Cette langue je ne la parle pas et je ne la comprends pas. 4. Ni aujourd'hui ni demain ! 5. Nous savons qu'il n'est ni méchant ni cruel. 6. Il ne bougea pas et ne dit rien.

167

1. nadie 2. Ninguno 3. ninguno 4. Nadie 5. nadie

168

1. el empresario 2. el período 3. la foto 4. el gestor 5. el color 6. el poeta 7. el teorema 8. el Amazonas 9. la iniciativa 10. la canoa 11. la educación 12. la tensión 13. la lealtad 14. la bondad 15. la vez

169

1. la delegada 2. la propietaria 3. la oficinista 4. la colega 5. una estudiante 6. una profesora 7. la doctora 8. la peluquera 9. la obrera 10. la periodista 11. la espía 12. la locutora 13. la pintora

170

1. los anuncios 2. las riberas 3. los cafés 4. los cines 5. los relojes 6. las leyes 7. los irlandeses 8. los viernes 9. los lavaplatos

171

1 1. cuarenta y tres 2. sesenta y ocho 3. setenta y uno 4. ochenta y seis 5. noventa y dos 6. ciento uno 7. página ciento veintiuno 8. quinientas veintiuna páginas 9. seis mil seiscientos seis 10. setecientos mil 11. un millón novecientas mil trescientas toneladas

2 1. mil doscientos doce 2. dos mil quinientos millones de pesos 3. otras cien pesetas 4. los últimos cinco minutos

172

1. primero 2. tercer 3. sexto 4. primero 5. veintiuno 6. novena 7. ciento cincuenta 8. centésima

173

1. medio millón de pesetas 2. media botella de vino 3. la tercera parte (el tercio) de los votantes 4. los cuatro quintos o sea el 80 % 5. cinco veinteavos = un cuarto 6. El destello duró una milésima de segundo. 7. un veinticuatroavo

175 1. Je n'ai jamais osé te poser cette question. 2. Elle ne l'aurait jamais fait. 3. Je n'ai jamais vu une telle chose. 4. Adieu à tout jamais !

177 1. o 2. o 3. u 4. o 5. u 6. o 7. u

179 1. Pourquoi n'as-tu pas eu l'idée de répondre que non ? 2. Tu as de ces idées ! 3. Ici des faits inexplicables se produisirent. 4. Il ne lui venait à l'esprit que des plaisanteries. 5. Vous croyez que tout ce qui vous vient à l'esprit est bon. 6. – Nous pourrions y aller ensemble… – Je n'y avais pas pensé. 7. L'idée lui était venue comme par inspiration. 8. Mais que se passe-t-il ?

180 1. ¡ Ojalá lo hubiese aconsejado mejor ! 2. ¡ Ojalá vuelvas (volvieras) a tiempo ! 3. ¡ Ojalá fuera posible ! 4. ¡ Ojalá hubiera hecho buen tiempo !

181 1. Me esperan en casa. 2. No se necesita pasaporte para entrar en España. 3. Con tres críos, sabes, una tiene mucho que hacer. 4. Uno no se asusta por tan poco. 5. ¡ Se ven unas cosas ! 6. Se veía a los empleados salir del banco a las tres. 7. Esta noche iremos al cine.

183 **1** 1. fabriquemos 2. peguen 3. averigüe 4. empieces 5. elijas 6. convenzan

2 1. audaces 2. peces 3. veloces 4. matices 5. avestruces 6. actrices

184 1. Se les olvidó rápidamente lo que habían prometido. 2. Se me olvidó cerrar la puerta. 3. No se te olvide llamarme cuando llegues. 4. No tengas miedo : no se me olvidará.

185 1. Ils parlaient à voix basse pour que les autres n'entendent pas. 2. Sa première visite sera pour ses amis. 3. C'était presque deux inconnus pour lui. 4. Je l'ai prévu pour l'année prochaine. 5. Cela ne sert à rien de le dire. 6. Les coureurs sont partis pour la seconde étape. 7. Ce travail est très dur pour toi. 8. La manifestation annoncée pour aujourd'hui n'a pas eu lieu. 9. Le navire part pour les Canaries.

186 1. Qu'en penses-tu ? 2. La maison ne ressemble plus à celle que tu as connue. 3. Il semble impossible que ce soit arrivé. 4. Ce chapeau est curieux, il ne ressemble à aucun autre.

187 **1** 1. On a distribué le prospectus partout. 2. On ne voit ça nulle part ailleurs. 3. Je viens de la part de Jorge. 4. Il n'y aura pas de difficulté de sa part. 5. Cela me semble difficile : d'une part ça ne me plaît pas beaucoup et d'autre part je n'ai pas le temps. 6. Il fallait s'y attendre ; d'ailleurs je t'avais déjà prévenu.

2 1. No encuentro mi encendedor en ninguna parte. 2. Sin embargo lo he buscado por todas partes. 3. Lo habré olvidado en alguna parte. 4. Yo iría a cualquier parte contigo. 5. Vd. se equivoca ; el señor Álvarez vive en otra parte. 6. Ese ruido viene de alguna parte. 7. Tuvo que irse a otra parte.

188 1. casado 2. comprado 3. metido 4. desistido 5. tocado 6. teñido 7. lucido 8. manchado 9. descrito 10. devuelto

189 1. Je n'ai pas lu ce roman. 2. C'est un spectacle amusant. 3. Traqués par l'ennemi, ils se rendirent. 4. Je n'imaginais pas que ce soit si ennuyeux. 5. Une fois l'accord signé, elle se sentit soulagée. 6. Le prétexte trouvé, il se disposa à sortir. 7. Le moment venu, il prit la parole. 8. Il était absorbé par la lecture du journal. 9. Maudite soit la guerre !

190 **1** 1. reuní, reunieron 2. apagué, apagaron 3. levanté, levantaron 4. prendí, prendieron 5. abrí, abrieron 6. corrí, corrieron 7. coloqué, colocaron 8. recibí, recibieron 9. envolví, envolvieron

2 1. lograste 2. pagamos 3. encendisteis 4. estropearon 5. valió 6. traduje 7. estuvo 8. atrajeron 9. dolió 10. descubrí 11. di 12. tiñó 13. abasteció 14. quisimos 15. fui 16. fueron

191 1. ha surgido 2. edificaron 3. han invadido 4. han dejado 5. se anunció 6. se clasificó

192 1. Tu aurais dû me prévenir avant. 2. J'aurais cru que vous ne viendriez pas. 3. Il ne nous reste plus de pain. 4. La même chose aurait pu arriver la veille. 5. Ils vendirent l'appartement qu'ils avaient acheté en 58. 6. On ne lui apporta pas tout ce qu'il avait demandé.

193 **1** 1. Los culpables serán juzgados rápidamente. 2. El museo será inaugurado dentro de una semana. 3. La autopista fue terminada por otra empresa. 4. Fue acompañado hasta la puerta por el mayordomo.

2 1. Se juzgará rápidamente a los culpables. 2. Se inaugurará el museo dentro de una semana. 3. Otra empresa terminó la autopista. 4. El mayordomo le acompañó hasta la puerta.

194 1 1. Peut-être viendrons-nous vous voir dimanche. 2. Peut-être devras-tu y réfléchir un peu plus. 3. Ils ne sont pas venus : peut-être avaient-ils beaucoup à faire. 4. C'est peut-être le projet le plus prestigieux. 5. Fais attention ! Il y a peut-être beaucoup de fond au milieu de la rivière. 6. C'est facile, peut-être. 7. Nous avons trop attendu peut-être.

2 1. A lo mejor nos veremos en el concierto. 2. Hay que avisar antes a lo mejor. 3. A lo mejor no se ha enterado. 4. A lo mejor no quieres salir.

195 1. antes que 2. antes que 3. más bien 4. más bien 5. antes que 6. más bien

196 1. Este nuevo edificio es bastante feo. 2. Lo saben demasiadas personas. 3. Esa tierra rinde poco. 4. Tienen bastantes indicios para concluir. 5. Aquí, hace demasiado calor. 6. No hay bastantes sillas para todos. 7. Como poca carne. 8. ¡ Está demasiado caliente ! 9. Es un trabajo bastante bien hecho.

197 1. Merci de votre aide. 2. Je vote pour ce film pour le Grand Prix. 3. Il s'efforçait de la sortir de ce mauvais pas. 4. une table de deux mètres de long sur un de large 5. Que puis-je faire pour toi ? 6. Un coursier est venu chercher l'article et l'a emporté au journal. 7. Tu ne dois pas te tourmenter pour rien. 8. Ce livre est épuisé ; c'est pourquoi nous ne pouvons vous satisfaire.

198 1. Je devais reporter mon départ de quelques jours. 2. Hier matin, je l'ai trouvé un peu mieux. 3. Le chien sauta par-dessus la haie. 4. Nous sommes déjà passés par ici. 5. Je ne sais pas s'il viendra seulement pour une semaine. 6. Ils naviguaient dans la baie.

199 1. Por qué… Porque 2. porqué 3. por qué 4. porque 5. porque 6. porqué 7. por qué

200 1. Je t'appellerai au cas où tu aurais une idée. 2. – Pourquoi joues-tu à la loterie ? – On ne sait jamais… 3. Nous sommes venus tout de suite, au cas où tu aurais besoin de nous. 4. Mets la radio, au cas où on donnerait d'autres nouvelles.

201 1. – Tu le connais ? – Bien entendu. 2. Bien sûr que ça me plaît ! 3. Bien sûr que nous garantissons nos produits. 4. Nous ne travaillons pas le dimanche, bien entendu.

202 1. Voy a darte mi dirección. 2. Nuestra calle es tranquila. 3. La secretaria está en su despacho. 4. Señorita, Vd. puede guardar los esquís en este local. 5. Le han robado la moto. 6. Niños, estoy harto de vuestras travesuras. 7. ¡ La pedante de su hermana !

203 **1** 1. las vuestras 2. la mía 3. el nuestro 4. las tuyas 5. los suyos 6. la suya

2 1. Étant ton ami, je dois te le dire. 2. Tout a été ma faute. 3. J'ai dû l'accepter bien contre mon gré. 4. Demain tout cela sera à vous. 5. Il était des nôtres. 6. C'est un de tes camarades de collège ?

204 1. On peut acheter ce logement avec un apport de 20 %. 2. La croissance du produit national brut pourrait dépasser 3 %. 3. Parce que j'ai marchandé un peu la pendule, on m'a fait un rabais de 10 %. 4. On attendait une augmentation des ventes de 5 %. 5. Il faut ajouter à ce prix le pourcentage de l'I.V.A.

206 1. pegas 2. acogen 3. afilo 4. ceden 5. dependemos 6. decidís 7. partimos 8. aludo 9. permites 10. dibujamos

207 1. Es necesario que leas. 2. Es necesario que dibujemos. 3. Es necesario que cedan. 4. Es necesario que decidáis. 5. Es necesario que rompamos. 6. Es necesario que tome. 7. Es necesario que reserve. 8. Es necesario que pretendáis. 9. Es necesario que parta. 10. Es necesario que nos reunamos.

209 1. Pagamos. 2. Ando. 3. Tú llegas y nosotros nos marchamos. 4. Los barceloneses tenemos un buen equipo de fútbol. 5. Ella tiene suerte, yo no. 6. Y tú, ¿ qué sabes ? 7. Estábamos muertos de risa tú y yo.

210 1. ponla 2. los eligieron 3. la mandaron 4. cambiarlo 5. comprarlos

211 1. Es carpintero ; lo era también su padre. 2. Eso, no lo repitas a nadie. 3. Por favor, dímelo. 4. Es trabajador, lo reconozco. 5. Está decepcionada, lo estoy también.

212 1. pídele 2. les pidieron 3. le propuse 4. les hizo 5. les mandaré

213 **1** 1. Estoy ayudándole (le estoy ayudando). 2. Voy a visitarlo (lo voy a visitar). 3. Tráela. 4. Precíselas.

2 1. Le escribes. 2. Hay que ayudarle. 3. Diciéndotelo. 4. Ábreme. 5. Vd. nos lo contará. 6. No quiere prestármelo (no me lo quiere prestar). 7. Habiéndola reconocido, la llamó. 8. No creo haberlo visto.

214 1. contársela 2. préstamelas 3. se lo deja conducir 4. enséñanoslas 5. se la traigo 6. os lo agradezco

215 **1** 1. No seáis tontos. 2. ¿ No me conocéis vosotros ? 3. ¿ No os acordáis de Pedro ? 4. ¿ Cómo está vuestro tío ? 5. Si vais a Alicante, tendré mucho gusto en acompañaros. 6. ¿ Queréis que os traiga un vaso de agua ? 7. ¡ Sentaos !

2 1. Mire Vd. estos edificios. 2. ¡ Qué linda es Vd. ! 3. Figúrese si es importante el asunto. 4. ¿ Quiere Vd. ir conmigo ? 5. Se lo he dicho mil veces. 6. ¡ Póngase detrás !

216 1. Él, siempre tan seguro de sí. 2. Cerró suavemente la puerta tras él. 3. Andaba mirando detrás de sí. 4. Te engañas a ti mismo (misma). 5. Almorzaré contigo mañana. 6. ¿ Qué será de ti sin mí ? 7. Señora, ¿ guardará Vd. este bolso consigo en el avión ?

217 1. Silence ! s'exclame-t-il. 2. Ce roman fut publié l'année dernière. 3. Je vais enlever ma veste. 4. Miguelito, ne te dispute pas avec ton frère ! 5. Reste tranquille ! 6. Tous deux soufflaient dans leurs doigts à cause du froid.

219 1. Tout le monde croyait que c'était grave. Eh bien, il fut guéri en une semaine. 2. Elle ne renoncerait pas, car elle ne l'avait jamais fait auparavant. 3. Il me l'avait promis. Eh bien, il n'est pas venu. 4. Il n'a pas de raison de se plaindre, car il a touché le double. 5. Ils laissèrent donc passer la tourmente. 6. Un soir, donc, en partant, il lui dit...

221 1. Como te lo ha preguntado e insiste, contéstale. 2. Aunque le conoces y te estima, no ha podido hacer nada. 3. Cuando hayáis terminado y estéis listos, nos iremos. 4. No te das cuenta de que hay mucho que hacer. 5. Si le preguntas a tu padre y te contesta que sí, todo irá bien. 6. Estábamos seguros de que esto ocurriría.

222 1. Quel animal tu es ! 2. Quelle fête animée ! 3. Quelle idée bizarre ! 4. Quelle personne aimable ! 5. Que Marta est sympathique !

223 1. qué 2. quién 3. qué 4. qué 5. quién 6. qué

224 1. Quiero que se lo digas. 2. ¡ Nos queríamos tanto ! 3. Amamos la justicia. 4. Queremos que cese esto. 5. ¿ Quieres contestarme ? 6. A Patricia la queremos mucho.

227 1. Ça te semble étrange, n'est-ce pas ? Pourtant, ça me paraît naturel. 2. Quelle chose bizarre ! 3. C'est très curieux, mais ça s'est passé exactement comme ça. 4. Elle était d'une rare beauté. 5. Les accidents ne sont pas rares à ce carrefour.

228 1. Disculpe Vd., lo siento de verdad. 2. Te echaremos de menos cuando te vayas. 3. Añoraba la luz de su tierra y a menudo hablaba de ella. 4. Siento tener que repetírtelo. 5. ¿ Echas de menos aquel piso ? 6. Se pasa el tiempo añorando el pasado.

230 **1** 1. Voici la marque qui a le plus de succès. 2. Une dame qui voulait te parler a téléphoné. 3. Nous sentions le froid de la nuit qui tombait. 4. Il vit une rangée d'enseignes lumineuses qui scintillaient. 5. Le lave-vaisselle que je viens d'acheter est déjà en panne. 6. Par la porte qu'ils avaient laissée entrouverte entrait le bruit de la rue. 7. La chemise que tu as achetée est trop petite pour moi.

2 1. El deporte que prefiero es el esquí. 2. Mira a los niños que están jugando. 3. La habitación que he reservado da a la calle. 4. Las verduras que comen vienen de su huerto.

231 **1** 1. Il s'adressa à Rodrigo, qui ne fit pas attention à lui. 2. Elle s'est mariée avec Álvaro, dont je suis le cousin germain. 3. Le professeur avec lequel elle étudie le piano est un virtuose. 4. Les soldats, qui avaient marché pendant toute la journée, durent continuer à marche forcée. 5. Qui cherche trouve. 6. C'est une personne dont je me souviens avec tendresse. 7. Beatriz est une femme que tu peux écouter. 8. Celui-ci, il n'y a personne qui le mette au pas. 9. Il a enfin trouvé quelqu'un qui le comprenne.

2 1. La chica con quien sales es mi colega. 2. Es la actriz para quien fue escrito el papel. 3. Mis amigos, quienes no te conocían, te aprecian. 4. La persona a quien esperaba tarda en venir. 5. Hay quien piensa lo contrario.

232 **1** 1. en el que 2. con el que 3. con el que 4. por el que 5. de la que 6. del que 7. a los que

2 1. El río al que se cayó no era profundo. 2. La situación en la que se encuentra es preocupante. 3. Ignoro las razones por las que te portas así. 4. El itinerario por el que paso es más corto. 5. La persona a la que nos va a presentar nos aconsejará.

233 **1** 1. On nous prêta une voiture, ce qui nous permit de visiter la province. 2. La cérémonie par laquelle les fêtes débutèrent fut très brillante. 3. Les prévisions selon lesquelles nous allions surmonter la crise s'avérèrent optimistes. 4. Je n'ai qu'une sœur, laquelle vit à

Valparaiso. 5. On encouragea le dialogue, ce qui fut une décision positive.

2 1. No reconozco el camino por el cual nos llevas. 2. Vimos al responsable, el cual pudo informarnos. 3. Lo critica todo, lo que disgusta a muchos. 4. Apartó la cortina detrás de la cual había una puerta.

234

1 1. El velero cuya tripulación está descansando sale mañana. 2. Es una hazaña cuyos autores no se dieron a conocer. 3. Es un acontecimiento notable cuyas circunstancias son conocidas. 4. Es maravillosa esta película cuyo guión está sacado de una novela. 5. Entramos en una sala de cuyo techo colgaba una araña de cristal. 6. Eran altos árboles cuyas cimas ocultaban el sol.

2 1. Le voilier dont l'équipage se repose part demain. 2. C'est un exploit dont les auteurs ne se sont pas fait connaître. 3. C'est un événement notable dont les conséquences sont connues. 4. Ce film dont le scénario est tiré d'un roman est merveilleux. 5. Nous entrâmes dans une salle au plafond de laquelle était suspendu un lustre de cristal. 6. C'étaient de grands arbres dont les cimes cachaient le soleil.

235

1 1. Elle se leva et le rappela. 2. À quoi cela a-t-il servi de le lui redire ? 3. Il redémarra et avança d'environ dix mètres. 4. Tu dois repréparer cet examen. 5. Elle s'était représentée. 6. Il le réaffirme dans son discours d'aujourd'hui.

2 1. Se levantó y volvió a llamarle. 2. ¿ De qué sirvió volver a decírselo ? 3. Volvió a arrancar, avanzando unos diez metros. 4. Tienes que volver a preparar ese examen. 5. Se había vuelto a presentar. 6. Lo vuelve a afirmar en su discurso de hoy.

236

1. Je t'aiderai à atteindre tes objectifs. 2. Je n'ai pas réussi à finir le puzzle. 3. Ils s'efforcent de l'imiter et ils n'y parviennent pas. 4. En réalité, il cherchait à obtenir mon appui. 5. Je ne sais pas si je pourrai obtenir qu'on me l'envoie par la poste. 6. J'ai beau faire des efforts, je n'arrive pas à m'en souvenir.

238

1. Je ne veux pas que cela reste sans solution. 2. Il resta encore sans bouger pendant plus de dix minutes. 3. Ces chapeaux sont encore à la mode. 4. Les jours continuaient à passer sans que rien n'arrive. 5. À quoi nous sert de continuer à faire des projets ? 6. Ces mots continuèrent à résonner dans sa mémoire durant des années. 7. Malgré mes observations, il continue à ne pas travailler. 8. La crise demeure ouverte malgré les efforts du gouvernement.

239

1 1. Le projet s'ordonnait selon des lignes directrices claires. 2. Tout se passa comme nous l'avions prévu. 3. Les difficultés surgissaient à mesure qu'ils progressaient. 4. Sa porte est à gauche en sortant de l'ascenseur.

2 1. Según los últimos sondeos, es el político más popular. 2. Actúa según un plan premeditado. 3. Según tú, eso no importa. 4. Según lo que sabemos, esa tienda va a cerrar. 5. Viaja en tren o en avión, según.

240 1. Les chambres de l'hôtel ont chacune leur numéro sur la porte. 2. Les deux clowns jouaient chacun de l'accordéon. 3. Les invités arrivèrent chacun avec une bouteille. 4. Les élèves donnèrent chacun leur réponse.

241 **1** 1. Mais c'est exactement ce que je dis ! 2. Il n'y aucun doute ! 3. Mais je ne m'ennuie pas ! 4. Il hésitait à rester ou à s'en aller. 5. Mais je ne me moque pas ! 6. Dis-moi si ça t'intéresse.

2 1. Si bebo té, no puedo pegar el ojo en toda la noche. 2. Si no hay nada que decir. 3. ¡ Si todo está claro ! 4. Si me acuesto temprano, no puedo dormir.

242 1. ¡ Este tren, sí que es rápido ! 2. ¡ Sí que está rico el chocolate ! 3. ¡ Eso sí que me gusta ! 4. ¡ Entonces sí que éramos felices ! 5. ¡ Ésas sí que son sutilezas !

243 1. si no 2. sino 3. sino 4. sino 5. si no 6. sino

244 1. Elle rentre toujours très tard. 2. Je l'ai toujours dit. 3. Il te l'offrira si toutefois tu l'acceptes. 4. C'est toujours comme ça. 5. Nous nous réunirons le lundi, si toutefois il n'y a pas d'empêchement. 6. Nous ne sommes pas toujours d'accord.

245 1. Les règles de ce jeu sont simples. 2. Fais-moi le plaisir de répondre à cette simple question. 3. Le simple fait de me le rappeler me fait horreur. 4. Même la technique la plus simple implique des risques. 5. C'est une simple précaution. 6. Ça a été un pur hasard de nous rencontrer là. 7. C'est une chose des plus simples.

246 1. Ni siquiera figuraba el pueblo en el mapa. 2. ¿ Ni siquiera le echa Vd. una mano ? 3. Eso ni siquiera se ve en las películas. 4. Ni siquiera intentó un inútil combate. 5. No lee sus poemas a nadie, ni siquiera a mí. 6. Bueno, ni siquiera quiero pensar en eso. 7. Préstame tus apuntes, una semana siquiera.

247 1. La Paz est à 3 630 mètres au-dessus du niveau de la mer. 2. Tu viendras demain vers dix heures. 3. Au-dessus de l'horizon, le soleil

déclinait. 4. Sur la terrasse, nous avions placé des pots de fleurs.
5. Vers quatre heures, Fernando se présenta. 6. Elle sortit de l'eau et s'étendit sur le sable.

248

1 1. Suelo trabajar temprano. 2. Solía venir a contarme sus penas. 3. Suele ir al colegio con Paquita. 4. Esas pilas suelen durar unas 10 horas. 5. Suelo desayunar té con tostadas. 6. Solía sentarme allí a esperarle.

2 1. J'ai l'habitude de travailler tôt. 2. Il venait généralement me raconter ses peines. 3. Elle va généralement au collège avec Paquita. 4. Ces piles durent d'habitude environ dix heures. 5. J'ai l'habitude de prendre du thé avec des tartines au petit déjeuner. 6. Je m'asseyais souvent là pour l'attendre.

249

1. sólo 2. sólo 3. solo (sola) 4. sola 5. sólo

250

1. Las fieras se han salido de la jaula. 2. El avión acaba de sacar el tren de aterrizaje. 3. Es una revista económica que sale los miércoles. 4. ¡ Saca al perro ! 5. Sale cada noche.

251

1. No recuerdo el día de su santo. 2. ¿ Recuerdas aquella época ? 3. No recordaba cuándo la vio por primera vez. 4. No recuerda lo que hicimos por él. 5. ¿ Recuerdas su dirección ? 6. Recordáis que hemos de volver juntos ?

252

1. Le dice Adela que si no viene con ella, no vuelve allá. 2. Le dijo su madre que se metiera en casa, que no se resfriara, porque corría aire. 3. Ella contestó que no estaba para paseos, que la dejara tranquila. 4. Yo me preguntaba cómo había de hacer carrera un hombre así. 5. Declaró que veríamos y que por el momento no podía contestarme. 6. Repitió que le diera alguna razón y le dijera algo que se me hubiera ocurrido. 7. A ella le preguntó si le molestaba tal atmósfera. 8. Le gritó que le hiciera el favor de cerrar las ventanas. 9. Le suplicó que no revelara nada del secreto que era suyo. 10. Me suplica que no dé ningún escándalo, que no haga nada en contra suya.

253

1. sea 2. acompañaran/acompañasen 3. vengan 4. decidiera/decidiese 5. hicieras/hicieses 6. podamos

254

1 1. Cuando hayamos arreglado el asunto, ven a verme. 2. Tan pronto como la veas, avísala. 3. En cuanto oigas su coche, prepárate. 4. Quería ser geólogo cuando fuera (fuese) mayor.

2 1. Me marcharé cuando quieras. 2. Se comunicarán los resultados conforme vayan llegando. 3. Iremos cuando podamos y como podamos. 4. Cuanto más esperes, más decepcionado estarás.

255 **1** 1. Tous les enfants qui participeront au jeu gagneront un prix. 2. Il acceptera la solution qu'on lui proposera. 3. On fera tout ce qu'on pourra. 4. Les nouveautés qu'ils présenteront ne nous intéressent pas.

2 1. Saludará a cuantos encuentre. 2. Me sentaré donde haya sitio. 3. Pondrás en el florero las rosas que hayas cortado. 4. Conseguirá todo lo que quiera.

257 1. Il commençait à entrer beaucoup de lumière par la fenêtre. 2. Tout cela, doña Ana me l'a raconté. 3. Aujourd'hui Roberto est venu me voir. 4. Le théâtre va te servir à perfectionner ton expression. 5. Ce monsieur te l'a déjà dit. 6. Écoute, Juan, ta femme a téléphoné. 7. La partie d'échecs terminée, ils se séparèrent.

258 **1** 1. grandísimo 2. bajísima 3. rarísimo 4. puntualísimos 5. generosísimo 6. antiquísima

2 1. Es el acontecimiento científico más importante del siglo. 2. Fue la medida más molesta para ese sector de la sociedad. 3. Fueron los días menos fríos del mes de enero. 4. Es el tren más confortable que he tomado. 5. Era el más alto cargo de responsabilidad. 6. Son las huelgas más largas que han ocurrido en ese ramo. 7. Ésta es la cosa más disparatada que jamás he oído. 8. la mayor satisfacción

260 1. Tal decisión tiene que cancelarse. 2. No es posible contentarse con tal eventualidad. 3. ¿ Qué opinas de tal viraje ? 4. ¿ Quién puede dar tal fiesta ? 5. Se casó con un tal García. 6. ¿ Qué tal fue el examen ?

261 **1** 1. No quiere venir conmigo tampoco. Tampoco quiere venir conmigo. 2. No es culpa suya tampoco. Tampoco es culpa suya. 3. No se pararon tampoco delante del escaparate. Tampoco se pararon delante del escaparate. 4. No tiene importancia tampoco lo que te dijo. Tampoco tiene importancia lo que te dijo. 5. No vendrá hoy tampoco. Tampoco vendrá hoy. 6. Este año, no iré tampoco a España. Este año, tampoco iré a España.

2 1. También quiere venir conmigo. 2. También es culpa suya. 3. También se pararon delante del escaparate. 4. También tiene importancia lo que te dijo. 5. También vendrá hoy. 6. Este año, también iré a España.

262 **1** 1. Hay tanta gente en la piscina que es imposible nadar. 2. ¡ Tu maleta es tan pesada que no puedes llevarla ! 3. Tuve tanto calor que pensé desmayarme. 4. Protestaron tanto que el gobierno anunció un referéndum popular. 5. Me has hablado tantas veces de eso que no lo voy a olvidar. 6. Lanzó la pelota tan fuerte que rompió un cristal.

2 1. Este modelo está agotado de tanto éxito como ha tenido. 2. Daba pena verlo de tan desanimado como parecía. 3. Estoy ronco de tanto como grité en el partido de ayer. 4. El río se ha desbordado de tanto como ha llovido últimamente. 5. Nuestra centralita está saturada de tantas llamadas como estamos recibiendo.

3 1. El edificio fue derribado por lo vetusto que era. 2. No podíamos hablar por lo conmovidos que estábamos. 3. Nadie lo notó por lo rápido que actuó. 4. No quiso esperar por lo impaciente que estaba. 5. No lo reconozco por lo mal que se porta.

263 1. He llegado temprano. 2. Ya habíamos venido ayer. 3. ¿ Has sacado las entradas ? 4. Habré hecho lo posible. 5. Él habría preferido saberlo. 6. Vd. me lo había indicado. 7. No creo que haya contestado. 8. Más valdría que hubiera cambiado de opinión.

264 1. (A mí) me toca pagar las consumiciones. 2. (A nosotros) nos toca invitarles. 3. (A ti) te toca ir a la compra. 4. ¡ Me ha tocado el gordo ! 5. En la herencia le tocaron los pastos y las viñas. 6. Le toca abrir la sesión.

265 1. Todo le pareció claro. 2. Dime todo lo que piensas. 3. Quiere hacerlo todo. 4. ¡ Las quiere a todas ! 5. Estos asientos los reservo todos. 6. Lo dispuso todo en la bandeja.

266 1. Me trajo el balance el día mismo. 2. Le gustaría que lo llevaras contigo al teatro. 3. Si este libro te interesa llévatelo a casa. 4. No llevas nunca la corbata que te regalé. 5. Tráeme cambio. 6. Por favor, tráiganos una botella de agua mineral.

267 1. Il jeta un regard en arrière. 2. Il a l'habitude de se coiffer avec les cheveux en arrière. 3. Ils s'étaient connus des années auparavant au collège. 4. Il ne vit pas la moto qui venait derrière le camion. 5. Ne vous impatientez pas, un autre taxi arrive derrière. 6. Après une longue traversée, les intrépides voyageurs débarquèrent.

268 1. Se pasa el tiempo charlando con Fulano, Mengano o Zutano. 2. Solía señalar a dos reclutas : « Fulano y Mengano, ¡ salid de filas ! » 3. Siempre está reñida con las vecinas : hoy con Fulana, mañana con Mengana… 4. Siempre estás preguntándome si he visto a Fulana o si me ha llamado Mengana…

269 1. Quels drôles de gens ! 2. Ils ont de sacrés supporters ! 3. Tu as acheté une de ces planches à voile ! 4. C'est un sacré fainéant ! 5. Quelle drôle de solution que la tienne !

270 1. Quel drôle de type ! 2. Tu parles d'un navet ! 3. Quelle peine ! 4. Il a une de ces allures ! 5. Croire ce menteur, allons ! 6. Tu parles d'une sottise !

271 **1** 1. del 2. con 3. con 4. con 5. Ø 6. al 7. de 8. al 9. con 10. en/por 11. Ø 12. en 13. por 14. de

2 1. Au salon, un lustre était suspendu au plafond. 2. Tu dois te contenter de ton sort, lui disaient-ils. 3. Je n'ai pas encore accompli toutes les formalités. 4. Impassible, il continuait sa lecture. 5. Le collège est à cent mètres de l'arrêt d'autobus. 6. Il a traduit plusieurs livres en espagnol. 7. Marta apparut, déguisée en fée. 8. Ne t'approche pas du ravin ! 9. Il rêve de vivre dans un château. 10. Ramón s'intéresse à tout. 11. On passe à l'heure d'été en avançant les montres d'une heure . 12. J'hésite à te croire. 13. Alberto désire ardemment avoir une moto. 14. Je te conseille de ne pas trop te fier à lui.

273 1. Envío un paquete. 2. Enviamos cartas. 3. No te fíes de él. 4. ¿ Dónde se sitúa ? 5. ¿ Qué insinúas ? 6. Que continúen. 7. Continuemos. 8. Limpia los cristales. 9. Lo atestiguo. 10. No se extravíe Vd.

275 1. Es posible que le complazca. 2. Es posible que lo reduzca. 3. ¿ Es posible que lo reconozcamos ? 4. Es posible que os lo merezcáis. 5. Es posible que nos lo agradezcan. 6. Es posible que lo satisfagas. 7. Es posible que permanezcamos ahí. 8. Es posible que crezcan.

276 **1** 1. cierro 2. despiertan 3. rueda 4. comienza 5. apretamos 6. cuelgas 7. sueles 8. vuelven 9. pensáis.

2 1. comprobar 2. negar 3. encender 4. contar 5. perder 6. probar

277 **1** 1. difieres 2. prefiero 3. sirvo 4. eliges 5. mide 6. despedís 7. consienten 8. divertimos 9. duermen

2 1. Hace falta que se arrepientan. 2. Hace falta que sigas escuchando. 3. Hace falta que hierva el agua. 4. Hace falta que durmamos. 5. Hace falta que yo lo advierta. 6. Hace falta que se lo impidas. 7. Hace falta que lo corrijáis. 8. Hace falta que Vd. se sirva.

3 1. Lo está eligiendo. 2. Nos estamos despidiendo. 3. Están sonriendo. 4. La nieve se está derritiendo. 5. ¿ A qué os estáis refiriendo ? 6. Me estoy durmiendo.

278

1 1. Contribuyo a hacerlo. 2. Influís en él. 3. Se obstruye la alcantarilla. 4. Es posible que lo sustituyamos. 5. Los precios incluyen el I.V.A. 6. Me los atribuyen.

2 1. Así concluí el discurso. 2. No creí que disminuyeran. 3. Lo retribuimos. 4. La construiste. 5. Lo excluisteis. 6. Nos lo restituyeron.

279 1. Il n'est pas conseillé de tout faire à la fois. 2. Au lieu de te fâcher, tu devrais m'écouter. 3. Dis-le une bonne fois. 4. Je l'ai vu pour la dernière fois dimanche dernier. 5. Elle appela à plusieurs reprises, mais seul l'écho lui répondit. 6. Ils viennent rarement par ici. 7. Parfois oui et parfois non. 8. Ça suffit pour cette fois.

280 1. Voici le tableau que nous venons d'acheter. 2. Voilà les résultats de ton obstination. 3. Voici mon adresse. 4. Voilà la meilleure solution pour toi. 5. Voici les raisons de ma contrariété.

281 1. Après lui avoir dit quatre mots, il lui tourna le dos. 2. Elle tourna son regard vers le nouveau venu. 3. Je ne pense pas revenir avant octobre. 4. En se retournant, il tomba sur le contrôleur. 5. Il revint de Bogotá après deux ans. 6. Ne t'en fais pas, je reviens tout de suite. 7. En voyant qu'il ne revenait pas à lui, ils appelèrent le médecin.

283 1. Le obligaron a eso. 2. No cuentes con eso. 3. Allí los inviernos suelen ser muy suaves. 4. Fue al bar de la esquina porque todos solían reunirse en él. 5. Si no vas tú, yo tampoco.

284 1. e 2. y 3. e 4. y 5. e

285

1 1. À présent, la nouvelle piscine est ouverte. 2. Ils cessèrent de se fréquenter soit par paresse, soit par négligence. 3. Tu vois bien que j'étais dans le vrai. 4. – Ça a été une erreur... – Je sais, une erreur de plus... 5. Son regard exprimait tantôt la générosité, tantôt l'enthousiasme. 6. Je ne suis plus une enfant.

2 1. Ya vi esa película hace dos años. 2. No se impaciente Vd. : ya llega el dueño. 3. Ya anochece. 4. Ya no hay tantos peces en ese río. 5. Avísela Vd., ya que la verá primero.

Index

Les numéros renvoient aux fiches.
** signale les verbes figurant dans les tableaux de conjugaison.

a
– devant le COD, 1
  COD = nom, 1.1
  COD = pron., 1.1
  verbes indiquant la position relative, 1.3
  omission de *a*, 1.2
– devant les compl. de lieu, 2
– devant les compl. de temps, 3.3 ; (distributif), 3.4
– indiquant un mvt. "vers", 2.1
– indiquant l'intérêt, 3.1
– indiquant une perception des sens, 3.2
a + inf. à valeur d'impératif, 143.3
à après les numéraux ordinaux, 172 R
à cause de : *por,* 197.3
à condition que : *con tal (de) que,* 64
à demi, à moitié, 157.3
a eso de, idée d'approximation, 106.4, 136 N
à eux deux, etc. 105.4
à force de, 4
a fuerza de, 4
a lo más, 154 N
a lo mejor, 194.3
a lo menos, 154 N
a medias, 157.3
a medio + inf., 157.3
à menos que, 5
à moi, à toi, etc., possession, 81.2
à moins que, 5

a no ser que, 5
à peine, à peine... que, 6
– *escaso*, 107.2
a pesar de (que), 7
a ver, 143.3 R
abajo, 48.4
– précédé d'un nom, 8
absolument pas, 165.R
acá, 33.3
acabar
– *con*, 10 N
– *de* + inf., 9
– + gérondif, 10
– *por* + inf., 10
acaso, 194
ACCENT GRAMMATICAL, 11
ACCENT TONIQUE, 12
– place sur les verbes, 272.3
ACCORD
– des adjectifs qualificatifs, 13
– du part. pas.
  avec *ser, estar*, 115
  avec *llevar*, 150
  avec *tener*, 133.3
– *acer* (verbes en)**, 275
acordarse de, 251.1
actuar**, 273
–ada (suffixe), 256
adelante, 8, 28.4
adentro, 101 R
– précédé d'un nom, 8
ADJECTIFS QUALIFICATIFS
– accord, 13
– féminin, 13.1
– pluriel, voir pluriel des noms, 170
– place, 14
– à valeur adverbiale, 15
ADVERBES DE LIEU, 33
ADVERBES EN *-MENTE*
– formation, 16
– omission de *–mente*, 17
afanarse por, 197.7
AFFECTIVES (TOURNURES), 131
afuera, 122.1 R
AGE (EXPRESSION DE L'), 18
ahí, 33.2

365

a

ahí está, ahí tiene, ahí va, ahí viene : voici, voilà, 280
ailleurs, d'ailleurs, 187
aimer, 224
ainsi : 39 (1,2)
– *conque*, 63.3
ajeno, 19.1, 19 R
–al (suffixe), 256
al
– article contracté, 34.3
– + inf., 20
– devant un compl. de temps, 3.3
al fin, 104.1
al menos, 154 N
algo, 21
alguien, 22.2
– COD, 1.1
alguno, adj., 23 (1, 3)
– apocope, 31.1
– à valeur négative, 23.3
alguno, pron., 22.1
– COD, 1.1
allá, 33.3
allí, 33.1
ALPHABET, particularités, 24
alrededor de, 106.1
amanecer, 25
ambos, 26
amener, 266.1
AMÉRICANISMES, 27
andar**
– conjugaison, 190.2
– semi-auxiliaire, 116.1
anochecer, 25
ante, 28.1, 28 R
antes, 29
antes (de) que, 30
antes que + inf.: plutôt que, 195.2
añorar, 228.3
apellidos, 205.3
apenas, 6
apetecer
– conjugaison, 275
– construction, 131.2
APOCOPE, 31

apporter, 266.1
apprendre, 32
APPROXIMATION, 106
– *escaso*, 107.2
– *por*, 198.2
– *sobre*, 247.3
aprender, 32.2
après
– *después (de)*, 29
– *luego*, 152.1
– *tras*, 267.2
– + inf. passé : *después de*, 29.3
– + inf. passé : *luego de*, 152.2
aquel, 84 à 86
– valeur laudative, 86.3
aquello, pronom démonstratif neutre, 84 à 86
aquí, 33.1, 33 R
aquí está, ahí está, allí está : voici, voilà, 280.1
aquí tienes, ahí tienes, etc. : voici, voilà, 280.2
–ar (suffixe), 256
arriba, 102.2
– précédé d'un nom, 8
ARTICLE DÉFINI, 34 à 36
– formes, 34 ; contractions, 34.3
– dans l'expression de l'âge, 18, 35.3
– dans l'expression de la date, 79
– dans l'expression de l'heure, 35.2, 136
– devant les jours de la semaine, 35.4
– devant les noms de pays, 36.1
– indiquant la périodicité, 35.4
– *el* devant un pourcentage, 204
– devant *señor*, 35.1
– dans le superlatif relatif, 258.2
– omission, 36, 79.2
ARTICLE INDÉFINI, 37 et 38
– formes, 37
– emploi du pluriel *unos, unas*, 37.2

– *un* devant un pourcentage, 204
– omission, 37.2, 38
ARTICLE PARTITIF, 38.1
así, 39
– *así como*, 39.2, 254.1
– *así de* + adj., 39.6
– *así pues*, 39.5
– *así que*, 39.4, 39.5
– *así* + subj., 39.3
ASPECT DE L'ACTION
– début, *echarse a*, 96.4
– passé récent, *acabar de*, 9
– accomplissement, 133.3 *(tener)*, 150 *(llevar)*
– continuation, durée, permanence, progression, 130
– action à faire, 133 R, 197.8
assez, assez de, 196
atrás, 267
attendre, attendre que, 108
au bout de, 3.3
au-dessus de
– *encima*, 102.1
– *sobre*, 247.2
au fur et à mesure que
– *conforme*, 69.3
– *según*, 239.2
au lieu de, 279
au moins : *siquiera*, 246.1
aucun, 23 (2, 3), 165.2
AUGMENTATIFS, 91.2
aun
– accent grammatical, 11.1
– encore, 103 (1,2)
– même, 158.3
aun cuando, 40 R
aunque, 40
aussi : *también*, 261.1
aussi... que, 59.1
AUTANT, 41 à 43
– autant (de), autant (de)... que, 41
– d'autant plus, d'autant moins... que, 42
– en autant, en autant que, 43
autre : un autre, l'autre, 44
– *más*, 44.4

AUXILIAIRES, voir *estar, haber, ser*
avant, avant de, 29
avergonzar, construction, 131.2
–avo : –ième (fraction), 173.2
avoir
– *haber*, 133.1
– *tener* 133 (2, 3)
– *llevar*, 150
avoir à + inf., 133 R
avoir beau, 45
avoir besoin, 46
avoir l'habitude de, 248
avoir l'idée de, 179.2
avoir lieu : *ser,* 111.3
– azo (suffixe) : 256

b, prononciation, 47
bajo, 48
bastante, 196
bastar, 49.1
beaucoup, beaucoup de, 161
beaucoup de : *harto,* 135.1.R
beaucoup plus (moins) de, 161.2
bien, 50
– *ya*, 285.3
bien que
– *a pesar de que*, 7.2
– *aunque* (+ indicatif), 40.1
– *con*, 62.3
bien sûr *: por supuesto*, 201
bientôt : *ya*, 285.1
billón, 171.8
bueno, apocope, 31.1

c, prononciation, 51
c'est, 112
c'est... que, 54
c'est... qui, 55
c'est à moi de, c'est mon tour de
– *caber*, 52
– *corresponder*, 72.3
– *tocar*, 264.1
caber**, 52
– conjugaison irrég. 190.2
cada, 53
cada vez más (menos), cada día más (menos), 61
caer**, irrég. 206.2, 207.2
car : *pues*, 219.2
casa : chez, 57
ce, cette, ces, 84 à 86
ce que, ce qui
– *lo que*, 151.4
– *lo cual*, 233.3
ceci, cela, 84 à 86
celui de, 97.1
celui dont, 95.5 R
celui que, 97.2
celui qui
– *el que*, 97.2
– *quien*, 231.4
celui-ci, celui-là, 84 à 86
celui-ci...celui-là, 86.1
cerca de, 106.1
certain (un)
– *cierto*, 38.2
– *tal*, 260.3
cesser de, 82.2
ch, prononciation, 56
chacun un : *sendos*, 240
chaque, 53.1
chez, 57
ciento, 171 (1, 3)
– apocope, 31.5

cocer**, conjugaison, 275
COD DE PERSONNE, emploi de *a*, 1
combien, exclamatif, 77
– *lo... que*, 151.5
combien, interrogatif, 76
comme, 58
– exclamatif (*cuánto*), 77
– *¡qué !*, 222.1
– *lo... que*, 151.5
comme si, 58.4
– *ni que*, 166 R
comment : *¿ qué tal ?*, 260.4
– *cómo*, 58, 145
como, 58
– accent grammatical, 11.3
– dans la traduction de "c'est... que", 54.2
– + subj., 58 (2, 3)
– environ, 106.1
– en corrélation avec *tanto*, 41.3
como quien dice, 231 N
como si, 58.4
COMPARATIF, 59 à 61
– aussi… que, plus… que, moins… que, 59
– de plus en plus, de moins en moins, 61
– plus... plus, moins... moins, 60
compter, compter sur, 71
con, 62
– + inf., 62.3
con que, 63 (1,2)
con tal (de) que, 64
con todo y con eso, 86 N
CONCESSION, tableau récapitulatif, 65
CONCORDANCE DES TEMPS, 66
CONDITION (EXPRESSION DE LA), 67
CONDITIONNEL, 68
– formation, 68.1
– conditionnel passé, voir formation des temps composés, 263
– irrég., voir futur, 123.2
– emploi, 68.2
– exprimant l'hypothèse, 68.2

– remplacé par l'imparfait de l'indic., 138 (2, 3)
– remplacé par l'imparfait du subj. en *–ra*, 140.2
– cond. passé remplacé par le passé simple, 192.1
– cond. passé remplacé par le plus-que-parfait du subj. en *–ra*, 67 R
conforme, 69
– + subj., 254.1
conmigo, contigo, consigo, 208, 216 (2,3)
conque, 63.3
conseguir, 236
CONSONNES (REPRÉSENTATION PHONÉTIQUE), 218.4
constar, 70
CONSTRUCTIONS PRONOMINALES, 217
CONSTRUCTIONS VERBALES, 271
contar, contar con, contar con que, 71
continuer à, 130.4, 238 (1, 3)
cortar, conjugaison**
corresponder, 72
creer
– particularité orthographique du passé simple, 190.5
– conditionnel passé remplacé par le passé simple, 192.1
cuál, interrogatif, 73
– accent grammatical, 11.3, 145.2
cual : *como*, 73.3
cualquiera, 74
– apocope, 31.2
– COD, 1.1
cuán, exclamatif, 77.3
cuando, dans la traduction de "c'est...que", 54.2
cuándo, interrogatif, 145.2
cuando más, 154 N
cuanto (en corrélation avec *tanto*), 41.3
cuanto, 75
– apocope, 31.6
cuánto, interrogatif, 76

cuánto, exclamatif, 77
cuanto antes, 75 N
cuanto más... más, 60
cuyo, 234, 95 (1,2)

d, prononciation, 78
d'autant plus (que), d'autant moins (que), 42
dans
– *a*, 2.1
– *dentro de*, 101
– *en*, 2.2, 100.1, 101
dar, conjugaison**
– faire, 119
DATE (EXPRESSION DE LA), 79
de, 81
– devant le mois, 79.1
– devant les compl. de temps, 81.2
– + inf.: à + inf., 81.2
– + inf., condition, 67.4
de
– non traduit devant l'inf., 80
– non traduit après les verbes d'ordre, 144 R
de día, de noche, 81.2
de más, 154 N
de momento, 81.2
de nuevo, 235.2
de plus en plus, 53.3, 61
de quien : dont, 95.3
de repente, 81.2
de tanto + inf., 4
de tanto... como, 262.2
debajo de, 48
deber
– conjugaison**
– obligation, 90.2

d

– conditionnel remplacé par l'imparfait du subj. en *–ra*, 140.2
– conditionnel passé remplacé par le passé simple, 192.1
deber de, hypothèse, 90.4
decir*
– irrég., 190.2, 206.2, 207.2
– + subj., 144.1
dedans, 101 R
defender, conjugaison **
DÉFENSE (EXPRESSION DE LA),
– impératif,141 R
– place des pronoms, 142.1
DÉFENSE (VERBES DE) + subj., 144
déjà, 285.1
dejar, dejar de, 82
del, article contracté, 34.3
del cual, del que : dont, 95 (3,4)
delante (de), 28 (2,3)
DEMANDE (VERBES DE) + subj.,144
demander, 83
demás (los), 44.2
demasiado, 196
demi(e), 157, 136
DÉMONSTRATIFS, 84 à 86
– généralités, adj. et pron., 84
– emplois dans le lieu et dans le temps, 85
– emplois particuliers, 86
– dans la traduction de "voici", "voilà", 280.5
dentro, dentro de, 101
depuis, 87
– traduit par *llevar*, 149
derrière, 267.1
dès que
– *así que*, 39 (4,5)
– *luego que*, 152.3
– *en cuanto, así como, tan pronto como*, 254.1
desde, 87
desde hace, 87.2
desde luego, 152 N
desdichado,114 R
desempeñar, 147.5

despedir, despedirse, 88
después, 29
después de + inf., 29.3
después (de) que, 30
desvivirse por, 197.7
detrás de, 267.1
devant, 28
devenir, 89.1
devoir, 90
dichoso, 114 R
digas lo que digas, 45 N
DIMINUTIFS (SUFFIXES), 91.1
DIMINUTIFS DES PRÉNOMS, 92
DIPHTONGAISON, 276
DIPHTONGUE, 12.4
doler, construction, 131.2
don, doña, 93.1
donc
– *luego*, 152.1
– *pues*, 219.3
donde, 94.1
– dans la traduction de "c'est... que", 54.2
dónde, interrogatif, 94.2
– accent grammatical, 11.3
dont, 95
– *cuyo*, 95 (1,2), 234.1
– *de quien, del que, del cual*, 95.3
– dont un, dont deux, etc., 95.4
– *entre los cuales*, 95.5
dormir*
– irrég., 277. 2
– ***ducir*** (verbes en)**, irrég., 190 R, 275

e

e à la place de *y*, 284
–ecer (verbes en)**, 275

echar, 96
echar de menos, 228.2
echarse a + inf., 96.4
echarse atrás, 267 N
–eer (verbes en), 190.5
eh bien : *pues*, 219.1
–eír (verbes en), irrég., 128.3, 190.4, 277
el à la place de *la*, 34.2
el devant un pourcentage, 204
el + inf. (infinitif substantivé) : le fait de, 35.5, 143 (1,2)
el cual, 233 (1,2), 95 (3,4)
el de, el que : celui de, celui qui, 97
el que : le fait que, 35.5
el que, dans la traduction de "c'est... que, c'est... qui", 54.1, 55
ello, 98
emmener, emporter, 266.2
empezar, conjugaison **
en
 – lieu, 2.2, 100.1, 101.1
 – temps, 100.2, 101.2
 – avec les verbes d'évaluation, 100.3
 – + gérondif, 129 R
en absoluto, 165 R
en cuanto, 75 N, 254.1
en esto, 86 N
en fin, 104.2
en mi vida, 165 R
en, pronom, 99
 – en... autant, 43
 – non traduit, 99.1
 – + part. présent : *con*, 62.3
encima, 102.1
ENCLISE, 213
encontrar, conjugaison **
encore, 103
 – encore un, 103.3
 – *seguir*, 238
 – encore une fois, 103.4
enfin, 104
–eñir (verbes en), irrég., 277, 190.4

enseñar, 32.1
ensuite : *luego*, 152.1
enterarse, 32.3
–entir** (verbes en), irrég., 277
entrar en, *a*, 2.2, 2 R
entre, 105
 – suivi des pronoms sujets, 216.2
envers : *para con*, 185 N
environ, 106
–erir, –ertir (verbes en), 277
es necesario, 120 (2, 3)
es preciso, 120 (2, 3)
escaso, 107
ese, 84 à 86
 – valeur péjorative, 86.2
esforzarse por, 197.7
eso, pronom démonstratif neutre, 84 à 86
eso es, 86 N
eso sí, 242.1 N
¡ eso sí que no !, 242.2 N
esperar, esperar que, esperar a que, 108
espérer, 108 (1,2)
essayer, essayer de, 109
estar**
 – irrég., 190.2, 206.2
 – emploi, généralités, 110, 113
 – pour la date, 3.3
 – + adj., 114.2
 – + part. pas., 115.2
 – + gérondif, 130.1
estar harto, 135.1
estar para, 113 N
estar por, 113 N
 – être à + inf., 197.8
este, 84 à 86
éste es, ése es : voici, voilà, 280.5
esto, pronom démonstratif neutre, 84 à 86
être, 110 à 116
 – généralités, 110
 – être : *ser*
  c'est, 112

+ nom, pronom, infinitif,
nombre, adv. de quantité,
111.1
+ compl. de matière, origine,
appartenance, destination,
111.2
– être : *estar*
+ compl. de lieu, temps,
situation, attitude, 113
– être : *ser* ou *estar*
+ adj., 114
+ part. pas., 115
– être : *haber*, 133.1
– emploi des semi-auxiliaires,
116
être à + inf., 197.8
être en train de, 130.1
excepto, suivi des pronoms
sujets, 216.2
EXCLAMATION
– accent grammatical sur les
mots exclamatifs, 11.3
– *cuán, cuánto*, 77
– *lo... que*, 151.5
– *menudo, valiente*, 269
– *ni que*, 166 R
– *qué*, 222
– *sí que*, 242.2
– *vaya*, 270
– place du sujet dans les
phrases exclamatives, 257.2

faillir, 117
faire : ***dar***, 119
faire faire, 118.3
faire + infinitif, 118
falloir, 120
faltar, 49.2
FAUX AMIS, 121

feliz, 114 R
finir par, 10
fuera, fuera de, 122
Fulano, 268
FUTUR et FUTUR ANTÉRIEUR
– formation, 123.1
– futurs irréguliers, 123.2
– futur hypothétique, 124
FUTUR FRANÇAIS traduit par le
subjonctif présent, 254, 255,
124 R, 45.4

g, prononciation, 125
gente (s), 126
GENTILICIOS, 127
GÉRONDIF
– formation, 128
– irrég., 128.3
– enclise des pronoms, 213.1
– emplois, 129
– dans l'expression de la durée,
130
GÉRONDIF COMPOSÉ, formation,
128.2
grande, apocope, 31.3
guiar, conjugaison **
gustar, construction, 131.1

h, prononciation, 132

haber**
– irrég., 190.2, 206.2
– emploi, 133.1, 263
– condit. remplacé par l'imparfait du subj. en *–ra*, 140.2
– remplacé par *llevar*, 150
– remplacé para *tener*, 133.3
– *haber de*, 90.3
hacer**
– irrég., 190.2
– *hace* : il y a, 137.2
– + inf., 118.1
– *hacer falta*, 46.2, 120
– rendre, 89.2
hacerse : devenir, 89.1
hacia
– vers, 134
– environ (approximation), 106.4
harto, 135
hasta, 134
– suivi du pron. sujet, 216.2
– même, 158.3
– *hasta que*, 134
hasta luego, 152 N
hay, 137.1
hay que, 120.2
hay... que, 137 R
hay quien, 231 N
he aquí, he ahí, 280 R
hervir, conjugaison, 277
HEURE (EXPRESSION DE L'), 136
hors de, 122.2
HYPOTHÈSE
– conditionnel, 68.2
– *deber de*, 90.4
– futur hypothétique, 124
– peut-être, 194
– *por si (acaso)*, 200
– subjonctif d'éventualité, 254, 255

–ía et **–ia** (noms terminés en), 174
–iar (verbes en)**, conjugaison, 273
ici, 33.1
il faut, 120
il y a, 137
– emploi de *llevar*, 149
il y a... à + inf., 137 R
il y en a qui, 99.2
IMPARFAIT DE L'INDICATIF
– formation, 138.1
– emplois, 138.2
– à valeur de condit., 138 (2, 3)
IMPARFAIT DU SUBJONCTIF
– formation, 139
– irrég., 139.2
– emplois, 140
– emplois particuliers de la forme en *–ra*, 140.2
– concordance des temps, 66
IMPÉRATIF
– formation, 141
– irrég., 141.2
– enclise des pron. pers., 142, 213.1
– remplacé par *a* + inf., 143.3
– impératif négatif, 141 R
incluso, 158.3
– suivi des pron. pers. sujets, 216.2
incomber
– *caber*, 52 R
– *corresponder*, 72.3
– *tocar*, 264.1
infeliz, 114 R
INFINITIF, 143
– enclise des pron. pers., 213.1
– infinitif simple = infinitif passé après *después de*, 29.3
– précédé de *a* (verbes de mouvement), 2.1 R

– précédé de *al*, 20
– à valeur d'impératif, 143.3
– après *mandar*, 144.2
– infinitif substantivé, 143.1
INFINITIF FRANÇAIS traduit par une subordonnée au subj., 144
INFINITIVE (PROPOSITION), 143.2
influir, conjugaison **
inquietarse por, 197.7
intentar, 109.2
interesarse por, 197.7
INTERROGATIFS
– accent grammatical, 11.3, 145.2
– *cuál*, 73
– *cuándo*, 145.2
– *cuánto*, 76
– *cómo*, 58.1
– *dónde*, 94.2
– *por qué*, 199.1
– *qué, quién*, 223
– *qué tal*, 260.4
INTERROGATION, 145
INTERROGATIVES (PHRASES), place du sujet, 257.2
*ir***
– irrég., 138.1, 141 (2,R), 206.2
– semi-auxilliaire, 116.1
– + gérondif, 130.2
– *ir por*, 197 N
– *ísimo*, suffixe superlatif, 258.1

j, prononciation, 146
jamais, 165.2, 175
jamais de la vie, 165 R
jeter, se jeter, 96
jouer, 147
jugar, 147.1
– irrég., 276 R
jusqu'à, 134

là, 33
laisser, 82.1
lamentar, 228.1
largo, approximation, 107 R
le fait de, 35.5, 143.1
le plus, superlatif, 258.2
lequel, interrogatif : *cuál*, 73
lequel : *el cual*, 233
levantarse, conjugaison**
ll : prononciation, 148
llegar a ser, 89.1
llevar, llevarse, 266 (2,3)
– dans les opérations, 182 R
– expression de l'âge, 18
– + compl. de temps, 149
– + part. pas., 150
llevar... sin, 149.3
lo, article neutre, 151
– *lo* + adj. ou part. pas., 151.1
– *lo... que*, 151.5, 262.2
– *lo mío, lo tuyo*, 151.2
– *lo de* + nom, 151.3
– *lo de* + inf., 151.3
– *lo que*, 151.4
– *lo cual*, 233.3
– *lo de menos*, 154 N
lo, pronom personnel, 208, 210, 211
– COD masc., 210
– pron. neutre, 211
– *lo... todo*, 211 R
lo cual, relatif, 233.3
lograr, lograr que, 236
luchar por, 197.7
luego, 152
luego de + inf., 152.2
luego que, 152.3, 254.1

m

maintenant, 285.1
mais : *pero, mas*, 153.1
– *sino*, 153.2, 243.3
– *sino que*, 153.2
mais en revanche, 153.2 R
malgré, 7
malo, apocope, 31.1
mandar + inf., 118.2, 144.2
mandar + subj., 144.1
mandar hacer, 118.3
manquer : *faltar*, 49.2
más, 154
– autre, 44.4
– *uno más, dos más*, etc., 103 (3,4)
– *una vez más*, 103.4
más bien, 195.1
más de, 155.1
más... de lo que, 59.2
más... que, 59.2
más que, 155.1
más y más, 61
mas, 153.1 R
mayor, 59.3
mecer, irrég., 275
mediante, 156
medio, 157
– omission de l'article, 38.2, 157.1
– *y medio*, 157.1
mejor, 59.3
même : *mismo*, 158.1
– lui-même, 158.2
même (adv.) : *aun, hasta, incluso,* 158.3
même si
– *así* + subj., 39.3
– *aunque*, 40.2
menor, 59.3
menos, 154
menos yo, tú, etc., 216.2
menos... de lo que, 59.2
menos... que, 59.2
menudo, exclamatif, 269
mero, –a, 245.3
mettre à (se), 96.4
mi... mi, 105.2
mientras, mientras que, 159
– + subj., 254.1
mientras más... más, 60 R
mientras tanto, 159.1 R
mil, miles, 171.6
millar, 171.8
milliard, 171.8
millón, 171 (7,8)
mío, tuyo, suyo, etc., emploi, 203.2
– place, 203.1
mirar, mirar por, 160
mismo, –a, 158 (1,2)
MODIFICATIONS ORTHOGRA-
PHIQUES, 183
moins, 154
moins (en), moins (de), 154.4
moins de, 154 (2,3)
moins en moins (de), 53.3, 61
moins... moins, 60
moins... que, 59.2
morir, irrég., 277.2
mover, conjugaison **
moyennant, 156
mucho, 161, 50.3
– très, 161 R
muy, 258.1, 50.2

n

n, prononciation, 162
n'importe (quel, qui, où…) : *cualquier*, 74
n'importe où, 187

nada, 21
– place, 165.2
nada más + inf., 6 R
nadie, 167
– place, 165.2
– *nadie* COD, 1.1
ne... pas même, 246.2
ne... pas plus de, 155.2
ne... plus, 285.5
ne... que
– *no... más que*, 155.2, 163.1
– *no... sino*, 163.1, 243.4
– *no... hasta*, 163.2
– *sólo*, 163.3
ne serait-ce que : *siquiera*, 246.1
necesario (es), 120 (2, 3)
necesitar, 46.1
NÉCESSITÉ (EXPRESSION DE LA)
– avoir besoin, 46
– falloir, 120
– subjonctif, 253.1
negar, negarse, negarse a, 164
NÉGATIFS (PLACE DES MOTS), 165
ni, 166
ni... ni, 166.3
ni hablar, 166 N
ni mucho menos, 154 N
ni = ni siquiera, 246.2
ni que + imparf. du subj., 166 R
ni siquiera, 246.2
nier, 164.1
ninguno, 23 (2,4), 167.1
– apocope, 31.1
– place, 165.2
– COD, 1.1
no, place, 165.1
no acabar de + inf., 9 R
no bien, 6
no... hasta, 163.2
no... más de, 155.2
no... más que, 155.2, 163.1
no... sino, 243.4, 163.1
no... siquiera, 246.2 R
no sólo... sino también,153.2 N

NOM ET PRÉNOM, 205
nombre, 205 (1,2)
NOMS
– féminin, 169
– genre, 168
– géographiques, 168.1
– pluriel, 170
– infinitif substantivé, 143.1
– de pays, de nationalités, 127
NOMBRES
– cardinaux, 171
– décimaux, 171.9
– ordinaux, 172
– les fractions, 173
– leur place avec *otro*, *primero*, 171.11
non plus, 165.2, 261.2
nullement, 21.4
NUMÉROS DE TÉLÉPHONE, 171.10
nunca, 175
– place, 165.2
nunca jamás, 175 N
ñ, prononciation, 176

o et ***u***, 177
OBLIGATION, falloir, 120
– devoir, 90
OBLIGATION, tableau récapitulatif, 178
obtener (que), 236 (2,3)
occuper de (s') : *mirar por*, 160.2
– ***ocer***, (verbes en)**, 275
ocurrir, ocurrirse, 179
oír**, irrég., 206.2, 207.2
ojalá, 180
– ***olver*** (verbes en)**, irrég. 276, 188.2 R
olvidar, olvidarse, 184

on, 181
– 1re pers. du plur., 181.4
– 2e pers. du sing., 181.5
– 3e pers. du plur., 181.1
– *se*, 181.2
– *uno*, 181.3
– *la gente*, 126.2
OPÉRATIONS (LES QUATRE), 182
ORDRE (VERBES D') + subj., 144.1
– + inf., 144.2
ORDRE DES PRONOMS PERSONNELS COMPLÉMENTS, 214
ORTHOGRAPHE (modifications), 183
otra vez, 235.2
otro, –a, 44 (1, 3)
– place, 44.1
– COD, 1.1
– place des numéraux, 171.11
otro tanto, 43.1
où, 94, 232.2
ou, 177
oublier, 184

par : *por*, 198.1
para, 185
– complément de but, 185.1
– dans la comparaison, 185.4
– dans le lieu, 185.3
– dans le temps, 185.2
para arriba, para abajo, 185 N
para con, 185 N
para que, 253.1
parce que, 199.2
parecer, parecerse a, 186, conjugaison**
parfois, 279
parmi, 105.3

parte
– dans les locutions adverbiales, 187
– dans les fractions, 173.2
PARTICIPE PASSÉ
– formation, 188.1
– emploi, 189
– formation des temps composés, 263
– à sens actif, 189.3, 115.1
– avec *ser* ou *estar*, 115
– irrég., 188.2
– accord avec *tener*, 133.3
– double, 188 R
partout, 187
pas du tout, 21.4, 23.4
PASSÉ ANTÉRIEUR, 263
– remplacé par le passé simple, 192.3
PASSÉ COMPOSÉ, 263
– emploi, 191.2
PASSÉ SIMPLE
– formation, 190
– emploi, 191.1, 192 R
– irrég., 190.2
– à valeur de passé antérieur, 192.3
– à valeur de plus-que-parfait de l'indicatif, 192.2
– à valeur de conditionnel passé (avec *creer, poder, deber*), 192.1
PASSIF**, 193
– remplacé par la constr. pronominale, 217.2
– emploi de *ser*, 115.1
*pedir***, irrég., 277
– emploi, 83.1
– + subj., 144.1
pendant ce temps, 159.1 R
pendant que, 159.1
peor, 59.3
pero, 153.1
pero sí, 153.2 R
personne, 165.2
peu (un) : *algo*, 21.4
peu, peu de : *poco*, 196
peu de : *escaso*, 107.1

peut-être, 194
pico (y), 106. 3
PLACE DU SUJET dans :
– la phrase, 257
– la proposition participe, 189.2
– la proposition gérondive, 129.2
– la proposition infinitive, 143.2
– les tournures affectives, 257.2
– la construction avec *con* + inf., 62.3 R
plus, 154
plus de, 154 (2, 3), 155.1
plus... plus, 60
plus que, 155.1
plus... que, 59.2
plus en plus (de), 53.3, 61
plus (en), plus (de), 154.4
PLUS-QUE-PARFAIT de l'indicatif, 263
– remplacé par l' imparfait du subj. en *–ra*, 140.2
– remplacé par le passé simple, 192.2
plutôt, plutôt que, 195
poco, 196
poder**, irrég. passé simple, 190.2
– passé simple à valeur de condit. passé, 192.1
– imparf. du subj. en *–ra* remplaçant le condit., 140.2
poner**,
– irrég. passé simple, 190.2
– irrég. présent indic. et subj., 206.2, 207.2
poner** : rendre, 89.2
ponerse : devenir, 89.1
por, 197
– à cause de, 197.3
– par (au moyen de), 197.2
– en faveur de, 197.6
– pour (idée d'échange), 197.4
– à travers, 198.1
– + inf. (idée de but), 197.5
– + compl. de lieu, 198.1
– + compl. de temps, 198.2
– dans certaines constructions verbales, 197 (7,8)

por ciento, 204
por eso, 197 N
por fin, 104.1
por la mañana, por la tarde, por la noche, 198 N
por lo menos, 151 N
por lo tanto, 151 N
por más que, 45
por mucho que, 45
por muy, 45
por poco, 117
por primera vez, 198 N
por qué, 199.1
por si, por si acaso, 200
por siempre jamás, 175 N
por supuesto, 201
porque : parce que, 199.2
– pour que, 199.2 R
porque sí, 242.1 N
porqué (el), 199.3
porter, 266.3
POSSESSIFS
– *mi, tu, su*, etc.
  formes, 202.1
  emploi, 202.2
– *mío, tuyo, suyo*, etc.
  formes, 203.1
  emploi, 203.2
– emploi avec *usted, ustedes*, 215.1
– remplacement par une constr. pronominale, 217.3
POSSESSION (idée de)
– emploi de la prépos. *de*, 81.2
– emploi de *ajeno* et *propio*, 19
pour, pour que, 185, 197 (3 à 7), 199.2 R
– lieu, 185.3
– temps : *por*, 198.2
pourcentage, 204
pourvu que
– *con* + inf., 62.3
– *con que* + subj., 63.2
– *con tal (de) que* + subj., 64
– *ojalá* + subj., 180.1
– *siempre que* + subj., 244.2
preciso (es), 120 (2,3)

q

predecir et composés de *decir* (impératif), 141.2 R
preguntar, preguntar por, 83.2
PRÉNOM ET NOM, 205
PRÉNOMS (DIMINUTIFS), 92
PRÉSENT DE L'INDICATIF, formation, 206.1
– irrég., 206.2
PRÉSENT DU SUBJONCTIF, formation, 207.1
– irrég., 207.2
primero : apocope, 31.1
– place des numéraux avec, 171.11
PROBABILITÉ : *a lo mejor*, 194.3
– *haber de*, 90.3
probar, probar a, 109.1, 109.2 R
procurar, 109.2
producir, conjugaison**
prohibir, construction, 144
PRONOMS PERSONNELS, généralités, 208
– sujets, formes, 208
– sujets, emploi, 209
– sujets, omission, 209.1
– neutre: *ello*, 98
– neutre: *lo*, 211
– COD, formes, 208, 210.1
– COD, emploi, 210.2
– COI, formes, 208, 212.1
– COI, emploi, 212.2
– *usted, ustedes*, 215.1
– *vosotros, –as*, 215.2
– place, 213
– ordre, 214
– *le* remplacé par *se*, 214.2
– après préposition, 216
– valeur de renforcement, 216.1
– dans les constructions pronominales, 217
PRONOMS POSSESSIFS, 203.3
PRONOMINALES (TOURNURES)
– à la place du passif, 217.2, 193
– sens possessif, 217.3
PRONONCIATION, 218
– consonnes (généralités), 218.2
– voyelles, 218.3
propio, 19.2

PROPOSITION GÉRONDIVE, 129.2, 129.4
PROPOSITION INFINITIVE, 143.2
PROPOSITION PARTICIPE, 189.2
próximo, place des numéraux, 171.11
pues, 219
puisque : *ya que*, 285.7

q

qu, prononciation, 220
que : *cuando* (c'est... que), 54.2
– *cuando* (à peine... que), 6
– *como* (comparaison), 41.3
– dans les complétives, 221.1
– non traduit, 221.2
que de..., exclamatif, 77
qué, exclamatif, 222
– interrogatif, 223.1
qué... más, qué... tan, exclamatifs, 222.2
qué tal, 260.4
que : *porque*, 199.2 R
que, relatif, 230
quedar, semi–auxiliaire, 116.2
quedar (se) + gérondif, 130.5
quedar por : rester à + inf., 197.8
quel, exclamatif, 222
quel, interrogatif, 73, 223
quel... que, 74
quelque, 23.1
quelque chose, 21.1
quelque chose à, 21.3
quelque chose de, 21.2
quelqu'un, 22

q

querer**, irrég., 190.2
– emploi de l'imparfait du subj. en *–ra*, 140.2
– signification, 224
qui, interrogatif, 223.2
qui : *que*, 230.1
– *quien*, 231 (2 à 4)
quiconque, 74
quien (no hay), 231 N
quien dans "c'est... que", "c'est...qui", 54.1, 55
– sujet, 231 (3, 4)
– COD, 1.1, 231.1
– COI et circonstanciel, 231.2
– interrogatif, 223.2
quién, optatif, 225
quizás, 194

r

r, prononciation, 226
raro, 227
re–, préfixe (répétition), 235
recientemente, apocope, 31.7
recordar, 251.2
RÉFLÉCHIS (PRONOMS)
– *sí, consigo*, 208, 216.3
RÉFLÉCHIES (TOURNURES), 217.4
refuser, refuser de, se refuser à, 164 (2, 3)
REGRET : *ojalá*, 180.2
regretter, 228
RELATIFS (PRONOMS), 230 à 234
– *cuyo, –a*, 234
– *donde*, 94.1
– *el cual, la cual*, 233
– *el que, la que*, 232
– *que*, 230
– *quien*, 231

RELATIFS (PRONOMS), tableaux récapitulatifs, 229
rendre, 89.2
RENFORCEMENT DE L'AFFIRMATION
– *sí que*, 242.2
– *si...*, 241.3
RÉPÉTITION
– *volver a*, 235.1
– *de nuevo, otra vez*, 235.2
representar, 147.3
ressembler à, 186.2
rester
– *seguir* + adj. ou part. pass., 238.2
– *faltar*, 49.2
rester à + inf. : *quedar*, 130.5, 197.8
resultar, semi-aux., 116.3
retourner, se retourner, 281
réussir à : *lograr, conseguir*, 236.1
revenir, 281.2
rien, 21, 165.2
rogar + subj., 144.1

s

s, prononciation, 237
saber**, irrég., 190.2, 206.2
saber bien *(mal)*, 131.2
sacar, 250.1
salir**, irrég., 206.2, 207.2
– signification, 250.1
salvo + pron. sujet, 216.2
salvo que, 5
santo, apocope, 31.4
se, à la place de *le* ou *les*, 214.2
– *on*, 181.2
se produire, 179.1

seguir, 238
– + adj. ou part. pas., 238.2
– + gérond. 130.4, 238.1
seguir sin, 238.3
según, 239
según + pron. sujet, 216.2
selon, selon que, 239
sembler, 186.1
SEMI-AUXILIAIRES, 116, 130 (2, 3), 133.3, 150
sencillo, –a, 245.1
sendos, 240
sentar bien (mal), 131.2
sentir**, irrég., 277
– regretter, 228.1
señor, señora, 93.2
– précédé de l'article défini, 35.1
ser**, 110
– irrég. présent, 206.2
– irrég. imparfait, 138.1
– irrég. passé simple, 190.3
– + adj., 114.1
– + part. pas., 115.1
– avoir lieu, 111.3
– dans le passif, 193
– pour l'heure, 136
seul : *único, –a*, 249 R
seulement : *sólo*, 249
si, condition, 67
– = de + inf., 67.4
– + indic. au style indirect, 67.3
si : tellement, 262
si : quand, 241.1
– dans l'interrog. indirecte, 241.2
– pour renforcer une exclamation, 241.3
si bien, 40 R
si jamais : *como*, 58.3
si toutefois : *siempre que*, 244.2
sí, sí que, 242
siempre, siempre que, 244
simple, 245
SIMULTANÉITÉ
– *al* + inf., 20
– gér., 129.1

si no et *sino*, 243
sino et *sino que*, 153.2
sinon, 243
siquiera, 246
sobrar, 49.3
sobre, 106.4, 247
soit...soit, 285.6
soler, 248
solo, sólo, 249
sólo : ne... que, 163.3
sortir, 250
SOUHAIT
– emploi du subj., 253
– *así* + subj., 39.3
– *ojalá* + subj., 180.1
sous, dessous, 48
souvenir (se), 251
souvent, 279
STYLE DIRECT ET STYLE INDIRECT, 252
SUBJONCTIF
– généralités, 253
– présent : formes, irrég., 207
– imparfaits :
  formes, 139
  emploi, 140
– après *acaso, tal vez, quizás*, 194
– après *aunque*, 40.2
– après *como...*, 58 (2,3), 254.2
– après *como si*, 58.4
– après *mientras*, 254.1
– après *ojalá*, 180
– après *por más que, por mucho que, por muy*, 45.4
– après *porque*, 199 R
– après *según*, 239 (2 R)
– exprimant le souhait, le désir, la crainte, 253.1
– dans les subordonnées de condition, 67.2
– dans les subordonnées de temps, comparaison, manière, 254
– dans les subordonnées relatives, 255

SUBORDONNÉE COMPLÉTIVE, maintien de la préposition, 221.1

suffire, 49.1
SUFFIXES, *–ada, –azo, –al, –ar*, 256
– diminutifs et augmentatifs, 91
SUPERLATIF, 258
– irrég., 258.1 N
– mode de la subordonnée, 258.2
sur (un sur deux, etc.), 53 N
– *sobre*, 247.1
surveiller, 160.2

t, prononciation, 259
tal, 260
– valeur démonstrative, 260.1 R
tal cual, 260 N
tal vez, 194
también, 261.1
tampoco, 261.2, 165.2
tan... como, 59.1
tan... que, 59.1 R, 262
tan pronto como, 254.1
tandis que, 159.2
tant, 262
tant... que, 159.1
tanto, apocope, 31.6
tanto, invariable, 41.1
tanto, –a + nom, 41.2
tanto que, 262.1
tanto como, 43.2
tanto...como, 41.3
tanto más... cuanto más, 42.1
tanto más... cuanto que, 42.2
tanto más que, 42.3
tantôt... tantôt, 285.6
tel, 260.1
tellement, 262
TEMPS COMPOSÉS, formation, 263

tener**, irrég., 190.2, 207.2
– + part. passé, 133.3
tener que + inf., 90.1
tener...que, 133 R
tercero, apocope, 31.1
tocar, 147.2, 264
todo, –a, 265
todo cuanto, 75 R
todos, –as, COD, 1.1
toujours, 244.1
TOURNURES AFFECTIVES, 131
– place du sujet, 257.2
tout, –e, 265
tout ce qui, tous ceux qui, 75
tous les, toutes les (périodicité), 53.2
tous les deux, 26
tout de suite, 152.1
traer**, irrég., 190.2, 206.2, 207.2
– signification, 266.1
tras, 267
tratar de, 109.2
très : *muy, –ísimo* (superlatif), 258.1
– *harto*, 135.2
– *mucho*, 161 R
TRIPHTONGUE, 12.4 R
trop, trop de, 196
TUTOIEMENT PLURIEL, 215.2

u à la place de *o*, 177
–uar (verbes en)**, 273
–ucir (verbes en)**, 275,
–uir (verbes en)**, 278 ; irrég. passé simple, 190.5
–ullir (verbes en), irrég. passé simple, 190.4

último, place des numéraux, 171.11
un (l'), autre (l'), 44.3
un, una, article indéfini, 37
– apocope, 31.1
– COD, 1.1
uno : on, 181.3
unos, –as, 37.2
– + nombre (environ), 106.2
usted, ustedes, 208, 215

v

v, prononciation, 47
valer**, irrég., 206.2, 207.2
valiente, exclamatif, 269
vaya, exclamatif, 270
venir**, 190.2, 206.2, 207.2
– + gérondif, 130.3
– semi-auxiliaire, 116.1
venir de, 9
venir por, 197 N
ver**, irrég., 138.1
VERBES
– généralités, 272
– en *–iar* et *–uar*, 273
– à diphtongue, 276
– irréguliers en *–ir* (*pedir* et *sentir*), 277
– en *–acer, –ecer, –ocer, –ucir*, 275
– en *–uir*, 278
– modifications orthographiques, 183
– constructions, 271
VERBES, tableau récapitulatif des irrégularités classables, 274

vers, 134, 106, 247.3
vez, 279
vez (otra), una vez más, 103.4, 235.2
vis-à-vis : *para con*, 185 N
vivir, conjugaison**
voici, voilà, 280
– *ya*, 285.2
VOLONTÉ (VERBES DE), 253.1
volver, volverse, 281
volver
– rendre, 89.2
– devenir, 89.1
– *volver a*, 235.1
vosotros, –as, 215.2
vouloir : *querer*, 224.2
vous (avec), réfléchi : *consigo* 216.3
vous
– *usted, ustedes*, 215.1
– *vosotros, –as*, 215.2

xyz

x, prononciation, 282
y (pron., adverbe), 283
y et *e*, 284
ya, 285
ya... ya, 285.6
ya no, 285.5
ya que, 285.7
z, prononciation, 286

Imprimé en France par l'Imprimerie Hérissey à Évreux (Eure)
Dépôt légal : 18058 – Mars 2000 – N° d'impression : 86366